ADAC
Reiseführer

Norwegen

von Ursula Pagenstecher

Intro

Unterwegs

Norwegen Kaleidoskop

Karten und Pläne

☐ Service

Leserforum

Die Meinung unserer Leserinnen und Leser ist wichtig, daher freuen wir uns von Ihnen zu hören. Wenn Ihnen dieser Reiseführer gefällt, wenn Sie Hinweise zu den Inhalten haben – Ergänzungs- und Verbesserungsvorschläge, Tipps und Korrekturen – dann kontaktieren Sie uns bitte:

Redaktion ADAC Reiseführer
ADAC Verlag GmbH
Am Westpark 8, 81365 München
Tel. 089/76 76 41 59
reisefuehrer@adac.de
www.adac.de/reisefuehrer

Norwegen Impressionen

Land zwischen Fjord und Fjell

»Ja, vi elsker dette landet … «, »Ja, wir lieben dieses Land …«, so beginnt die norwegische Nationalhymne. Diesem Satz scheint sich die Mehrzahl der Norwegen-Urlauber anzuschließen, denn es ist sicher kein Zufall, dass die meisten Menschen, die Norwegen einmal bereist haben, immer wiederkommen. Norwegen ist das faszinierendste der skandinavischen Länder. Großartige, teils noch unberührte Natur, kontrastreiche Landschaft und vielfältige Möglichkeiten für sportliche Aktivitäten sowie die historischen und kulturellen Sehenswürdigkeiten machen Norwegen zu einem beliebten Reiseziel.

Farbenrausch der Natur und Wechselspiele des Lichts

Länger als andere Länder Europas wurde Norwegen vom Eis modelliert. Heute noch bedecken mächtige Gletscher zahlreiche Gebirge, obwohl die nordischen Berge keine alpinen Höhen erreichen. Tiefe *Fjorde* wechseln mit stillen *Seen*, tosende *Wasserfälle* mit einsamen *Fjellgebieten*, immense dichte *Wälder* folgen auf fruchtbare und liebliche Täler. Einer mehr als 20 000 km langen zergliederten Küste sind über 150 000 Inseln und Schären vorgelagert. Insbesondere die Strände Südnorwegens laden im Sommer unzählige Badefreudige ein.

Man kann nicht genug bekommen von den **Landschaftsstimmungen**, von der Frühlingsblüte am Fjord, wenn die Berge noch schneebedeckt sind, von dem intensiven Licht, den hellen nordischen Sommernächten und dem faszinierenden Farbenspiel der **Mitternachtssonne**, die Land und Meer bald in rosafarbenen Schimmer taucht, bald glutrot, goldgelb oder fahl-bleich beleuchtet.

Beeindruckend ist auch die Farbsinfonie im Spätsommer, welche die Finnmarks- oder Hardangervidda mit flammenden Herbsttönen überzieht. Die langen dunklen Winternächte, in die das **Nordlicht** tanzende Farben hineinzaubert, haben einen ganz eigenen Reiz.

Oben links: *Polarlicht – faszinierendes Phänomen des Nordens*
Oben: *Norwegens unkomplizierte Gemütlichkeit – an der Aker Brygge in Oslo*
Unten links: *Ein freundliches Gesicht – Norwegens Willkommensgruß*
Unten: *Norwegens Naturgewalten – Nærøyfjord zwischen Bergriesen*

Die ersten Touristen waren übrigens englische Lords, als Angler kamen sie wegen der reichen Lachsbestände nach Norwegen. Doch längst zieht das Land im hohen Norden Reisende aus aller Welt an. Neben den Angelfreuden gehören Stabkirchen, Freilichtmuseen und Wikingerschiffe zu den Attraktionen. Das **Wintersportparadies** Norwegen wurde spätestens 1994 weltweit bekannt, als das klei-

ne Städtchen Lillehammer die 17. Olympischen Winterspiele ausrichtete.

Von Oslo bis zum Nordkap

Norwegen wird von seiner Form her oft mit einem Löwen verglichen, der ins Skagerrak zu springen scheint. Wo man seinen Hals vermuten würde, im Bereich des Oslofjords, liegt die **Hauptstadt Oslo**. Mit 560 000 Einwohnern ist diese die bevölkerungsreichste und wirtschaftlich bedeutenste Metropole des Landes. Hier tummeln sich Kulturbegeisterte und Shoppingfans ebenso wie historisch Interessierte, die in den großartigen Museen auf ihre Kosten kommen. Ebenfalls lebhaft, besonders in den warmen Monaten, geht es an der lieblichen Südküste und im **Schärengürtel** zu, dem Sommerferiengebiet der Norweger.

Sehr viel landschaftliche Abwechslung bieten die berühmten **Fjorde** an der Westküste wie der Hardangerfjord, der Sogne- oder Nordfjord, die sich weit ins Land hinein erstrecken. Ihre Wasserflächen sind oft glatt wie ein Spiegel und gibt das Bild idyllischer Dörfer am Ufer und dramatischer Höhenzüge im Hintergrund als faszinierende Doppelung wieder. Mächtige **Gebirge** wie das Jotunheimen, die Hardangervidda, das Rondane oder das Dovrefjell erheben sich im Landesinneren, wo die Urgewalt der **Gletscher** noch deutlich sichtbar ist. Ganz andere Eindrücke hinterlässt der ›Rücken des Löwen‹: Nördlich von Trondheim in der grandiosen Naturkulisse des Nordlands und besonders in Lappland weitet sich die Landschaft.

Norwegen bedeutet ›Weg nach Norden‹ und der ist lang: 1750 km Luftlinie misst das Land von Süd nach Nord, 2518 Straßenkilometer sind es von Lindesnes im Süden bis zum Nordkap. Man tut gut daran, sich im Urlaub nicht zuviel vorzunehmen. Immer wieder windet sich die Strecke vom Fjord übers Fjell zum nächsten Fjord und das braucht – trotz sehr gut ausgebauter Straßen – seine Zeit. Es wäre auch schade, das Land nur durch die Autoscheibe zu erleben.

Erholung und sportliche Aktivitäten

In Norwegen kann man wunderbar ausspannen, ein paar Tage in einem *Berg*- oder *Fjordhotel* oder in einer der vielen Hütten am Wasser verbringen, angeln

Oben: *Nordische Pagodenstimmung in Holz – Stabkirche Heddal bei Notodden*
Oben rechts: *Jugendstil in Ålesund*
Unten: *Die Finnmarksvidda im herbstlichen Farbenrausch*
Unten rechts: *Im Bann blauer Eismassen, an der Gletscherzunge Nigardsbreen*

gehen, über Fjordwiesen aufs Fjell wandern und zuschauen, wenn Dunst und Nebel allmählich den tiefblauen Fjord freigeben.

Wer sich sportlich betätigen will, hat schier unbegrenzte Möglichkeiten. **Bergsteiger** finden auf der Hardangervidda, im Jotunheimen-Gebirge, auf den Lofoten oder der Finnmarksvidda mehr verlockende Ziele, als auch im längsten Urlaub zu erklimmen wären. *Kletterer* schätzen das Jotunheimen und die Lofotenberge, *Gletschertouren* sind auch für ungeübte Stadtmenschen unter sachkundiger Führung möglich. Eine der ›norwegischsten‹ Arten Urlaub zu machen sind **Wanderungen** von Berghütte zu Berghütte, die Komfort und eine behagliche Atmosphäre am knisternden Kamin bieten. **Wassersportler** zieht es nach Südnorwegen, wo man auch schöne Sandstrände findet. Allerdings erreichen Nordsee und Atlantik trotz des wärmenden Golfstroms kaum gemütliche ›Badewannen-Temperaturen‹.

Sein gemäßigtes, eher kühles **Klima** macht Norwegen allerdings nicht gerade zu einem bevorzugten Ziel für Badeurlauber. Insbesondere an der Westküste muss mit Niederschlägen gerechnet

werden, wohingegen das Landesinnere im Regenschatten der großen Bergmassive eher beständiges Wetter aufweist.

Lebendige Vergangenheit und Moderne

Historische Zeugnisse und Spuren frühester Besiedlung sind über das ganze Land verstreut. Der Mensch hat hier seit der Steinzeit Zeichen gesetzt, wie die vielfältigen **Felsritzungen** von Südnorwegen bis hinauf nach Lappland zeigen. Aus der Epoche der **Wikinger** sind die berühmten *Schiffe* und sehenswerte *Häuptlingsburgen* erhalten, die zum Teil für Besucher restauriert und wieder hergestellt wurden. Malerische Zeugnisse der Christianisierung, die mit Olav Tryggvason und dem späteren Nationalheiligen Olav Haraldsson um die erste Jahrtausendwende begann, sind die zahlreichen **Stabkirchen**. Mit ihren heruntergezogenen *Schindeldächern* und geschnitzten Drachenköpfen bieten sie einen einzigartigen Anblick. Schlichtheit bestimmt den Innenraum, dessen oft einziger Schmuck aus verspielten Holzornamenten und farbigen Dekors besteht.

Vom einfachen Leben der nordischen Bevölkerung zeugen auch die liebevoll instand gesetzten *Bauernhäuser* und *Werkstätten* in den **Freilichtmuseen**, die Einblick in die meist harten Lebensbedingungen der Menschen geben.

Doch Norwegen hat in den letzten Generationen eine rasante Entwicklung durchgemacht: von einem sehr armen Land der Fischer und Bauern, einem klassischen Auswandererland, zu einem der wohlhabendsten Staaten der Welt – dank der **Ölvorkommen** in der Nordsee. Der daraus resultierende Reichtum ermöglicht es den Norwegern, das gesamte große Land von Oslo bis ans Nordkap mit der gleichen *guten Infrastruktur* zu versehen. Ein dichtes Straßennetz und zahlreiche Schiffsverbindungen sorgen für Mobilität und machen das Bewohnen entlegener Orte überhaupt erst möglich. »Norwegen, diese Extravaganza an der Peripherie Europas, zwischen Ölterminal und Sommerhütte, Einödhof und Glasarchitektur, Kapitalexport und Gottesfrieden«, wie Hans Magnus Enzensberger in seinem Essay ›Norwegische Anachronismen‹ (1984) treffend schrieb, ist voller interessanter Gegensätze. »Private Verschwendung« betrachten die Norweger »mit scheelen Augen, öffentlichen Luxus mit patriotischem Stolz«. Sie »sind Hinterwäldler und Kosmopoliten zugleich. Heute ist Norwegen Europas größtes Heimatmuseum, aber auch ein riesiges Zukunftslabor«.

Während sich der *Lebensstil* eines Städters in Oslo, Stavanger oder Bergen nicht wesentlich von dem eines Mitteleuropäers unterscheidet, gehen die Uhren auf dem Land, wo der Einzelhof die Hauptsiedlungsform ist und das nächste Zentrum oft stundenlange Autofahrt entfernt liegt, anders.

Oben: *Ein Highlight für Wanderfreunde ist das wildromantische Felsplateau des Preikestolen hoch über dem Lysefjord*
Oben links: *Nordische Beschaulichkeit – Fischerboote vor den Ufern Trondheims*
Unten: *Rentierherden sind ein häufiger Anblick in den Weiten Lapplands*

Land und Leute

Der Norweger ist groß, blond, naturverbunden und ein Individualist, so lautet das Klischee, das einen wahren Kern hat. Die meisten Menschen hier haben tatsächlich ein sehr enges Verhältnis zur Umwelt, verbringen einen großen Teil ihrer Freizeit mit Wandern, Angeln oder Skilaufen. Und sie lieben ihre *Hytta*, ihr Ferienhäuschen am Fjell, See oder Meer, das liebevoll instand gehalten wird und an Ostern, Weihnachten und im Sommer Treffpunkt für Familie und Freunde ist.

Sehr angenehm erlebt der Besucher die zurückhaltend offene Art der Menschen in dem nordischen Staat, ihre unaufdringliche Herzlichkeit und **Gastfreundlichkeit**. Die Norweger scheinen außerdem sehr sprachbegabt zu sein: Fast überall kann man als Urlauber damit rechnen, Menschen zu treffen, die englisch oder sogar deutsch sprechen. Dass Norwegen ein ausgesprochen *kinderfreundliches Land* ist, verstärkt den positiven Eindruck.

Der Reiseführer

In diesem Band wird Norwegen in einer Betrachtung von Süd nach Nord in *vier Kapiteln* beschrieben: Beginnend mit der Hauptstadt Oslo und der Region um den Oslofjord, wird dann die Südküste bis nach Stavanger und Haugesund vorgestellt mit einem Abstecher in das lange Zeit abgeschiedene Setesdal. Nördlich von Haugesund folgen Bergen und die berühmten Fjorde der Westküste bis zur historischen Hauptstadt Trondheim. Anschließend wird das Landesinnere beschrieben, dessen in Nord-Süd-Richtung verlaufende Talzüge hier vom Østerdal im Osten bis zum Numedal im Westen dargestellt sind. Ein letzter Abschnitt umfasst Nordnorwegen mit den Lofoten, dem Nordkap und Lappland sowie dem zwischen Norwegen und dem Nordpol gelegenen, bizarr-faszinierenden Archipel Spitzbergen (Svalbard).

Auf besondere Höhepunkte bei Sehenswürdigkeiten, Hotels und Restaurants etc. verweisen die **Top Tipps**. Den Besichtigungspunkten sind **Praktische Hinweise** mit Tourismusbüros und Verkehrsmitteln, Hotel- und Restaurantempfehlungen angegliedert. Die Orientierung erleichtern **Übersichtskarten** und **Stadtpläne**. **Norwegen aktuell A bis Z** präsentiert Nützliches von Informationen vor Reiseantritt bis zu Sport. Hinzu kommt ein praktischer **Sprachführer**. Das **Kaleidoskop** mit Kurzessays zu verschiedenen Themen rundet den Reiseführer ab.

Geschichte, Kunst, Kultur im Überblick

Wikinger, Hansekaufleute und Polarforscher, ›weiße Städte‹ und ›schwarzes Gold‹

um 9000 v. Chr. Spuren dokumentieren, dass bereits in vorgeschichtlicher Zeit Menschen in Südnorwegen lebten und sich als Jäger und Fischer betätigten. Eine deutliche Klimaerwärmung um 8000 v. Chr. ermöglicht die Besiedlung entlang der Küste bis in den hohen Norden.

um 4000 v. Chr. Die Menschen beginnen, im Bereich des Oslofjords und im nahen Bergland Ackerbau zu betreiben.

1800–500 v. Chr. Im Handel mit dänischen Stammeshäuptlingen werden Pelze und Feuersteine gegen Waffen, Schmuck und nunmehr aufkommende Bronzegeräte getauscht.

500 v. Chr.–800 n. Chr. Während der Eisenzeit verändert eine Klimaverschlechterung die Vegetation. Von den Kelten Mitteleuropas kommt die Kenntnis des Eisenschmelzens nach Norwegen.

793 Die Zerstörung des Klosters Lindisfarne an der Ostküste Nordenglands durch die Wikinger wird als Beginn der Wikingerzeit gesehen. Sie waren jedoch nicht nur Plünderer und Brandschatzer, sondern auch friedliche Handelsreisende und Kolonisten, ausgezeichnete Schiffsbauer und Seeleute, wie ihre mehrfachen Atlantiküberquerungen beweisen.

800–900 Die kleinen norwegischen Bauerngemeinschaften schließen sich in Verwaltung und Verteidigung zu größeren Einheiten zusammen. In der zweiten Hälfte des 9. Jh. lassen sich Wikinger auf Island nieder, das zum Zentrum der norwegisch-isländischen Sagaliteratur wird. Sagas zählen zu den wichtigsten Informationsquellen. Sie wurden von Generation zu Generation mündlich überliefert, bis Autoren wie Snorri Sturluson (1179–1241) sie aufschrieben.

um 872 In der Schlacht am Hafrsfjord bei Stavanger besiegt Harald Schönhaar (Hårfagre, 865–933) die norwegischen Kleinkönige, eint das Reich und wird erster oberster Herrscher Norwegens.

Siegreich: Wikingerkönig Harald Schönhaar in der Schlacht am Hafrsfjord

um 1000 Der Saga nach entdecken Eirik der Rote Grönland und sein Sohn Leiv Eiriksson Amerika. Vermutlich hatten jedoch schon andere Wikinger vor ihnen diese Gebiete betreten. – Olav Tryggvason, ein Urenkel Harald Schönhaars, wird bei seinen Fahrten in Europa zum Christentum bekehrt und beginnt anschließend mit der Christianisierung der norwegischen Bevölkerung.

um 1015 Der Schönhaar-Nachfahre Olav Haraldsson vollendet die Christianisierung und stärkt dadurch die Königsmacht. Nach seinem Tod 1030 wird er zum Nationalheiligen Norwegens erklärt.

1030–35 Norwegen steht unter der Dänenherrschaft Knuts des Großen.

1030–1130 Dem Sohn von Olav Haraldsson, Magnus dem Guten, der 1042–47 auch König von Dänemark ist, gelingt es, das Königreich zu konsolidieren. Die Niederlage von König Harald Hardråde (der Harte) bei Stanford Bridge in England 1066 gilt allgemein als Ende der Wikinger-Epoche. Norwegen erlebt eine Blüte, Städte werden gegründet, es entstehen rund 800 Kirchen, zumeist aus Holz errichtete Stabkirchen. Die Bauern sind Pächter der Krone, der Kirche oder des Adels und nicht mehr Hofbesitzer wie noch zur Wikingerzeit, haben aber im Gegensatz zu Bauern im übrigen Europa einen freien Status.

Regent zu Wasser und zu Land: König Christian IV. von Dänemark

1130–1240 Die Kombination aus Erb- und Wahlkönigtum führt zu Bürgerkriegen. Die Kirche kann zunehmend Einfluss auf die Thronfolge nehmen. 1152 wird Norwegen eine eigenständige Kirchenprovinz mit Erzbistum in Nidaros (Trondheim).

1217–63 Nach dem Ende der Bürgerkriege blüht Norwegen auf und gewinnt an Macht.

1274–76 König Magnus Lagabøter (der Gesetzgeber) erlässt die erste für das ganze Land geltende Gesetzessammlung. Norwegen betreibt Handel mit England, Frankreich und gegen Ende des 13. Jh. zunehmend mit der deutschen Hanse, die das dringend benötigte Korn liefert.

um 1300 Der norwegische König muss den Städten des Hansebundes Sonderrechte gewähren. Bergen wird zu einer wichtigen Niederlassung der deutschen Kaufleute.

1349 Die Pest bricht in Bergen aus und rafft die Hälfte der norwegischen Bevölkerung dahin. Siedlungen veröden, Adel und König verlieren Einkommen und Macht. Besser ergeht es der Kirche, die größter Grundbesitzer des Landes bleibt. Der wirtschaftliche Niedergang wirkt sich auch politisch aus. Die Kaufleute der Hanse beherrschen den norwegischen Außenhandel.

1380 Durch Heiratspolitik schließt sich Norwegen mit Dänemark zu einer Union zusammen, die bis 1814 besteht.

1397–1521 Die wachsende Macht der Deutschen erregt im Norden Sorge und führt zur Kalmarer Union, einer Vereinigung von Dänemark, Schweden und Norwegen.

1536 Norwegen wird als Teil Dänemarks von Kopenhagen aus regiert. Der norwegische Reichsrat wird abgeschafft, die Kirche verliert ihre Selbstständigkeit.

1537 Die Reformation stärkt die Macht des Königs, der Oberhaupt der Kirche ist und dem deshalb der große Grundbesitz der katholischen Kirche zufällt. Norwegen wird von einem Statthalter verwaltet, der auf Akershus in Oslo residiert.

1588–1648 Der dänische König Christian IV. besucht das Land viele Male. Der militärisch ausgesprochen glücklose Herrscher beteiligt sich auf protestantischer Seite am Dreißigjährigen Krieg (1618–48). Trotz der Niederlagen bleibt sein Reich erhalten. In weiteren Kriegen gehen die norwegischen Randgebiete Jemtland und Herjedalen sowie Bohuslän an Schweden verloren.

1709–21 Im Nordischen Krieg versucht Frederik IV. erfolglos, die verlorengegangenen Gebiete zurückzuerobern.

1807–14 Weil Großbritannien Kopenhagen 1807 angreift, verbündet sich der dänische König Frederik VI. mit Napoleon und unterstützt dessen Kontinentalsperre. Dadurch wird Norwegen vom Außenhandel abgeschnitten. Norwegen verliert 550 Schiffe, Holz- sowie Fischausfuhr gehen zurück und die lebensnotwendigen Kornlieferungen bleiben aus.

1811 Gründung der ersten norwegischen Universität in Christiania, dem späteren Oslo.

1814 Dänemark muss nach Napoleons Niederlage in der Völkerschlacht bei Leipzig Norwegen an Schweden abtreten. Norwegen weigert sich, den Kieler Frieden anzuerkennen.

17. Mai 1814 In Eidsvoll wird eine Versammlung einberufen, die innerhalb von sechs Wochen eine Verfassung nach französischem Vorbild ausarbeitet. Der dänische Prinz Christian Frederik wird zum König eines freien, selbstständigen und unabhängigen Norwegen gewählt, das die Großmächte jedoch nicht anerkennen. Schwedens Kronprinz Karl Johan setzt die Bestimmungen des Kieler Friedens in einem kurzen Krieg durch.

10. Oktober 1814 König Christian Frederik tritt zurück.

Nationale Einigkeit: Volksabstimmung zur Aufhebung der Union mit Schweden

Das Storting (Parlament) beschließt die Union mit Schweden (1814–1905). Norwegen behält aber seine neue Verfassung.

ab 1820 Auf kulturellem Gebiet kommt es zu einer Blüte und einer Besinnung auf die norwegische Identität. Ivar Aasen (1813–1896) formt aus lokalen Dialekten die neue Schriftsprache Landsmålet, die heute als Nynorsk bezeichnet wird. Dichter wie Henrik Wergeland setzen sich für eine ›norwegischere‹ Sprache ein. P. C. Asbjørnsen schreibt zur Bewahrung des mündlich überlieferten Kulturgutes norwegische Volksmärchen auf.

1825–1930 Über 800 000 Norweger wandern nach Nordamerika aus.

1840 Neue Industriezweige wie Textilfabriken und mechanische Werkstätten entstehen.

1850–80 Die norwegische Schifffahrt erlebt durch die Zunahme des Welthandels einen Aufschwung. Norwegen hat nach Großbritannien und den USA die drittgrößte Handelsflotte.

1854 Die erste Bahnstrecke zwischen Oslo und Eidsvoll wird eingeweiht. 1855 wird die erste Telegrafenlinie, 1880 die erste Telefonlinie in Betrieb genommen.

1860–70 Holzschliff-, Zellstoff- und Konservenfabriken entstehen.

1884 Einführung des parlamentarischen Systems.

1887 Gründung der Arbeiterpartei.

1898 Allgemeines Wahlrecht für Männer, 1913 auch für Frauen.

1905 Auflösung der Union mit Schweden. In einer Volksabstimmung entscheiden sich die Norweger für die Monarchie. Der dänische Prinz Carl wird König von Norwegen und nimmt den Namen Haakon VII. an, der Kronprinz trägt fortan den Namen Olav V.

1914–18 Im Ersten Weltkrieg sympathisiert das neutrale Norwegen mit den Briten, zu denen gute Beziehungen bestehen. Das führt zu Spannungen mit Deutschland. Deutsche U-Boote versenken die Hälfte der norwegischen Handelsmarine, 2000 Seeleute finden den Tod.

1918–40 Nach einem kurzen Aufschwung beginnt der schwere wirtschaftliche Niedergang mit hoher Arbeitslosigkeit und Inflation. Nur die Schifffahrt bleibt davon verschont.

1919 Ein Branntweinverbot wird erlassen, nach einigen Jahren aber wieder aufgehoben; es sichert jedoch dem norwegischen Staat bis heute entscheidenden Einfluss durch seine Vertriebsgesellschaft A/S Vinmonopolet.

1920 Norwegen wird Mitglied im Völkerbund.

1922 Fridtjof Nansen erhält den Friedensnobelpreis für seinen Einsatz als Oberkommissar des Völkerbundes für Kriegsgefangene und Flüchtlinge.

1940 Deutschland greift Norwegen am 9. April an. Die Kampfhandlungen dauern in Südnorwegen bis zum 5. Mai, in Nordnorwegen bis zum 7. Juni. Eine Besatzungspolitik wie in Dänemark (Zusammenarbeit) ist in Norwegen durch das klare Nein von König und Regierung nicht möglich. König, Kronprinzenfamilie und Kabinett verlassen das Land, um den Kampf gegen die Deutschen von London aus weiterzuführen.

1940–44 Der zivile Widerstand gegen die Besatzungsmacht und gegen die Regierung der Kollaborateure unter Vidkun Quisling (ab 1942), dessen Anhängerschaft nur 1,5 % der Bevölkerung beträgt, wächst. Politische Unterdrückung, Konzentrationslager, Judenvernichtung, Repressalien, Sabotageakte und Hinrichtungen prägen diese Zeit. Das Land dient als Aufmarschgebiet für den Kampf gegen die Sowjetunion, bis zu 430 000 deutsche Soldaten stehen als Besatzungstruppen im Land. Beim Rückzug der deutschen Truppen im Jahr 1944 wird die Finnmark nach der Taktik der ›verbrannten Erde‹ schwer verwüstet.

1945 Kapitulation der deutschen Truppen am 8. Mai. König Haakon VII. kehrt am 7. Juni nach Norwegen zurück. Mit dem Beitritt zur NATO gibt Norwegen seine Neutralität auf.

1949 Die Nachkriegszeit ist von starkem wirtschaftlichem Aufschwung geprägt.

1952 Dänemark, Finnland, Island, Norwegen und Schwe-

Ein Hoch auf Olympia! Sportspektakel in Lillehammer 1994

den gründen den Nordischen Rat.

1957 König Haakon VII. stirbt, Nachfolger ist sein Sohn Olav V., der sich bislang als Segler hervortat und 1928 sogar olympisches Gold errungen hatte.

1959 Norwegen schließt sich der Europäischen Freihandelszone EFTA an.

1971 Beginn der kommerziellen Erdölbohrungen in der Nordsee.

1972 Norwegens Bevölkerung stimmt gegen eine EWG-Mitgliedschaft.

1986 Erste ›Frauenregierung‹ unter Ministerpräsidentin Gro Harlem Brundtland, in der acht von 18 Ministerämtern mit Frauen besetzt sind.

1989 Norwegens Urbevölkerung, die Samen, erhalten ein eigenes Parlament, das Sameting.

1991 Nach König Olavs V. Tod übernimmt Harald V. den Thron.

1994 Im Februar finden die 17. Olympischen Winterspiele in Lillehammer statt. – Im November stimmt die Bevölkerung gegen eine EU-Mitgliedschaft.

1996 Ministerpräsidentin Gro Harlem Brundtland tritt zurück.

1997 Der Christdemokrat Kjell Magne Bondevik wird neuer Ministerpräsident.

1999 Eröffnung von Fatima (Fastlandsforbindelse til Magerøya), des mit 6,8 km längsten Unterseetunnels der Welt. Er führt 212 m unter dem Meeresspiegel von Kåfjord auf dem Festland zur Nordkapinsel Magerøya.

2001 Im August heiratet Kronprinz Haakon Mette-Marit Tjessem Høiby. – Nach einjähriger Regierung von Jens Stoltenberg wird Kjell Magne Bondevik zum zweiten Mal Minsterpräsident.

2004 Im Juli wird das 1037 km² große Archipel der 6500 Vega-Inseln nördlich von Trondheim zum UNESCO Welterbe erklärt.

2005 Der Sozialdemokrat Jens Stoltenberg wird neuer Ministerpräsident einer rot-grünen Regierung.

2007 Im Oktober wird der Energieriese StatoilHydro gegründet.

2008 Im Februar wird die globale Saatgutbank Svalbard Global Seed Vault zur Erhaltung der Arten auf Spitzbergen eröffnet.

2009 Bei den Parlamentswahlen am 14. September wird die rot-grüne Regierung von Sozialdemokrat Jens Stoltenberg bestätigt.

2010 Norwegen und Russland einigen sich auf eine Grenzlinie in der Barentsee und im Nordpolarmeer.

2011 Norwegen feiert mit zahlreichen Ausstellungen seine Polarpioniere Fridtjof Nansen, der vor 150 Jahren geboren wurde, und Roald Amundsen, der als erster Mensch vor 100 Jahren den Südpol erreichte.

Sympathieträger des norwegischen Königshauses: Mette-Marit und Kronprinz Haakon

Berühmt und ein wahrer König unter seinesgleichen – der Geirangerfjord im hohen Norden

Unterwegs

Oslo und Südnorwegen – Metropole und Sommeridyll im Schärengarten

Mit dem Schiff in den Oslofjord einzufahren, ist einer der schönsten Wege sich Norwegen zu nähern. Die lebhafte Hauptstadt **Oslo**, für viele Urlauber das erste Etappenziel ihrer Reise, liegt eingebettet in grüne Natur am Ende des Fjordes. Nach Osten erstreckt sich das **Østfold**, wo Festungen in dem hügeligen, waldigen Landstrich an die nahe Grenze zu Schweden erinnern. Am gegenüberliegenden Ufer des Oslofjordes, dem **Vestfold**, blickt man auf Orte wie das alte **Tønsberg** und die berühmte Walfangstadt **Sandefjord**.

Die **Südküste** ist das Feriengebiet der Norweger. Hier findet man feine Sandstrände, einen Schärengürtel mit unendlich vielen Inseln und noch mehr bunten Sommerhäuschen sowie idyllische Hafenstädte mit blitzweißen Holzhäusern, die ihren Aufschwung der Segelschiffära verdanken. Schmucke Villen wohlhabender Reeder und Großkaufleute erinnern an diese Epoche.

Wer in die Berge möchte, braucht nur ein Stück nach Norden zu fahren, vorbei an glasklaren Seen, rauschenden Flüssen und einsamen Wäldern in der **Telemark** und im **Setesdal**.

1 Oslo

Haupt- und Residenzstadt des Königreichs Norwegen, Sitz von Regierung und Universität.

Oslo ist die älteste der skandinavischen Hauptstädte und flächenmäßig eine der größten Europas (454 km², 600 000 Einw.). In einzigartiger Lage erstreckt sie sich am Oslofjord zwischen dem Meer und dem ausgedehnten Waldgebiet der Oslomarka, das 80% der Stadtfläche einnimmt. Mit dem Boom der letzten Jahrzehnte einhergehend hat sich Oslo zu einer modernen Metropole mit einem vielseitigen Kulturangebot entwickelt.

Geschichte Die Stadt im eigentlichen Sinne wurde um das Jahr 1000 von König *Harald Hardråde* am Fuß des Ekeberg-Hügels östlich des heutigen Zentrums gegründet. Dieser Herrscher machte Oslo zu einem der größten Häfen im Süden des Landes, 1062 wurde es zum **Bischofssitz** erhoben. Als *Håkon V.* (1280–1319) Oslo statt Bergen zu seiner Residenz wählte und dadurch zu einer gewissen Blüte brachte, zählte die Stadt 3000 Einwohner. Zum Schutz seiner neuen Hauptstadt ließ Håkon V. die Festung Akershus auf einer Erhebung westlich der Stadt errichten. Um das Jahr 1300 besaß Oslo neben einem Bischofssitz und dem **Königshof** fünf Kirchen, drei Klöster sowie ein Krankenhaus. Spuren dieses mittelalterlichen Oslos findet man heute noch im Viertel Bispevika östlich des Hafenbeckens. Im Spätmittelalter erlebte die Stadt einen Niedergang, der auf die Pestepidemie Mitte des 14. Jh., das Erstarken der konkurrierenden Hansestädte und die Verlegung der politischen Macht nach **Kopenhagen** zurückzuführen war. Außerdem wurde die Stadt immer wieder von großen Feuersbrünsten heimgesucht. Nach dem verheerenden Brand im August 1624, der Oslo in Schutt und Asche legte, ließ *Christian IV.*, König von Dänemark und Norwegen, eine ganz neue Stadt im Schutz der Festung Akershus anlegen, die nach ihrem Bauherrn **Christiania** benannt wurde. Der schachbrettartige Grundriss bestimmt bis heute das Zentrum von Oslo.

Die Union mit Dänemark bedeutete für die Seefahrer- und Handelsstadt eine Zeit der Stagnation. Das kulturelle und politische Leben spielte sich in Stockholm, Kopenhagen und zum Teil auch in Bergen ab. Ein Aufschwung setzte erst

Momente der Entspannung: Hafenbecken Pipervika mit Blick auf das Rådhuset

nach der Trennung von Dänemark 1814 ein, und es begann eine rege **Bautätigkeit**: Das Königliche Schloss, das Parlamentsgebäude Stortinget, Universität, Nationaltheater, Museen und das Viertel um die Prachtstraße Karl Johans gate entstanden in dieser Epoche.

Als 1905 die Union mit Schweden leise und vor allem unblutig aufgelöst wurde, erhielt Kristiania (seit 1877 galt die Schreibweise mit K) wieder den Status als **Hauptstadt** eines unabhängigen Königreichs Norwegen. Seit 1925 heißt die Stadt wieder Oslo.

Besichtigung Im Folgenden werden fünf Rundgänge beschrieben, die unterschiedlich viel Zeit in Anspruch nehmen, je nachdem, ob und wie ausführlich den zahlreichen Museen der Stadt ein Besuch abgestattet wird. Die Rundgänge führen in das südlich gelegene Hafengebiet, dann in den Westen und auf die Museumshalbinsel Bygdøy, in den Norden und schließlich in den Osten der Stadt.

Rund um den Hafen

Nähert man sich Oslo mit dem Schiff, grüßt schon von weitem das monumentale **Oslo Rådhus** 1 (Fridtjof Nansens plass, Tel. 02180, www.radhusets-forvaltningstjeneste.oslo.kommune.no, tgl. 9–18 Uhr, wegen offizieller Veranstaltungen Änderungen der Öffnungszeiten möglich) mit seinen beiden massiven Türmen am Hafenbecken Pipervika. 1950 wurde das Rathaus anlässlich der 900-Jahr-Feier der Stadtgründung eingeweiht. Damals rief der Bau in seiner Stilmischung aus Nationalromantik, Klassizismus und Funktionalismus einen Sturm der Entrüstung hervor. Heute ist es ein Wahrzeichen Oslos. Bemerkenswert ist die *astronomische Uhr* an der Stadtseite des Gebäudes. Im Inneren sieht man Henrik Sørensens *Monumentalgemälde* zum Thema ›Das Volk, Arbeit und Fest‹ sowie *Fresken* und Malereien von Edvard Munch, Per Krogh, Axel Revold und Alf Rolfsen. Jedes Jahr am Todestag *Alfred Nobels* (1833–1896), dem 10. Dezember, findet im Prunksaal des Rathauses die feierliche Verleihung des **Friedensnobelpreises** statt.

Seit 2005 dokumentiert das **Nobels Fredssenter** 2 (Nobel Peace Center, Rådhusplassen, Tel. 48 30 10 00, www.nobelpeacecenter.org, MItte Mai–Aug. tgl. 10–18, sonst Di–So 10–18 Uhr) im schönen alten *Bahnhof Vestbanen* die Geschichte Alfred Nobels und aller Nobelpreise. Geboten wird auch ein Forum für aktuelle Diskussionen und für künstlerische Auseinandersetzungen mit weltweiten Konflikten der Gegenwart.

Westlich des Hafenbeckens im Bereich der **Aker Brygge** 3 brodelt das Leben.

Dieses Büro-, Geschäfts- und Unterhaltungsviertel am Meer entstand Ende der 1980er-Jahre auf dem Gelände der einstigen Werft. Heute locken zahlreiche Restaurants, Kneipen und Geschäfte Einheimische wie Touristen zum Bummeln und Verweilen. An Sommerabenden herrscht fast südländisches Flair am Kai mit Blick auf die alte Festung Akershus und den Fährverkehr im Hafen.

Die Ostseite des Hafens wird vom **Akershus Festning og Slott** 4 (Tel. 23 09 35 53, www.nasjonalefestningsverk.no/akershus, Gelände: Mai–Sept. tgl. 6–21,, sonst 7–21, Schloss: Mai–Aug. Mo–Sa 10–16, So 12.30–16, sonst Sa/So 12–17 Uhr) bestimmt, einem der bedeutendsten Zeugnisse des mittelalterlichen Oslo. Die Festung wurde 1299–1319 von König Håkon V. erbaut, in den folgenden Jahrhunderten mehrfach belagert, jedoch nur einmal, im Zweiten Weltkrieg, eingenommen. Im frühen 17. Jh. ließ Dänenkönig Christian IV. die Burg in ein Renaissanceschloss umbauen. Heute finden im prächtigen *Olavssaal* Konzerte und in der *Schlosskirche* Gottesdienste statt. In der *Königlichen Grabkapelle* in der Krypta der Schlosskirche sind Königin Maud, König Haakon VII., Kronprinzessin Märtha und König Olav V. beigesetzt.

Im Festungsbereich liegt das **Norges Hjemmefrontmuseet** 5 (Norwegisches Widerstandsmuseum, Tel. 23 09 31 38, www.nasjonalefestningsverk.no/akershus, Juni–Aug. Mo–Sa 10–17, So 11–17, Sept.–Mai Mo–Fr 10–16, Sa/So 11–16 Uhr), das die deutsche Besetzung Norwegens im Zweiten Weltkrieg sowie den zivilen und militärischen Widerstand dagegen sehr anschaulich und berührend darstellt.

Das im früheren Arsenal von 1860 beheimatete **Forsvarsmuseet** 6 (Tel. 23 09 35 82, www.nasjonalefestningsverk.no/akershus, Mai–Aug. Mo–Fr 10–17, Sa/So 11–17, sonst Di–Fr 11–16, Sa/So 11–17 Uhr) ist der norwegischen Militärgeschichte von der Wikingerepoche bis in die heutige Zeit gewidmet.

Über die Kongensgate erreicht man **Alt Christiania** mit seinem schachbrettartig angelegten Straßennetz. Rechter Hand lockt das **Museet for Samtidskunst** 7 (Bankplassen 4, Tel. 21 98 20 00, www.nasjonalmuseet.no, Di/Mi, Fr 11–17, Do 11–19, Sa/So 12–17 Uhr), eine Dependance des *Nasjonalmuseet for Kunst, Arkitektur og Design*. Das Museum zeigt Wechselausstellungen aus dem eigenen, etwa 4700 Kunstwerke umfassenden Bestand und im Rahmen von Sonderschauen. Das vom Jugendstil inspirierte Gebäude beherbergt Gemälde, Grafiken und Skulpturen. Der Besucher kann u.a. die zeitgenössische Installation des russischen Künstlers Ilya Kabakov ›The Garbage Man (The Man Who Never Threw Anything Away)‹, entstanden 1988–1995, bestaunen.

Gleich nebenan lädt das **Nasjonalmuseet-Arkitektur** 8 (Bankplassen 3, Tel. 21 98 20 00, www.nasjonalmuseet.no, Di/Mi, Fr 11–17, Do 11–19, Sa/So 12–17 Uhr) zur Besichtigung ein. Christian Heinrich Grosch entwarf den klassizistischen Bau

1830 für die Norwegische Bank. Heute wird hier die norwegische Architekturgeschichte anhand von Fotos, Zeichnungen, Modellen und Videos dokumentiert. Im 2008 eröffneten Erweiterungsbau von Sverre Fehn, einem von rauen, fensterlosen Betonwänden umhüllten Glaspavillion, werden Wechselausstellungen zu internationaler Architektur präsentiert.

Direkt am Oslofjord setzt die 2008 eröffnete norwegische Nationaloper **Den Norske Opera & Ballett** 9 (Kirsten Flagstads plass 1, Tel. 21 42 21 00, Tickets und Führungen unter Tel. 21 42 21 21, www.operaen.no) ein architektonisches Highlight. Die Fassade mit markanter Fensterfront und schneeweißen, abschüssigen Marmorflächen erinnert in ihrer bizarren Kantigkeit an einen treibenden Eisberg. Kühle Eleganz prägt auch das Innere des vom Architekturbüro Snøhetta entworfenen Opernhauses. Besonders Foyer und Auditorium begeistern durch klare, minimalistische Raumgestaltung und die naturschön inszenierte Holzverschalung.

Am Ostende der ›Quadratur‹ liegt der Hauptbahnhof **Oslo Sentralstasjon**. Weiter nördlich, im Stadtteil **Vaterland** 10,

schossen Ende der 1980er-Jahre Glasriesen wie das 117 m hohe *Plaza Hotel* und der Geschäftskomplex *Oslo City* (www.oslocity.no) aus dem Boden. Hier, in Oslos größtem Einkaufszentrum, und im nahe gelegenen *Byporten Shopping* (www.byporten.no) locken zahlreiche Läden rund um Mode und Design.

Am Bahnhofsplatz beginnt Oslos Prachtstraße **Karl Johans gate** ⑪, die fast schnurgerade zum Königlichen Schloss führt. Im Volksmund wird die nach König Karl XIV. Johan (1763–1844) benannte Flanier- und Einkaufsmeile nur Karl Johan genannt. Henrik Ibsen und Edvard Munch promenierten hier täglich, bevor sie in ihr Stammlokal **Grand Café** (Karl Johans gate 31, Tel. 23 21 20 18, www.grand.no) gingen. Dieses zum Grand Hotel gehörige Restaurant war damals Treffpunkt der Bohème. Deren prominenteste Vertreter aus dem Jahr 1879 sind auf einem großen Wandgemälde (1928) im Café verewigt.

An die Karl Johans gate grenzen die alten Markthallen **Basarene**, die 1840–59 als überbaute Arkaden für Fleisch- und Lebensmittelhändler errichtet wurden. Heute findet man hier verschiedene kleine Geschäfte, die u. a. auch Kunsthandwerk anbieten.

Die Basarene umschließen die 1664–1697 als Vår Frelser Kirke erbaute und im 19. Jh. umfassend überarbeitete **Oslo Domkirke** ⑫ (Karl Johans gate 11, Tel. 23 62 90 10, www.oslodomkirke.no). Die *Glasfenster* im Chor wurden 1916 von Emanuel Vigeland ausgeführt (Bruder des berühmten Gustav Vigeland), die *Bronzetüren* (1938) stammen von Dagfinn Werenskiold. Vor der Kirche erstreckt sich der alte Marktplatz **Stortorvet**, auf dem Blumen- und Gemüsehändler ihre Waren anbieten.

Beim Egertorget erreicht man das Parlamentsgebäude **Stortinget** ⑬ (Karl Johans gate 22, Tel. 23 31 35 96, www.stortinget.no, Führungen Mitte Juni–Mitte Aug. Mo–Fr 10, 11.30, 13, Sept–Mitte Juni Sa 10, 11.30, 13 Uhr). Der strenge Bau aus gelben Ziegeln und rotem Granit von 1866 ist Sitz der Nationalversammlung.

An die Stortingsgata grenzt das 1899 eröffnete **Nationaltheatret** ⑭ (Johanne Dybwads plass 1, Ticket-Tel. 81 50 08 11, www.nationaltheatret.no), vor dem die beiden größten norwegischen Dramatiker posieren. Einmal *Henrik Ibsen* (1828–1906), 1858 Theaterdirektor und Autor gesellschaftlicher Dramen, sowie *Bjørnstjerne Bjørnson* (1832–1910), Nobelpreisträger und Verfasser der norwegischen Nationalhymne. Wer auf Ibsens Spuren wandeln möchte, dem sei eine Führung durch das **Ibsenmuseet** ⑮ (Henrik Ibsensgate 26, Tel. 22 12 35 50, www.norskfolkemuseum.no, 15. Mai–14. Sept. Di–So 11–18, sonst Di–So 11–16, Do 11–18 Uhr) empfohlen. In diesem Haus verbrachte Ibsen die letzten elf Jahre seines Lebens. Alle Räume, darunter auch sein Arbeitszimmer, sind noch original möbliert.

Auf der anderen Seite des Prachtboulevards liegt die 1811 gegründete **Univer-**

Preisgekrönte Architektur und Aufführungen der Spitzenklasse bietet die neue Oper am Hafen

Shoppingmeile, Prachtstraße und Hauptschlagader Oslos: Bei einem Bummel auf der Karl Johans gate genießt man das trubelige Flair der Großstadt

sitet ⑯, deren Aula durch *Edvard Munchs* Wandmalereien (1910–16) berühmt wurde. Heute studieren etwa 30000 Studenten in den neuen Hochschulgebäuden im Stadtteil Blindern.

Hinter der Universität befinden sich zwei der größten Museen des Landes, die Nationalgalerie und das Historische Museum. Die **Nasjonalgalleriet** ⑰ (Universitetsgata 13, Tel. 21982000, www.nationalmuseum.no, Di/Mi, Fr 10–18, Do 10–19, Sa/So 11–17 Uhr) besitzt die umfangreichste Sammlung norwegischer und internationaler Kunst im Lande. Zahlreiche eindrucksvolle Exponate dokumentieren die Entwicklung der norwegischen Malerei zwischen 1814 und 1945. Einen Schwerpunkt bildet die *Nationalromantische Malerei*, die durch Künstler wie J. C. Dahl (einen Schüler Caspar David Friedrichs), Thomas Fearnley, Peder Balke und Hans Gude repräsentiert ist. Der *Naturalismus* des ausgehenden 19. Jh. ist vertreten durch Maler wie Christian Krogh, Erik Werenskiold, Frits Thaulow und die Malerinnen Harriet Backer und Kitty Kielland. Außerdem werden hier einige Meisterwerke von *Edvard Munch* gezeigt – darunter erste Versionen von später oft variierten Themen, etwa ›Der Schrei‹ und ›Sterbezimmer‹ (beide 1893).

Das nahe, der Universität angeschlossene **Kulturhistorisk Museum** ⑱ (Frederiks gate 2, Tel. 22859912, www.khm.uio.no, 15. Mai–14. Sept. Di–So 10–17, sonst Di–So 11–16 Uhr) umfasst Sammlungen zur Frühgeschichte und Völkerkunde sowie ein Münzkabinett. Die Exponate stammen aus der Stein-, Bronze, Eisen- und der Wikingerzeit. Ferner sieht man mittelalterliche Kirchenkunst, wie geschnitzte Portale von Stabkirchen.

Folgt man der Frederiksgate ein Stück nach Südwesten, erblickt man rechts **Det**

In Reih und Glied: Die Königliche Garde vor dem Schloss bietet ein stolzes Bild

Kongelige Slott ⑲ (Tel. 22 04 88 20, www.kongehuset.no, nur mit Führung Ende Juni–Mitte Aug. Norwegisch: Mo–Do, Sa 11–17, Fr, So 13–17 Uhr alle 20 Min., Englisch: Mo–Do, Sa 12, 14, 14.20, Fr, So 14, 14.20, 16 Uhr), das in leicht erhöhter Lage die Karl Johans gate im Westen abschließt. Das im klassizistischen Stil 1825–48 erbaute Königsschloss dient noch heute als Winterresidenz der Monarchen. Nur Karl Johan, dessen *Reiterstandbild* vor dem von ihm in Auftrag gegebenen Palast auf einem hohen Sockel steht, hat es nie bewohnt. Der schöne weitläufige **Park** ist jederzeit zugänglich. Ein Publikumsmagnet ist die *Wachablösung*, die täglich um 13.30 Uhr vor dem Schloss stattfindet.

Westlich des Zentrums

Im Westen Oslos lohnen vor allem drei Ziele einen Besuch. Zum *Frognerparken*, einer ausgedehnten Grünanlage, gehört auch der **Vigelandsparken** ⑳, der mit über 200 Skulpturen (1924–43) des norwegischen Bildhauers *Gustav Vigeland* (1869–1943) beeindruckt. Teil seiner ambitionierten ›Kunstachse‹, einer Ode an das Leben, ist die mit 58 Bronzestatuen geschmückte *Brücke* über die Frognerteiche. Die bekannteste Figur ist der kleine Trotzkopf ›Sinnataggen‹, der vor Wut zu explodieren scheint (Modell stand wohl Vigelands Sohn). Jenseits der Brücke erreicht man einen *Brunnen*, dessen Skulpturen den Lebenszyklus darstellen. Von hier führen drei Treppenanlagen zu einem 17 m hohen *Monolith* hinauf, der mit 121 Figuren reliefiert ist. Drei Steinmetze waren 13 Jahre lang beschäftigt, Vigelands Gipsmodell in Stein umzusetzen. Ein *Lebensrad* aus Bronze, das ebenfalls den Werdegang des Menschen von der Geburt bis zum Tod symbolisiert, schließt die Achse im Westen ab.

Das **Vigeland Museet** ㉑ (Nobelsgate 32, Tel. 23 49 37 00, www.vigeland.museum.no, Juni–Aug. Di–So 10–17, Sept.–Mai Di–So 12–16 Uhr) entstand 1924 als Studio- und Wohnhaus für Gustav Vigeland. Hier werden seine Zeichnungen, Modelle und Holzschnitte präsentiert. Die früheren Privaträume des Bildhauers können auf Voranmeldung besichtigt werden.

Am südlichen Ende des Frognerparks beherbergt der frühere Gutshof *Frogner Hovedgård*, ein schöner Fachwerkbau, das **Oslo Museum** ㉒ (Frognerveien 67, Tel. 23 28 41 70, www.oslomuseum.no, Di–So 11–16 Uhr) mit den kultur- und theatergeschichtlichen Sammlungen der Stadt. Fotografien, Gemälde u.a. Exponate dokumentieren das Alltagsleben der Osloer Bürger. Kostüme, Karikaturen und Kulissen zeigen die Welt der Bühne. Im Sommer sind auch die historischen Räume des um 1790 entstandenen Gutshofes mit alten Möbeln zu besichtigen.

Museumshalbinsel Bygdøy

Bygdøy – das sind nicht nur weltberühmte Museen, sondern auch Grünanlagen, gute Badestrände und die Sommerresidenz des Königs. Aufgrund des begrenzten Parkplatzangebots empfiehlt es sich, mit dem Bus nach Bygdøy zu fahren oder im Sommer mit der **Fähre** ab Rådhusplassen überzusetzen. Nähert man sich Bygdøy von Norden, erreicht man das sehenswerteste Freilichtmuseum des Landes, das **Norsk Folkemuseum** ㉓ (Museumsveien 10, Tel. 22 12 37 00, www.norskfolkemuseum.no, 15. Mai–14. Sept. tgl. 10–18, sonst Mo–Fr 11–15, Sa/So 11–16 Uhr). Das Ausstellungsgebäude am Eingang zeigt Volkskunst, Trachten, Spielzeug und den ersten Sitzungssaal des Stortings, des norwegischen Parlaments. Dahinter öffnet sich der Park mit über 155 Gebäuden aus verschiedenen Regionen Norwegens. Die *Oscar IIs Samling* präsentiert u. a. die mittelalterliche Stabkirche aus Gol [s. S. 92]. In *Gamlebyen* stehen historische Gebäude aus Christiania und Umgebung. Allenthalben begegnet man Handwerkern und Bauern in historischen Kostümen, welche norwegische Traditionen aufleben lassen. Ofenfrische Lefse offeriert die Fladenbäckerei. Zum Sommerprogramm des Museums gehören Volksfeste und Konzerte.

Skulpturenrausch: Der Bildhauer Gustav Vigeland schmückte die Grünanlage des Frognerparken mit zahlreichen eindrucksvollen Werken

Nur einige hundert Meter weiter zeigt das zum Kulturhistorisk Museum der Universität gehörende **Vikingskipshuset** 24 (Huk Aveny 35, Tel. 22135280, www.khm.uio.no, Mai–Sept. tgl. 9–18, Okt.–April tgl. 10–16 Uhr) die drei weltberühmten *Wikingerschiffe* aus dem 9. Jh., die vor über 100 Jahren in Grabhügeln am Oslofjord entdeckt wurden. Einmalig in seiner Eleganz ist das 22 m lange **Osebergschiff** mit den kunstvollen Schnitzereien an Rumpf und Steven. Das nach seinem Fundort Oseberg bei Tønsberg benannte Schiff wurde 834 zur Grabstätte der *Königin Åsa* und ihrer Dienerin umfunktioniert. Zu den Grabbeigaben zählen reich verzierte hölzerne Wagen, drei herrlich geschnitzte Schlitten, verschiedene Textilien und eisenbeschlagene Kisten. Während das Osebergschiff nur für küstennahe Fahrten geeignet war, waren das (leider nur schlecht erhaltene) **Tuneschiff** aus Fredrikstad und das **Gokstadschiff** aus Sandefjord hochseetüchtig. In dem um das Jahr 890 gebauten Gokstadschiff wurde um 900 ein Häuptling mitsamt Pferden, Hunden, Waffen, Brettspiel und weiteren Beigaben bestattet.

In der *Villa Grande* dokumentiert das Holocaust Center, **HL-Senteret** 25 (Huk Aveny 56, Tel. 22842100, www.hlsenteret.no, 15. Juni–15. Aug. tgl. 10–18, sonst tgl. 11–

Berühmt und berüchtigt – die Wikinger: Das Gokstadschiff im Museum Vikingskipshuset auf der Insel Bygdøy erinnert an die nordischen Ahnen

16 Uhr) eindringlich das Schicksal der norwegischen Juden im Zweiten Weltkrieg.

Auf der Landspitze von Bygdøy locken drei maritime Museen. Das **Norsk Maritimt Museum** 26 (Bygdøynesveien 37, Tel. 24114150, www.marmuseum.no, 15. Mai–Aug. tgl. 10–18, sonst Di–Fr 10–15, Sa/So 10–16 Uhr) ist der norwegischen Seefahrt gewidmet. Ein Glanzpunkt der umfangreichen Schiffssammlung ist die ›Gjøa‹, mit der der norwegische Polarforscher *Roald Amundsen* (1872–1928) in den Jahren 1903–06 als erster die Nordwestpassage durch die Arktis bewältigte.

Das nahe **Frammuseet** 27 (Bygdøynesveien 36, Tel. 23282950, www.fram.museum.no, Juni–Aug. tgl. 9–18, Mai und Sept. tgl. 10–17, März/April, Okt. tgl. 10–16, Nov.–Febr. Mo–Fr 10–15, Sa/So 10–16 Uhr) zeigt das Polarschiff ›Fram‹, das Colin Archer 1892 in Larvik für *Fridtjof Nansens* (1861–1930) Polarexpedition von 1893–96 baute.

Das **Kon-Tiki Museet** 28 (Bygdøynesveien 36, Tel. 23086767, www.kon-tiki.no, Juni–Aug. tgl. 9.30–17.30, April/Mai, Sept. tgl. 10–17, Okt.–März tgl. 10.30–15.30 Uhr) schräg gegenüber ist den Expeditionen des norwegischen Anthropologen und Ethnologen *Thor Heyerdahl* (1914–2002) gewidmet. Dort steht das aus Balsa-Holz gefertigte Floß ›Kon Tiki‹, mit dem er 1947 von Südamerika nach Polynesien segelte und das Papyrusboot ›Ra II‹, das ihn 1970 von Marokko bis nach Barbados brachte.

Im Osten der City

TOP TIPP Im Stadtteil Tøyen wartet das **Munch-Museet** 29 (Tøyengata 53, Tel. 23493500, www.munch.museum.no, Juni–Aug. Mo–Fr 10–21, Sa 11–17, So 11–21, Mai, Sept.–Dez. Di/Mi, Do 10–21, Fr 10–16, Sa 11–17, So 11–21, Febr.–April Di/Mi, Fr 10–16, Do 10–21, Sa 11–17, So 11–21 Uhr) mit Meisterwerken Edvard Munchs [s. S. 27] auf. Er ist nicht nur der berühmteste norwegische Maler, sondern gilt auch als ein Wegbereiter des europäischen Expressionismus. Die hochkarätige Sammlung umfasst Gemälde, Zeichnungen und Grafiken aus dem Nachlass des Künstlers, darunter Kompositionen wie ›Der Schrei‹ (1893) und ›Madonna‹ (1893/94).

Vis-à-vis vom Munch-Museum lädt der *Botanische Garten* im **Tøyen Park** 30 (Tel. 23851700, www.nhm.uio.no, Mo–Fr 7–21, Sa/So 10–21, im Winter bis 17 Uhr) zum Lustwandeln ein. Sehenswert sind auch die im Park beheimateten Sammlungen des *Zoologisk Museum* und des *Geologisk Museum* (jeweils Di–So 11–16 Uhr). Letzteres zeigt Mineralien, Fossilien und dokumentiert die Ölgewinnung in der Nordsee.

Außerhalb der Stadt

TOP TIPP Das weithin sichtbare Wahrzeichen von Oslo ist der **Holmenkollen** 31 (Kongeveien 5, Tel. 22923200, www.holmenkollen.com, Juni–Aug. tgl. 9–20, Mai und Sept. tgl. 10-17, Okt.–April tgl. 10–16 Uhr), der für seine **Skisprungschanze** berühmte Berg im Norden Oslos. Seit 1892 finden hier regelmäßig Skisprungwettbewerbe statt, u.a. 1952 bei den *Olympischen Winterspielen* sowie 1966, 1982 und 2011 bei *Weltmeisterschaften*. Legendär ist auch das alljährliche *Holmenkollenrennen* der Langläufer auf den Loipen rund um und im Skistadion. Zur **Nordischen Ski WM 2011** wurden die Sport-

Das Osloer Munch-Museet ist eine Pilgerstätte für Kunstfreunde aus aller Welt

Dem Studium zur Zierde: Munchs Wandmalereien in der Aula der Universität

Maler der Melancholie

Edvard Munch (1863–1944) entstammte einer alten Familie, die kulturell und künstlerisch bedeutende Persönlichkeiten hervorgebracht hat. Er wuchs in einem puritanischen und tief religiösen Klima auf, in dem seine künstlerische Neigung wohlwollende Unterstützung fand. Edvard Munchs Herausforderungen waren anderer Art: **Krankheit, Tod und Trauer** überschatteten seine Kindheit und Jugend. Seine Mutter starb an Tuberkulose, als er fünf Jahre alt war, seine Schwester erlag neun Jahre später im Alter von fünfzehn ebenfalls der damaligen Volkskrankheit. Auch Edvard Munchs Gesundheit war nicht sehr stabil. So ließen ihn die Themen Krankheit, Tod und Trauer in seinem gesamten künstlerischen Werk nicht los.

Munch lernte bei Norwegens führendem Naturalisten Christian Krogh, der ihn in den Künstlerkreis der **Kristiania-Bohème** einführte. 1885 reiste der junge Munch zum ersten Mal nach **Paris**, begann das Bild ›Das kranke Kind‹, in dem sich die Trauer um seine Schwester Sophie ausdrückt und das ihm den Durchbruch bringen sollte. 1889 ermöglichte ihm ein Stipendium einen dreijährigen Aufenthalt in der französischen Hauptstadt. Munch suchte Anregungen bei Léon Bonnat und Paul Gauguin, den er 1890 kennen lernte. Eindrücke dieser Begegnung zeigen sich im Duktus des Gemäldes ›Melancholie‹, das vermutlich als Reaktion auf den Tod des Vaters entstand.

Ein Skandal, den 1892 eine Ausstellung im Berliner Künstlerverein auslöste, machte Munch bekannt. In **Berlin** kam er in Berührung mit der Philosophie von Nietzsche, mit dem schwedischen Dramatiker August Strindberg und dem polnischen Dichter Stanislav Przybyszewski. Er begann sich mit Radierung, Lithographie und Holzschnitt zu beschäftigen und beherrschte diese Techniken bald so souverän, dass er als Illustrator zunehmend gefragt war.

Eine dramatische **Liebesbeziehung** zu der Bohemienne Tulla Larsen aus Kristiania, Nerven- und Alkoholprobleme kennzeichneten dann die Jahre Anfang des 20. Jh., während derer er mehrfach in Sanatorien und Kliniken behandelt wurde. Ab 1909 lebte Edvard Munch in **Kragerø** an Norwegens Südküste, später recht isoliert in **Ekely** bei Oslo. In seinem letzten Willen verfügte Munch, dessen Bilder unter den Nationalsozialisten als ›entartet‹ verfemt waren, dass sein umfangreiches Werk nach seinem Tod in den uneingeschränkten Besitz der Stadt Oslo übergehen sollte. Das 1963 eröffnete **Munch-Museet** verfügt daher über eine einzigartige Sammlung aus allen Phasen seines künstlerischen Schaffens.

Beinah schwerelos: die Sprungschanze am Holmenkollen bringt Skispringer zum Fliegen

anlagen modernisiert, spektakulär ragt die neue aus Stahl konstruierte, elegant geschwungene Schanze empor. Der 60 m hohe *Turm* (Aufzug) bietet einen herrlichen Panoramablick auf Oslo. Gleich nebenan dokumentiert das **Skimuseet** 32 die Geschichte des Skisports von seinen Anfängen bis heute. Auch die berühmten Polarexpeditionen des 19./20. Jh. von norwegischen Forschern wie Fridtjof Nansen und Roald Amundsen werden anschaulich dargestellt. Im Sommer finden am Holmenkollen häufig Konzerte und andere Events statt.

Folgt man der Straße noch ein Stück nach Norden, erreicht man das traditionsreiche Lokal **Frognerseteren** (Holmenkollveien 200, Tel. 22924040, www.frognerse teren.no), von dessen Terrasse man einen wunderbaren Blick auf Stadt und Fjord hat.

In der Nähe befindet sich außerdem das viel besuchte Naherholungsgebiet der 430 km^2 großen **Nordmarka**, in dem die Hauptstädter im Winter Ski laufen, im Sommer wandern, Fahrrad fahren, joggen oder Heidel- und Preiselbeeren pflücken.

Richtung Stadt gelangt man über den Holmenkollveien und Ankerveien zum **Bogstad Gård** 33 (Sørkedalen 826, Tel. 22065200, www.bogstad.no, Führungen Mai–Sept. Di–So 13 und 14 Uhr). Der an einem See gelegene Herrensitz (1760–62) präsentiert ein bemerkenswertes Interieur mit Möbeln, Porzellan und Kunstwerken des späten 18. Jh. sowie einen malerischen Englischen Garten.

Einen Abstecher lohnt auch das westlich von Oslo, herrlich am Fjord gelegene **Henie-Onstad Kunstsenter** 34 (Sonja Henies vei 31, Høvik, Tel. 67804880, www.hok.no, Di–Fr 11–19, Sa/So 11–17 Uhr), das die frühere Eiskunstläuferin Sonja Henie und ihr Ehemann Niels Onstad eingerichtet haben. Wechselausstellungen erschließen die qualitätvolle Sammlung zur internationalen Kunst der Gegenwart.

i Praktische Hinweise

Information

Turistinformasjonen, *Trafikanten Service Centre*, Jernbanetorget 1 (am Hauptbahnhof) und Fridtjof Nansens plass 5 (am Rathaus), Oslo, Tel. 81530555, www.visitoslo.com

Hier erhält man auch den **Oslo Pass**, der für 24, 48 oder 72 Stunden freien Eintritt in Museen, kostenlose Fahrten mit öffentlichen Verkehrsmitteln im Raum Oslo, freies Parken auf kommunalen Parkplätzen sowie diverse Rabatte gewährt.

Hotels

Best Western Karl Johan Hotell, Karl Johans gate 33, Oslo, Tel. 23 16 17 00, www.karljohan.no. In einem der repräsentativen Palais an Oslos Prachtboulevard eingerichtetes Hotel.

Clarion Collection Hotel Savoy, Universitetsgaten 11, Oslo, Tel. 23 35 42 00, www.choicehotels.no. Sehr zentral und ruhig gelegenes Hotel mit freundlich möblierten Zimmern.

Clarion Collection Hotel Gabelshus, Gabelsgate 16, Oslo, Tel. 23 27 65 00, www.choicehotels.no. Gemütliches, im englischen Stil gehaltenes Hotel von 1912. Auch die mit Weinranken bedeckte Fassade sorgt für romantisches Flair.

Hotel Continental, Stortingsgaten 24/26, Oslo, Tel. 22 82 40 00 www.hotel-continental.no. Stilvolles, luxuriöses Hotel im Zentrum mit Blick auf das Nationaltheater, mit fünf Restaurants und Bars, u. a. dem *Theatercaféen* im Erdgeschoss.

Frogner House Apartments, Skovveien 8, Oslo, Tel. 93 01 00 09, www.frognerhouse.no. Die komfortablen Apartments mit geschmackvollem Interieur befinden sich in einem viktorianischen Gebäude unweit vom Schloss.

Restaurants

TOP TIPP **Bagatelle**, Bygdøy Allé 3, Oslo, Tel. 22 44 40 40, www.bagatelle.no. Oslos Spitzenrestaurant im Hinblick auf Kreativität und Qualität, das die norwegische und französische Küche miteinander kombiniert (So geschl.).

Engebret Café, Bankplassen 1, Oslo, Tel. 22 82 25 25, www.engebret-cafe.no. Das gemütliche, traditionsreiche Künstlerrestaurant wurde 1857 eröffnet. Sehr gute Küche mit norwegischen Spezialitäten.

Gamle Raadhus, Nedre Slottsgate 1, Oslo, Tel. 22 42 01 07, www.gamleraadhus.no. Das Restaurant im 1641 erbauten Alten Rathaus erfreut sich seit 1856 großer Beliebtheit bei den Osloern (So geschl.).

Theatercaféen, Hotel Continental, Stortingsgate 24/26, Oslo, Tel. 22 82 40 50, www.theatercafeen.no. Stets gut besuchtes Café und Restaurant im Stil der Wiener Kaffeehäuser. Schöne Atmosphäre und ausgezeichnete Speisen.

Augenweide und Gaumenfreuden: Im Restaurant Frognerseteren ist nicht nur das Panorama ein Genuss

2 Østfold

Grenzmark gegen Schweden mit Festungen und weit zurückreichender Vorgeschichte.

Drøbak – Fredrikstad – Sarpsborg – Halden

Grün und hügelig mit waldbedeckten Partien im Landesinneren und landwirtschaftlich genutzten Flächen ist die Gegend östlich des Oslofjords, die Region Østfold. Sie war vielfach Schauplatz kriegerischer Auseinandersetzungen zwischen Norwegen und Schweden, die Festungen in Halden und Fredrikstad zeugen noch davon.

Ein beliebtes Ausflugsziel ist **Drøbak**, die idyllische alte Lotsenstation an der schmalsten Stelle des Oslofjords. Von der alten *Festning Seiersten* sieht man auf der anderen Seite des Nadelöhrs die Festung *Oscarsborg* (1845–56), mit deren Kanonen am 9. April 1940 der deutsche Kreuzer ›Blücher‹ versenkt wurde. Die Künstlerstadt Drøbak wurde bekannt, als sich im 19. Jh. um die Maler *Christian Krogh* und *Frits Thaulow* eine Künstlerkolonie gebildet hatte. Zahlreiche Gallerien zeugen heute davon, dass der Ort an Attraktivität für Kreative nichts verloren hat.

Sehr sehenswert ist auch das alte **Fredrikstad** an der Glomma, das 1567 von König Frederik II. gegründet wurde. Nachdem schwedische Truppen das benachbarte Sarpsborg verwüstet hatten, erschien es sinnvoller, eine neue Stadt an der Glomma-Mündung zu bauen. Als 1658 die Provinz Bohuslän an Schweden verloren ging, kam Fredrikstad auch eine wichtige Verteidigungsfunktion gen Süden zu. Damals wurde die Stadt mit einem Befestigungsring nach Plänen von Oberst Wilhelm Coucheron umgeben. Erst 1814 konnte Fredrikstad von den Schweden erobert werden. 1901 wurde es entmilitarisiert. Heute ist das am östlichen Flussufer gelegene **Gamlebyen** eine der wenigen fast vollständig erhaltenen norwegischen Festungsstädte. Wallgräben und Bastionen rahmen die hübsche Altstadt mit ihren Renaissancebauten. Das *Provianthus* (1674–96) und die nahe dem Fluss gelegene *Slaveriet* (Zuchthaus, 1731) gehören zu den ältesten Gebäuden. Eine Übersicht über die Stadtgeschichte gewährt das *Fredrikstad Museum* im einstigen Lager für Militärausrüstung, dem **Tøihuset** (Tøihusgaten 41, Tel. 69 95 85 00, Di–Fr 12–15.30, Sa/So 11–16 Uhr).

500 m weiter östlich liegt auf einer Anhöhe **Kongsten Fort**, welches General Cicignon um 1680 als äußere Befestigung errichten ließ. Es war bestückt mit 20 Kanonen und hatte 150 Mann Besatzung.

Mehr als 15 000 Fundplätze aus vor- und frühgeschichtlicher Zeit weist die Region am Oslofjord auf. Ein beträchtlicher Teil dieser bedeutenden prähistorischen Stätten wird durch den **Oldtidsveien** erschlossen, der zwischen Fredrik-

Im Schutz der Festung Fredriksten liegt die bunte Grenzstadt Halden, deren einstige kriegstechnische Bedeutung heute nur mehr im Museum lebendig wird

Wer mit der Fähre von Kiel aus nach Norwegen reist, erlebt den Oslofjord mit seinen zahlreichen kleinen Inseln in der verheissungsvollen Morgenstimmung

stad und Skjeberg verläuft (RV 110). Entlang der Route sind mehrere große Felder mit **Felszeichnungen**, die Menschen, Schiffe und Sonnenräder darstellen, sowie *Grabstätten* und *Gedenksteine* aus der Bronzezeit zu besichtigen.

Über die Industriestadt **Sarpsborg**, die vermutlich 1016 von Olav dem Heiligen unweit eines mächtigen Wasserfalls gegründet wurde, erreicht man **Halden**, das sich unterhalb der imposanten, abends effektvoll angestrahlten Wehranlage **Festning Fredriksten** ausbreitet. Nach dem Frieden von Roskilde 1658 wurde Halden Grenzstadt und musste entsprechend gesichert werden. In strategischer Position, auf dem 128 m hohen Plateau, wurde eine sternförmige Festung nach französischem Vorbild angelegt. Die Fertigstellung dauerte 30 Jahre. In den Kriegen gegen Schweden im 18. Jh. spielte die Burg eine entscheidende Rolle. Die mittlerweile hier beheimatete **Halden Historiske Samlinger** (Rød Herregård, Tel. 69 18 54 11, www.halden.museum.no, Mitte Mai–Aug. tgl. 10–17 Uhr) zeigt militär- und kulturhistorische Objekte.

i Praktische Hinweise

Information

Turistkontor, Torvgaten 59A, Fredrikstad, Tel. 69 30 46 00, www.opplevfredrikstad.com. Führungen durch die alte Festungsstadt auf Voranmeldung.

Hotels

Fredrikstad Motel og Camping, Torsnesveien 16–18, Fredrikstad, Tel. 99 22 19 99, www.fredrikstadmotel.no. Nahe des Kongsten Fort, helle und freundliche Zimmer, auch Hütten.

Hotel Victoria, Turngaten 3, Fredrikstad, Tel. 69 38 58 00, www.hotelvictoria.no. Zentral gelegenes, gemütlich eingerichtetes Hotel.

Restaurant

Balaklava Gjestgiveri, Færgeportgaten 78b, Frederikstad, Tel. 69 32 30 40, www.balaklava.no. Restaurant mit schönem Ambiente in einem historischen Haus von 1803 in Gamlebyen.

3 Vestfold

Wikinger, Walfänger und Seefahrer.

Åsgårdstrand – Tønsberg – Sandefjord – Larvik – Stavern

Über die Europastraße E 18 gelangt man von Oslo über Horten, das eine Fähre mit dem gegenüberliegenden Moss verbindet, nach **Åsgårdstrand**. Mehrere Jahre verbrachte der Maler *Edvard Munch* [s. S. 27] in dem reizenden, außerhalb der Saison fast ausgestorben wirkenden Badeort. Eine Reihe seiner bekanntesten Werke, wie das immer wieder variierte Thema ›Die Mädchen auf der Brücke‹, sind hier entstanden. Das bescheidene Fischerhaus in der nach ihm benannten Straße, das Munch 1897 erwarb, ist als Museum **Munchs Hus** (Edvards Munchsgate 25, Tel. 33 08 21 31, Mai Sa/So 11–18, Juni–Aug. Di–So 11–18, Sept. Sa/So 11–16 Uhr) eingerichtet.

Weiter südlich befindet sich das Ende des 9. Jh. gegründete **Tønsberg**, das als Norwegens älteste Stadt gilt. Auf dem 63 m hohen *Schlosshügel*, von dem sich ein schönes Panorama bietet, befinden sich die Ruinen des *Tunsberghus* aus dem 13. Jh., der größten mittelalterlichen Burg Norwegens, und die Reste der *Michaelskirche* von 1150.

Das 28 km entfernte **Sandefjord** ist eine moderne Stadt mit mehr als 42 000 Einwohnern. Ab 1900 bis in die 1960er-Jahre war sie der bedeutendste Standort für Walfangflotten in Norwegen. An jene Zeiten erinnern das *Walfangmonument* an der Strandpromenade und das **Hvalfangstmuseet** (Museumsgaten 39, Tel. 94 79 33 41, www.hvalfangstmuseet.no, Mai–22. Juni tgl. 11–17, 23. Juni–Aug. tgl. 10–17, Sept. tgl. 11–16, Okt.–April Mo–Sa 11–15, So 12–16 Uhr). Authentische Eindrücke vermittelt auch das an der Museumsbrücke im **Hafen** liegende, 1950 in Betrieb genommende Walfangboot *Southern Actor* (Mitte Juni–Mitte Aug. tgl. 11–17 Uhr). Sandefjord war aber auch lange Zeit wegen seiner 1837 entdeckten *Schwefelquellen* beliebt. Linderungssuchende aus ganz Europa kamen hierher. Das alte **Kurbadet** (Thor Dahls gate 7, Tel. 33 46 58 57, www.sandefjordkurbad.no) im Zentrum wurde restauriert und dient inzwischen als Kulturzentrum.

Kopie alter Zeiten: das Wikingerschiff ›Gaia‹ im Hafen von Sandefjord

Die benachbarte Industriestadt **Larvik** ist wegen ihrer Fährverbindung vom dänischen Frederikshavn ein wichtiges Tor nach Südnorwegen. Malerisch liegt der Ort am Larviksfjord zwischen dem Fluss Lågen und dem Farriselva. Das *Larvik Sjøfartsmuseum* (Kirkestredet 5, Tel. 48 10 66 00, www.larvikmuseum.no, Mitte Juni–Mitte Aug. tgl. 12–16, sonst So 12–16 Uhr) bewahrt interessante Exponate zur Geschichte der Seefahrt und des Schiffbaus sowie zum Walfang.

Die kleine, 8 km südlich gelegene Garnisonsstadt **Stavern** war ursprünglich ein Fischer- und Lotsenhafen. Um seine Residenz abzusichern, errichtete Graf Ulrik Frederik Gyldenløve, der dänische Statthalter in Norwegen, im 17. Jh. eine *Zitadelle*. Die **Werft Fredriksvern** legte der dänische König Frederik V. 1749 als zweite Festung an. Das von Wällen gerahmte Militärareal umfasste u. a. die Kommandantenwohnung, den Pulverturm und Vorratsspeicher. Die *Garnisonskirche* am Platz wurde 1756 als erste nachweisliche Marinekirche Norwegens erbaut. Heute ist Stavern ein beschaulicher Ferienort, dessen Hafen durch die Schären gut geschützt ist.

i Praktische Hinweise

Information

Sandefjords Reiselivsforening, Thor Dahls gate 7, Sandefjord, Tel. 33 46 05 90, www.visitsandefjord.com

Hotels

Clarion Collection Hotel Atlantic, Jernbanealleen 33, Sandefjord, Tel. 33 42 80 00, www.choicehotels.no. Zentrumsnahes angenehmes Stadthotel.

Hotel Kong Carl, Torggata 9, Sandefjord, Tel. 33 46 31 17, www.kongcarl.no. Zentral gelegenes Hotel in einem historischen Gebäude.

Restaurant

Midtåsen Solvold, Thor Dahls gate 9, Sandefjord, Tel. 33 46 27 41. Sehr gutes, gepflegtes Restaurant (So geschl.).

Die Stabkirche Heddal beeindruckt mit ihren Pult- und Giebeldächern

4 Telemark

Großartige Natur, eindrucksvolle Wälder, Täler und Berge.

Stavkirke Heddal – Gaustatoppen – Rjukan – Dalen – Stavkirke Eidsborg – Morgedal – Seljord – Skien

Telemark – das bedeutet vornehmlich Wälder, Seen, Flüsse und Gebirge. Die Region im Inland ist schnell und bequem von Oslo oder Larvik aus zu erreichen. Das Gebiet ist ein wahres Paradies für Wanderer, Botaniker, Angler und Skiläufer, immerhin stand in der Telemark die Wiege des **Skisports**. Liebliche Täler wechseln mit tief eingekerbten schroffen Schluchten, ausgedehnte Wälder mit rauer Berglandschaft, dazwischen liegen kleine Dörfer, in denen das moderne Leben einen ruhigeren Gang einlegt, und viele einsame alte Höfe in Blockbauweise.

Etwa 5 km westlich von *Notodden* steht die der Jungfrau Maria geweihte **Stavkirke Heddal** (Heddalsvegen 412, Notodden, Tel. 35 01 39 90, www.heddalstavkirke.no, Mitte Mai–Mitte Sept. tgl. 10–17, Mitte Juni–Mitte Aug. tgl. 9–19 Uhr), die wegen ihrer beeindruckenden Dimensionen auch die ›Kathedrale‹ unter den norwegischen Stabkirchen genannt wird. Der Chor stammt von 1147, der übrige Bau von 1242. Sehenswert sind die geschnitzten Fabeltiere, Ranken und Menschendarstellungen an den *Portalen*. Im Inneren sind einige *Runeninschriften* erhalten und ein mittelalterlicher Bischofsstuhl. Die *Wandmalereien* gehen auf das Ende des 17. Jh. zurück.

TOP TIPP

Beim Weiler *Sauland* zweigt rechts die abwechslungsreiche Route (FV 651) nach Rjukan ab, die anfangs durch eine kaum besiedelte, sehr waldreiche Gegend führt, dann bis auf 1260 m ansteigt und im Bereich des **Gausta Massivs** das karge *Høyfjell* passiert.

Die Hauptroute führt östlich an dem markanten **Gaustatoppen** vorbei, dem mit 1883 m höchsten Gipfel in der Telemark. Auf einem markierten Weg ab Stavsro (1173 m) kann man ihn in einer 2- bis 3-stündigen *Wanderung* besteigen. Bei schönem Wetter bietet sich ein hinreißender Panoramablick über ein Sechstel der Fläche Norwegens.

In vielen Serpentinen windet sich die Straße hinunter in das tief eingekerbte **Vestfjorddal** mit der Industriestadt **Rjukan**. Im 19. Jh. verirrten sich in das abgelegene wildromantische Tal höchstens Maler wie J. C. Dahl, der 1830 den gewaltigen Wasserfall **Rjukanfossen** malte. Dies sollte sich ändern, als der Ingenieur *Sam Eyde* 1903 ein neues Verfahren entwickelte, um aus Luft Stickstoff zu gewinnen, was eine preiswertere Kunstdüngerpro-

In rund 1000 m Höhe verläuft die Grenze zwischen der Skisportregion Telemark und der nordwestlich anschließenden Fjordprovinz Hordaland

duktion ermöglichte. Die nötige elektrische Energie gewann Eyde aus den 105 m in die Tiefe stürzenden Wassermassen des Rjukanfossen. Daneben errichtete er eine Fabrik, aus der später der Großkonzern *Norsk Hydro* hervorging. Rund um die Anlage entstand eine für die damalige Zeit sehr fortschrittliche Stadt für 10 000 Menschen, sogar an Parks und Sportanlagen wurde gedacht. 1915 wurde die **Rjukan Kirke** eingeweiht, deren Turm auffällig den Türmen der Kraftstation ähnelt.

Das große *Kraftwerk Vemork* unterhalb des Rjukanfossen war 1942/43 Schauplatz von Sabotageaktionen gegen die Produktionsanlage des *Schweren Wassers*. Heute dokumentiert hier das **Norsk Industriarbeidermuseum** (Tel. 35 09 90 00, www.visitvemork.com, Mai–Sept. tgl. 10–16, Mitte Juni–Mitte Aug. tgl. 10–18, sonst Di–Fr 12–15, Sa/So 11–16 Uhr) die dramatischen Ereignisse des Zweiten Weltkrieges, die Geschichte des ›industriellen Abenteuers Rjukan‹ und das Leben der Industriearbeiter.

Da während der Wintermonate kaum ein Sonnenstrahl in das Tal fällt, ließ *Norsk Hydro* 1928 die Seilbahn **Krossobanen** auf den *Gvepseborg* (886 m) bauen, damit die Angestellten hier oben ›Sonne tanken‹ und sich erholen konnten. Die Bergstation ist noch heute ein idealer Ausgangspunkt für Ausflüge in das umliegende Wandergebiet.

Die Strecke führt weiter durch das Vestfjorddal und an den Ostausläufern des *Hardangervidda-Plateaus* [Nr. 27] entlang. Die Straße passiert *Rauland* am Totak-See, ein Sommer- wie Wintersportgebiet, und erreicht **Dalen** am fjordartigen Bandak-See. Der Ort ist als Endpunkt des *Telemark-Kanals* [s. S. 36] interessant: Eine Fahrt mit einem alten Kanalboot von Dalen nach Skien ist bei schönem Wetter ein unvergleichliches Erlebnis.

Etwa 7 km nördlich liegt die kleine **Stavkirke Eidsborg** (Mitte Mai–Aug. tgl. 10–17, Mitte Juni–Mitte Aug. tgl. bis 18 Uhr) aus dem 13. Jh., die dem hl. Nikolaus, dem Schutzpatron der Reisenden, geweiht ist. Hier findet man zwar keine Drachenverzierungen, aber bis auf den Boden hinuntergezogene schindelgedeckte *Pultdächer*. Die Wanddekorationen mit Akanthusranken stammen aus den Jahren 1604 und 1649. Bei der Kirche lohnt das **Vest-Telemark Museum Eidsborg** (Tel. 35 07 73 31, www.vest-telemark.museum.no, Mitte Mai–Aug. tgl. 10–17, Mitte Juni–Mitte Aug. tgl. bis 18 Uhr) einen Besuch. Über 30 Gebäude mit Speichern und Ställen sowie eine Schmiede können besichtigt werden.

Im kleinen **Morgedal** steht die Wiege des modernen Skisports. *Sondre Norheim* (1825–1897) konstruierte hier 1850 die erste Fersenbindung für Skistiefel, die Schwünge und Sprünge ermöglichte, sowie den ersten ›Telemarkski‹. Aus Morgedal stammte auch *Olav Bjaaland*, der mit Roald Amundsen 1910–12 an der Südpolexpedition teilnahm. Das im Ort zu besichtigende **Norsk Skieventyr** (Tel. 35054250, www.vest-telemark.museum.no, Mitte Juni–Mitte Aug. tgl. 9–19, Anfang–Mitte Juni und Mitte–Ende Aug. tgl. 10–17, sonst Mo–Fr 10–15.30, Sa 11–17, So 11–18 Uhr) ist ein multimediales Dokumentationszentrum der Skigeschichte.

In ländlicher Umgebung liegt **Seljord** am gleichnamigen See. Sehenswert ist die alte **St. Olavskirke** aus dem 12. Jh., die ein Altarbild von 1588 und Wandmalereien aus dem 17. Jh. besitzt. Wer im September in der Telemark reist, sollte sich das große **Dyrsku'n** (2. Wochenende im Monat, Tel. 35065770, www.dyrskun.no) nicht entgehen lassen. Bis zu 70 000 Besucher kommen zu der Messe, die sich aus dem traditionsreichen Viehmarkt entwickelt hat. Zum vielfältigen Angebot gehören landwirtschaftliche Geräte, Snowscooter, Kunsthandwerk, Norwegerpullis und kulinarische Köstlichkeiten. Höhepunkt ist die *Tierschau* mit Rindern, Pferden sowie Ziegen und einer Prämierung des hübschesten Exemplars jeder gezeigten Art.

Telemarks Hauptstadt ist **Skien**, die Geburtsstadt von *Henrik Ibsen* (1828–1906). Sein Elternhaus im 5 km nördlich gelegenen Venstøp beherbergt heute das **Henrik Ibsen Museum** (Venstøphøgda 74, Tel. 35525749, www.telemark.museum.no, Juni–Aug. Mo–Fr 12–17, Sa/So 11–17 Uhr). Der Besucher erhält hier Einblick in Ibsens Leben und Werk. Der Autor wurde durch seine gesellschaftskritischen Dramen berühmt. In der Ausstellung sieht man lebensgroße Puppen, die u. a. Figuren aus Ibsens Schauspiel ›Die Wildente‹ (1884, ›Vildanden‹) nachgebildet sind.

Praktische Hinweise

Information

Turistkontor, Nedre Hjellegt 18, Skien, Tel. 35905520, www.grenland.no, www.visittelemark.com

Hotel

TOP TIPP **Dalen Hotel**, Dalen, Tel. 35079000, www.dalenhotel.no. Eines der schönsten Hotels Norwegens, 1894 im ›Drachenstil‹ der Stabkirchen errichtet. Stimmungsvolles Ambiente und gutes Restaurant.

Restaurant

Tuddal Høyfjellshotel, Tuddal, Tel. 35028888, www.tuddal.no. Die gute Küche des Hauses, das auf eine hundertjährige Tradition zurückblickt, bietet norwegische Spezialitäten und Ruhe etwa 1 km abseits der Straße (FV 651), das.

Der Kampf um das Schwere Wasser

Schweres Wasser ist eine chemische Verbindung aus einer besonderen Art von Wasserstoff und Sauerstoff, deren verlangsamende Wirkung bei Kernspaltungsprozessen ausgenutzt wird. Im Verlauf des Zweiten Weltkriegs nahmen die Befürchtungen der Alliierten zu, den Deutschen könne der Bau einer **Atombombe** gelingen, wenn sie ihre Forschungen mit Schwerem Wasser fortsetzten. Weder englische noch amerikanische Physiker wussten jedoch, wie weit die deutsche Atombombenforschung gediehen war, und die Sorge wuchs 1942, dass Deutschland binnen zwei Jahren über die Bombe verfügen könne. Darum beschlossen Churchill und Roosevelt fortan Lieferungen von Schwerem Wasser aus **Rjukan** an Deutschland zu verhindern. Der erste **Sabotageakt** von 1942 scheiterte. Beteiligt waren norwegische Widerstandskämpfer und ein britisches Kommando. Bei einem neuerlichen Versuch konnte die schwer bewachte Anlage im Februar 1943 gesprengt werden. Doch die Deutschen setzten sie wieder instand. Ende 1943 gelang es dann amerikanischen Bombern, die Fabrik komplett zu zerstören. Allerdings war das deutsche Uranprojekt nicht so weit fortgeschritten wie angenommen. Im Juni 1942 prognostizierte das Kernphysikerteam um Werner Heisenberg dem *Reichsminister für Bewaffnung und Munition* Albert Speer eine Verzögerung der Atombombe um 3–5 Jahre. Daraufhin wurde das Projekt zugunsten der Produktion von V1- und V2-Raketen zurückgestuft.

Der 10 km lange **Sabotørstien**, ein Wanderweg auf den Spuren der damaligen Saboteure, erinnert an die dramatischen Ereignisse des zweiten Weltkrieges. Von Juni bis Anfang August können geführte Touren gebucht werden (Turistkontor, Torget 2, Rjukan, Tel. 35080550, www.visitrjukan.com).

Wichtiger Wasserweg

Eine Hauptattraktion Südnorwegens ist eine Fahrt auf dem alten **Telemark-Kanal**, eine Reise durch Raum und Zeit. Vom Schärenpark bis an die Südausläufer der Hardangervidda führt die etwa 105 km lange Wasserstraße. Der alte Kanal mit den kunstfertig gemauerten Schleusenkammern, Wärterhäuschen und den gusseisernen Vorrichtungen zur Bedienung der Schleusenklappen ist ein **Natur- und Kulturdenkmal**. An seinen Ufern liegen Sägewerke, Schmieden und die alten Landungsstege mit den Lagerhäusern aus dem 19. Jh. Man gleitet über ausgedehnte Seen, an Biberburgen vorüber, kann Reiher und andere Wasservögel beobachten und sieht malerische Ufergrundstücke mit vornehmen Residenzen.

TOP TIPP

Die älteste Strecke des Telemark-Kanals ist der Abschnitt Skien–Norsjø, der 1854–61 gebaut wurde und Skien, Norsjø und Notodden verbindet. 1892 konnte König Oscar den Norsjø-Bandak-Kanal einweihen, der von Skien bis Dalen führt. Um den Höhenunterschied von 57 m zu bewältigen, baute man insgesamt sechs Schleusen: bei Ulefoss, Eidsfoss, Vrangfoss, Lunde, Kjeldal und Hogga. Die Anlage bei Vrangfoss ist mit fünf Schleusenkammern sowie 23 m Höhendifferenz die größte und beeindruckendste. Sie war zur damaligen Zeit ein Meisterwerk der **Ingenieurbaukunst**.

Für die verkehrstechnisch schlecht versorgte Telemark bedeutete der Kanal einen enormen Fortschritt. Menschen, Tiere, Holz und andere Güter transportierte man auf dem Wasserweg. Erst 1957 wurde der kommerzielle Kanalverkehr eingestellt. Heute verkehren wieder die 1882 vom Stapel gelaufene ›Victoria‹ und andere **historische Kanalboote** von Mai bis September zwischen Skien und Dalen. Die Kreuzfahrt mit dem Liniendampfer dauert etwa 11 Stunden. Zur Ferienzeit ist Platzreservierung notwendig. Der Kanal kann auch mit Kanus, Kajaks oder Freizeitbooten befahren werden. (Telemarkreiser, Nedre Hjelleg 18, Skien, Tel. 35 90 00 30, www.visittelemark.com).

5 Sørland

Idyllische Hafenorte mit weiß gestrichenen Holzhäusern an zerklüfteter Küste.

Kragerø – Risør – Lyngør – Arendal – Fjære Kirke – Grimstad – Lillesand

Mit **Kragerø**, das auch ›St. Tropez Norwegens‹ genannt wird, beginnen die ›weißen Städte‹ des Sørlandes, die sich wie Perlen einer Kette entlang der Schärenküste aneinanderreihen. Die gemütlichen Kleinstädte mit verwinkelten Gassen und leuchtend weiß gestrichenen *Holzhäusern* zeugen vom Wohlstand, den diese Region durch Handel, Bootsbau und Schifffahrt insbesondere im 19. Jh. erlebte.

Der bekannte Badeort **Risør** zählt zu den schönsten und ältesten Sørlandstädten. Seine Lage auf einer Halbinsel am Skagerrak und die besondere Atmosphäre haben immer wieder Künstler angezogen. Um den pittoresken *Hafen* reihen sich alte **Kaufmannshöfe**, die an den einst bedeutenden Holzhandelsplatz erinnern, der 1723 Stadtrechte erhielt. Aus

der Mitte des 17. Jh. stammt die in Architektur, Schmuck und Innenausstattung barocke *Hellige Ånds Kirke* (Heilig-Geist-Kirche, Juli tgl. 12–14 Uhr, www.risor.kirken.no) im Stadtzentrum. Die nordwestlich von Risør gelegene **Søndeled Kirke** von 1150 birgt ein mittelalterliches Taufbecken und einen der ältesten flämischen Gobelins in Norwegen.

Wenige Kilometer entfernt liegt **Lyngør**, das ›Venedig der Südküste‹. In dem autofreien Ort, der sich auf vier kleinen Inseln ausbreitet, leben heute nur noch etwa 100 Menschen. Die Bewohner setzen sich sehr dafür ein, dass sich Lyngør nicht in eine reine Sommerferiensiedlung verwandelt. Für ein gewisses Maß an Selbstständigkeit sorgt u. a. das *Lyngør Handelshus*.

Über das idyllische *Tvedestrand* erreicht man **Arendal**, das 1723 Stadtrechte erhielt und heute Verwaltungs- und Handelszentrum des Bezirks Aust-Agder ist. Trotz der Stadtbrände, die im 17. und 19. Jh. hier wüteten, sind einige alte Gebäude im Bereich des *Hafens* erhalten. Eisenerz- und Holzhandel führten die Stadt im 19. Jh zur Blüte, damals war sie Heimat-

Berge und Täler, Wälder und Seen, alte Höfe, Dörfer und beschauliche Ruhe wie anno dazumal – so zeigt sich die Telemark

hafen für über 400 Segelkutter. Die Kanäle, die zwischen den sieben Inseln des Ortes verliefen, wurden zu dieser Zeit in Straßen umgewandelt.

Sehenswert ist vor allem der Stadtteil **Tyholmen** westlich vom Hafen Pollen mit seinen vorbildlich restaurierten alten Holzhäuser. Das weiß leuchtende **Rathaus** im Empirestil wurde 1812 als Privatresidenz für den Schiffsreeder Kallevig erbaut und zählt zu den größten Holzgebäuden Norwegens. Die Beletage präsentiert Landschaftsgemälde und eine umfangreiche Porträtgalerie. Die **Trefoldighetskirken** (Dreifaltigkeitskirche, Di/Mi/Do 12.30–14 Uhr) von 1888 mit ihrem 82 m hohen Turm bewahrt im Chor das schöne flämische Gemälde ›Die Heiligen Drei Könige‹ von 1620. Das Stadtmuseum **Kløckers Hus** (Nedre Tyholmsvei 14, Tel. 37 02 59 25, Di–Fr 10–15, Sa 10–14 Uhr, Aug. geschl.) vermittelt einen Eindruck davon, wie das wohlhabende Bürgertum im 19. Jh. lebte.

Aus einer kulturhistorischen Sammlung zu den Themen Archäologie, Kirchengeschichte und Seefahrt sowie einem Freilichtmuseum besteht das **Aust-Agder-Museum** (Parkveien 16, Tel. 37 07 35 00, www.aaks.no, Ende Juni–Mitte Aug. Mo–Fr 9–17, So 12–17, sonst Mo–Fr 9–15, So 12–15 Uhr) auf dem Hof **Langsæ gård**. Dieser Kollektion angeschlossen ist auch das **Merdøgaard Skjærgårdsmuseum** (Mitte Juni–Mitte Aug. tgl. 12–16 Uhr) auf der Insel **Merdø** im Schärengarten, ein typisches Seemannshaus aus dem 18. Jh. Die Insel bietet zudem gute *Bademöglichkeiten* und ist im Sommer per Linienboot vom Hafen Pollen in Arendal aus erreichbar.

Kurz vor Grimstad liegt die alte **Fjære Kirke** (Tel. 37 09 10 54, Juli tgl. 10–14 Uhr, sonst auf Anfrage) aus der Mitte des 12. Jh., die zu den ältesten Steinkirchen Norwegens zählt. Das romanische Langhaus wurde im Hochmittelalter durch Chor und Apsis ergänzt. Das schöne gotische *Taufbecken* stammt vermutlich aus der Steinmetzwerkstatt der Stavanger Domkirche.

Mit **Grimstad** verbinden sich die Namen der berühmtesten norwegischen Schriftsteller: *Knut Hamsun*, der auf dem 6 km westlich gelegenen Gut Nørholm lebte und dort 1952 starb, sowie *Henrik Ibsen*, der in Grimstad eine Apothekerlehre absolvierte. Im **Ibsen-Museet i Grimstad** (Henrik Ibsens gate 14, Tel. 37 04 04 90, www.gbm.no, Juni–Aug. Mo–Sa 11–17, So 12–17 Uhr) kann man neben der alten Apotheke auch Ibsens ehemaliges Arbeits- und Esszimmer sehen.

Überall ein Grund zum Feuern und Feiern: Midtsommerfest an der Sørlandküste

Die Blumenstadt **Lillesand** ist eine Sommeridylle mit schmucken Villen. Am reizvollsten erlebt man den vorgelagerten **Schärengarten** auf einer Bootsfahrt z. B. mit der ›MS Øya‹, die in der Hochsaison regelmäßig eine Reihe kleiner Häfen in Richtung Kristiansand anläuft.

i Praktische Hinweise

Information

Arendal Turistkontor, Sam Eydes plass 1, Arendal, Tel. 37 00 55 44, www.arendal.com.

Risør Turistkontor, Torvet 1, Risør, Tel. 37 15 22 70, www.risor.no.

Hotels

Risør Hotel, Tangengata 16, Risør, Tel. 37 14 80 00, www.risorhotel.no. Ruhig gelegenes, familiäres Hotel mit Restaurant. Jenseits der Straße lockt das Meer.

Sjømanns Suitene, Det Lille Hotel, Storgate 5, Risør, Tel. 37 15 14 95, www.detlille hotel.no. Urgemütliche Suiten in maritimem Ambiente.

Restaurant

Stangholmen Fyr, Risør, Tel. 37 15 24 50, www.stangholmen.no. Stimmungsvolles und gutes Restaurant in einem alten Leuchtturm von 1855. Da am Ende der Fjordmündung gelegen, erfolgt die Anfahrt auf Vorbestellung per Motorboot vom Risører Hafen aus (Mitte Juni–Mitte Aug.).

6 Kristiansand

Eingangstor nach Norwegen, wichtigster Verkehrsknotenpunkt des Sørlandes.

Kristiansand ist mit 82 000 Einwohnern Norwegens fünftgrößte Stadt und wichtigster Fährhafen des Landes. Unweit des Zentrums legen die großen Linienschiffe aus Newcastle oder Göteborg an. Die von Wasser umgebene Stadt ist Veranstaltungsort vieler Festivals, u. a. des beliebten *Palmesus* (www.palmesusweb.no), bei dem nationale und internationale Musiker und DJs am Stadtstrand Bystrand im Juli für eine riesige Party sorgen.

Idyllisch – Risør mit seinen schmucken Holzhäusern und dem Schärengarten vor der Tür

Geschichte Kristiansand wurde im Jahr 1641 von dem baulustigen Dänenkönig Christian IV. auf einer Sandebene westlich der Otra-Mündung gegründet. Auf einer Fläche von etwa 1 km² sollte nach Entwürfen des dänischen Stadtplaners Schørt eine Stadt für 15 000–20 000 Einwohner entstehen. Der schachbrettartige **Stadtplan** mit seinen 54 Häuserblocks ist weitgehend erhalten und spiegelt das absolutistische Städtebauideal des 17. Jh. Um die Entwicklung Kristiansands voranzutreiben, ließ der dänische König die Einwohner der umliegenden Ortschaften zwangsumsiedeln. Außerdem erhielt der Ort noch im Gründungsjahr das *Handelsmonopol* für das Sørland, 1666 wurde er Garnisonstadt, 1682 verlegte man den Bischofssitz von Stavanger hierher. Zur Seeseite sollte die 1672 errichtete **Christiansholm Festning** 1 (Tel. 38 07 51 50, Mitte Mai–Mitte Sept. tgl. 9–21 Uhr, Führungen auf Anfrage) Schutz bieten. Lediglich das Festungsgelände ist zugänglich, während die Innenräume nicht besichtigt werden können.

Trotz all dieser Anstrengungen blieb das erhoffte Wachstum der jungen Stadt zunächst aus. Erst die Industrialisierung und die zunehmende Bedeutung der Handelsschifffahrt Mitte des 19. Jh. brachten den Aufschwung.

Besichtigung Obwohl Kristiansand in seiner Geschichte oft von Bränden heimgesucht wurde, hat der Stadtkern bis heute die strengen Züge der **Quadratur** bewahrt. Das Zentrum wirkt übersichtlich, aber nüchtern. Munteres Treiben herrscht im Sommer in der Fußgängerzone *Markensgate*, an der sich die gewaltige neogotische **Domkirke** 2 (Kirkegata, Tel. 38196800) vom Ende des 19. Jh. erhebt.

Nicht versäumen sollte man einen Besuch des **Vest-Agder-Museet Kristiansand** 3 (Vigeveien 22B, Tel. 38102680, www.vestagdermuseet.no, 15. Juni–Aug. Mo–Fr 10–17, Sa/So 12–17, Sept.–14. Juni Mo–Fr 9–15 So 12–17 Uhr) im 4 km weiter östlich gelegenen Kongsgården. 40 alte Gebäude aus der Region Vest-Agder und aus dem Setesdal konnten vor dem Verfall bewahrt und hier wieder aufgebaut werden. Im Sommer finden auf dem Gelände folkloristische und kulturelle Veranstaltungen statt.

Etwa auf halbem Weg zum Freilichtmuseum befindet sich das Gut **Gimle Gård** 4 (Gimleveien 23, Tel. 38102680, www.gimlegaard.no, Mitte Juni–Aug. Mo–Fr 10–17, Sa/So 12–17 Uhr). Der Reeder und Kaufmann *Bernt Holm* (1765–1829) erbaute es um 1800, als der Hafen eine wichtige Drehscheibe für den Handel zwischen dem Baltikum und der Nordsee war. Der Hof besitzt mit dem *Gullsalen* einen wunderbaren Festsaal mit Mobiliar im Empirestil. Bemerkenswert ist auch der *Malerisalen*, der als Gemäldegalerie für europäische Malerei des 17. und 18. Jh. geschaffen wurde.

Die Grünanlagen **Baneheia** 5 und **Ravnedalen** 6 nördlich der Stadt bieten sich für Spaziergänge an. Einen schönen Blick über Kristiansand und den vorgelagerten Schärengürtel genießt man vom Aussichtshügel *Ravneheia*.

Ausflüge

9 km südwestlich bei Møvik liegt das **Kristiansand Kanonmuseum** (Tel. 38085090, www.kanonmuseet.no, Febr.–Mitte Mai So 12–16, Mitte Mai–Mitte Juni Mo–Mi 11–15, Do–So 11–17, Mitte Juni–Mitte Aug. tgl. 11–18, Mitte Aug.–Sept. Mo–Mi 11–15, Do–So 11–17, Okt.–Nov. So 12–16 Uhr). Die militärische Sammlung zeigt u. a. eine 38-cm-Kaliber-Kanone aus dem Zweiten Weltkrieg, die helfen sollte, das Skagerrak zu kontrollieren.

Freunde von alten Eisenbahnen schätzen den Abstecher nach *Grovane* (20 km nördlich) zum Abfahrtsbahnhof der **Setesdalbanen** (www.setesdalsbanen.no) [s. S. 44], die einst Kristiansand und Byglandsfjord verband. 1962 wurde die Linie eingestellt. Nur die 7 km lange Strecke von Grovane bis Røykners wird an bestimmten Sommertagen von einer Dampflok Baujahr 1894 mit alten Holzwaggons befahren.

Beliebt ist der 12 km östlich der Stadt gelegene **Kristiansand Dyrepark** (Tel. 38049700, www.dyreparken.no, Juni–Mitte Aug. tgl. 10–19, Mitte Aug.–Mai tgl. 10–15 bzw. 17 Uhr). Der Zoo umfasst ein nordisches *Raubtierreservat* mit Wölfen und Luchsen, einen Bereich mit Tieren der

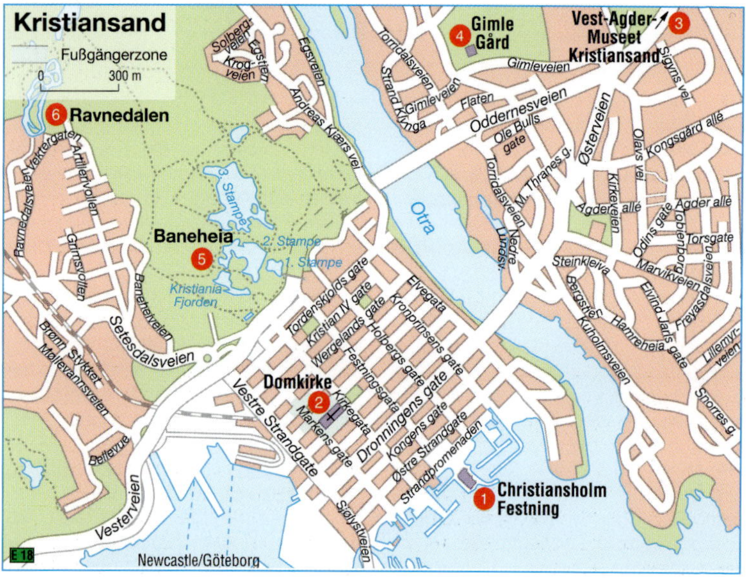

Von Gneiswänden umrahmt fließt die Otra durch das Setesdal

afrikanischen Savanne und ein Regenwaldareal. Der Badepark *Sommerøya* sorgt im Sommer für Erfrischung.

i Praktische Hinweise

Information

Turistkontor, Rådhusgata. 6, Kristiansand, Tel. 38 12 13 14, www.sorlandet.com

Hotels

Scandic Hotel Kristiansand, Markensgate 39, Kristiansand, Tel. 21 61 42 00, www.scandichotels.com. Modernes Hotel in zentraler und doch ruhiger Lage.

Frobusdalen Rom, Frobusdalen 2, Kristiansand, Tel. 91 12 99 06, www.gjestehus.no. Gemütliche Villa von 1917.

Restaurant

Sjøhuset, Østre Strandgate 12 A, Kristiansand, Tel. 38 02 62 60, www.sjohuset.no. Sehr gutes Fischrestaurant in einem restaurierten Lagerhaus.

7 Setesdal

Großartige Natur und lebendige Tradition.

Hornnes – Byglandsfjord – Valle – Bykle – Hovden

Landschaftliche Schönheit und zahlreiche Spuren der alten **Bauernkultur** machen das Setesdal zu einem der reizvollsten Täler des Landes. Erst Ende des 19. Jh. hat es sich aus seiner jahrhundertelangen Isolation gelöst. So konnten sich alte **Traditionen** in Baustil, Kunsthandwerk und Volkstrachten länger als andernorts halten. Der besondere Reiz des Landstrichs liegt im Wechsel von engen Talpartien mit senkrechten Gneiswänden und weiträumigeren, fast lieblichen Abschnitten.

Das untere Setesdal ist besonders unter geologischen und mineralogischen Gesichtspunkten von Bedeutung: Jahrzehntelang hat man in diesem Gebiet Nickel und Kupfer abgebaut. Ein Erlebnis der besonderen Art ermöglicht der **Setesdal Mineralparken** (Tel. 37 93 13 10, www.mineralparken.no, Juli–Mitte Aug. tgl. 10–18, Mitte Mai–Juni und Mitte Aug.–

Mitte Okt. Mo–Sa 10–16, So 10–17 Uhr) nahe dem Weiler Hornnes ca. 60 km nördlich von Kristiansand. Für diesen wurde ein Netzwerk von kleinen Hallen und Gängen ins Bergmassiv gesprengt. Eine Sammlung zeigt verschiedenste Mineralien und Kristalle. Wer selbst auf Mineraliensuche gehen möchte, findet in den aufgelassenen Minen dazu Gelegenheit. Der etwa 4 km nördlich von Evje angelegte Mineralienpfad führt zu mehreren Fundorten (Hinweisschild 1 km nördlich von Evje an der RV 9, www.mineralstien.flaatgruve.com). Der Fluss Otra ist ideal zum Kajakfahren oder Rafting. Im Setesdal kann man aber auch auf Elch- oder Bibersafari gehen.

Der Ort **Byglandsfjord** am gleichnamigen See war einst die Endstation der Eisenbahn, von hier wählte man den Transportweg über das Wasser. Heute verkehrt wieder das alte holzbefeuerte Dampfschiff *Bjoren* (Buchung über das Revsnes Hotell, Tel. 37 93 46 50, Mitte Mai–Mitte Sept.) von 1867 auf dem 40 km langen See. Schöne Landschaftskulisse sowie gute Bade- und Wandermöglichkeiten machen die Orte an seinen Ufern zu beliebten Zielen für Urlauber, auch im Winter.

Das **mittlere Setesdal** im Bereich **Rysstad** gilt als Zentrum der Silberschmiedekunst, die sich durch besonders filigrane Arbeiten auszeichnet. Wer ein schönes Mitbringsel sucht, wird bei einem der hier ansässigen Silberschmiede und einer reichen Auswahl an Schmuckstücken sicher fündig.

In herrlicher Berglandschaft liegt weiter nördlich der alte Gerichtsort **Valle**, der zur Wikingerzeit ein wichtiger Handelsplatz war. Sehenswert ist das Freilichtmuseum **Tveitetunet** (Tel. 37 93 63 03, www.setesdalsmuseet.no, derzeit geschl.) südlich von Valle. Auf dem Weg dorthin kommt man an einer kleinen weißen *Holzkirche* von 1844, alten Bauernhöfen mit Speichern sowie dem Mühlbach vorbei, an dem einige restaurierte *Wassermühlen* stehen. Der Tveitentunet ist ein gut erhaltenes Ensemble aus Wohnhaus, Speicher, Backhaus und Gefängnis. Der Hof gehörte dem Dorfschulzen Olav Knutsson Tveiten, der bis 1814 für das Setesdal zuständig war.

Valle ist außerdem ein günstiger Ausgangspunkt für Wanderungen auf dem alten **Skinnveg** (Fellweg) nach Westen auf den Valleheiene. Die ursprüngliche Verbindung vom Setesdal nach Stavanger erinnert daran, dass die hiesigen Bauern einst dem Bischof von Stavanger Steuern in Form von Naturalien zahlen mussten. Eine andere schöne Wanderroute führt auf dem **Bispevegen** (Bischofsweg) über die Höhenzüge nach Osten ins benachbarte Fyresdal.

Auf dem Weg nach Bykle im **oberen Setesdal** lohnt es sich, bei dem alten **By-**

Damals wie heute wandert Holz auf dem Wasserweg zur Papierherstellung

klestigen anzuhalten und eine Wanderung von etwa 45 Min. Dauer einzuschieben. Dieser halsbrecherische Pfad umgeht die Otraschlucht und war bis 1879 die einzige Verbindung zwischen Bykle und dem übrigen Setesdal. Heute ist der Weg gut gesichert und mit Informationstafeln versehen.

In **Bykle** selbst befindet sich eine kleine Kirche, die **Bykle Kyrkje** aus dem 17. Jh. mit Rosenmustermalereien von 1826 und das kleine Freilichtmuseum **Huldreheimen** (Tel. 37 93 63 03, www.setesdalsmuseet.no, Juli–Mitte Aug. tgl. 11–17 Uhr) mit alten Setesdaler Häusern des 14.–18. Jh.

Beim Urlaubsort **Hovden** hat man die raue Fjellregion erreicht. Hovden wurde zum größten *Wintersportzentrum* Südnorwegens ausgebaut und bietet sich auch als Ausgangspunkt für Wanderungen an. Das **Jernvinnemuseet** (Tel. 37 93 63 03, www.setesdalsmuseet.no, Juli–Mitte Aug. tgl. 11–17 Uhr) dokumentiert wie die alten Wikinger Kohle produzierten und Eisen gewannen.

i Praktische Hinweise

Information

Valle Turistkontor, Valle, Tel. 37 93 75 27, www.setesdal.com

Hotels

Bergtun Hotell, Valle, Tel. 37 93 77 20. Kleines Hotel im Landesstil mit Grasdach und Altan. Besonders schön sind die Zimmer im älteren Trakt mit z. T. bemalten Schrankbetten.

Valle Motell und Camping, Valle, Tel. 37 93 77 00, www.valle-motell.no. Motelzimmer und Hütten für 2–8 Personen; daneben befindet sich ein Campingplatz.

8 Von Mandal bis Egersund

Die ›grüne Küstenstrecke‹ entlang des Schärengürtels mit schönen Badebuchten und idyllischen Städtchen.

Mandal – Lindesnes – Flekkefjord – Egersund

›Laks i lomma, aeg i skoan, fintbröd i hatten‹ – ›Lachs in der Tasche, Eier in den Schuhen und Weißbrot im Hut‹, so lautete die Devise zur Blütezeit von **Mandal** im 17. Jh. Der Ort entwickelte sich aus der

In den alten Minen des Setesdal ist unscheinbarem Stein manch Geheimnis zu entlocken

Handelsstation Spidsboe im 15. Jh. und kam dank seiner Eichenwälder und des Lachsreichtums im Mandalselv zu einigem Wohlstand. Die drei Lachse im Stadtwappen gehen auf diese Zeit zurück. Am Westufer des Flusses sind viele schöne **Bürgerhäuser** und **Kaufmannshöfe** erhalten. Den Höhepunkt der Sommersaison bildet das *Schalentierfestival* [s. S. 130] im August. Dann verwandelt sich die Innenstadt in ein riesiges Büffet im Freien, zum Rahmenprogramm gehören Straßenkonzerte, Filmabende und Aktivitäten für Kinder.

Im größten und prächtigsten Kaufmannshof der Stadt, dem **Andorsengård** von 1801 in der Nähe des Hafens, ist das Stadtmuseum *Vest-Agder-Museet Mandal* (Store Elvegate 5/6, Tel. 38 27 31 25, www.vestagdermuseet.no, Mitte Juni–Mitte Aug. tgl. 11–17, Sa 11–17 Uhr) beheimatet. Es zeigt norwegische Landschaftsmalerei des 19. Jh., u. a. Werke von Amaldus Nielsen und Gustav Vigeland, sowie Exponate zu Seefahrt und Fischerei.

Mandal hat einige bekannte Künstler hervorgebracht: An den Maler **Amaldus Nielsen** (1838–1932), der in der Nordgata aufwuchs, erinnert die Büste neben der Amtmannstube *Skrivergården* (1766). Sie wurde von **Gustav Vigeland** (1869–1943) angefertigt, der hier zur Welt kam. Eine Führung durch das Elternhaus der Brüder Gustav und Emanuel Vigeland, *das Vigeland Hus* (Grensegata 3 a, Tel. 38 26 69 52, www.vigelandhus.no, Mitte Juni–Mitte Aug. tgl. 10–17 Uhr), gibt faszinierende Einblicke in die Kinderjahre und das Künstlerleben. Der Maler **Adolph Tide-**

Am Hafen von Stavanger: Pittoreske Gebäude säumen den Skagenkaien (rechts)

mand (1814–1876), der bedeutendste Vertreter der norwegischen Nationalromantik, wurde im *Tidemandhof* (heute Seniorentagesstätte) geboren. Auf dem Marktplatz steht ein Denkmal zu seinen Ehren.

Am nördlichen Stadtrand steht die **Mandal Kirke** (Halseveien, Tel 38 27 28 70, Mitte Juni–Mitte Aug. Di–Fr 11–14 Uhr). Die weiß gestrichene Holzkirche, die nach einem Brand 1810 im Empirestil wieder errichtet wurde, zählt mit ihren 1800 Sitzplätzen zu den größten Gotteshäusern des Landes. Beeindruckend sind im *Inneren* die schweren Holzsäulen, auf denen das Tonnengewölbe ruht, und die Kanzel über dem Altar.

Etwa 1 km westlich von Mandal liegt **Sjøsanden**, Norwegens schönster und mit etwa 900 m längster Strand. Er wird vom ausgedehnten Kiefernwald *Furulunden* gerahmt, durch den man weitere kleinere Sandstrände erreicht.

Der *südlichste Punkt* des norwegischen Festlands liegt knapp 40 km südwestlich von Mandal beim Leuchtturm von **Lindesnes**, Norwegens ältestem Leuchtfeuer von 1655. Ein Schild informiert den Reisenden, dass ihn 2518 km per Straße vom Nordkap trennen.

Auf der Weiterfahrt bietet sich in **Spangereid** besonders für Familien mit Kindern ein Besuch im **Vikingland** (Tel. 38 25 76 61, www.vikinglandspangereid.no, Mitte Juni–Mitte Aug. tgl. 11–17 Uhr) an. Das Museum dokumentiert die Geschichte der Wikinger, anschließend kann man eine Tour mit einem Wikingerboot machen

Eine sehr abwechslungsreiche Strecke führt über den malerischen Fedafjord nach **Flekkefjord**. Sehenswert ist der alte Stadtteil *Hollænderbyen*: Im 17. Jh. kauften die Holländer hier ihr für Boots- und Deichbau benötigtes Holz ein.

Von Flekkefjord nimmt man die Route RV 44 Richtung Stavanger und erreicht bald die Provinz *Rogaland*, einen sehr fruchtbaren Landstrich. Auf der beeindruckenden Strecke bergauf und bergab gelangt man zum Städtchen **Egersund**, das einen gut geschützten, seit der Wi-

Umwege und Unwegsamkeiten

Bevor 1840 der erste Weg durch das Setesdal angelegt wurde, orientierten sich dessen Bewohner eher nach Westen Richtung Stavanger oder zur Telemark im Osten, denn der reißende Fluss Otra, Steinschlaggefahr und schroffe **Gneiswände** machten es fast unmöglich, das Tal von Nord nach Süd zu passieren. Einen verkehrstechnischen Gewinn bedeutete die 1896 eröffnete **Setesdalbanen**, durch die das Tal eine Verbindung nach Kristiansand erhielt. 1962 wurde die Linie mit Ausnahme eines kleinen Abschnitts wieder eingestellt, der heute noch in den Sommermonaten von einer Veteranenbahn zwischen Grovane und Røykners befahren wird.

Im Jahr 1990 wurde eine neue **Straßenverbindung** von Rysstad im mittleren Setesdal über das obere Sirdal nach Stavanger eröffnet (RV 45). Diese gute, aber teilweise schmale Straße führt durch eine sehr schöne Landschaft bis auf 1000 m Höhe und ermöglicht einen Abstecher von rund 20 km an den **Lysefjord**: Die atemberaubend steile Serpentinenstrecke überwindet in 27 Haarnadelkurven 932 m Höhenunterschied, bis sie die Siedlung **Lysebotn** erreicht.

kingerzeit bekannten Naturhafen besitzt. Der Heringsfang brachte der Stadt im 19. Jh. eine Blütezeit, von der noch die hübschen alten *Holzhäuser* zeugen.

Praktische Hinweise

Information

Turistkontor, Bryggegate 10, Mandal, Tel. 38 27 83 00, www.lindesnesregionen.com

Hotel

First Hotel Solborg,
Neseveien 1, Mandal, Tel. 38 27 21 00, www.firsthotels.no. Modernes Hotel mit Restaurant und Bar.

9 Stavanger

Ölmetropole mit internationalem Flair.

Norwegens viertgrößte Stadt (125 000 Einw.) hat sich seit den **Erdölfunden** in der Nordsee in den 1960er-Jahren stark verändert und zeigt heute eine angenehme Mischung aus Alt und Neu, Weltoffenheit und gemütlicher norwegischer Lebensart. Im Unterschied zu Bergen blieb Stavanger im 19. Jh. von verheerenden Bränden weitgehend verschont, sodass ganze Stadtviertel mit alten **Holzhäusern** erhalten sind.

Geschichte Stavangers Entwicklungsgeschichte begann mit der Ernennung zum Bischofssitz 1125 und der Verleihung der Stadtrechte, gleichwohl wuchs der Ort recht langsam. **Heringsfischerei** brachte ab 1830 eine Blüte. Das plötzliche Verschwinden der Fischschwärme Ende des 19. Jh. stürzte Stavanger in eine wirtschaftliche Krise, die erst mit dem Aufkommen des Schiffbaus und der **Konservenindustrie** endete. Seit den 1960er-Jahren ist Stavanger Norwegens **Ölhauptstadt**. 2008 präsentierte sich Stavanger neben Liverpool als Europäische Kulturhauptstadt.

Besichtigung Die Atmosphäre der kontrastreichen Stadt kann man bei einem Spaziergang auf sich wirken zu lassen. Als Ausgangspunkt empfiehlt sich die **Domkirke** 1 (Domkirkeplassen, Tel. 51 84 04 00, Juni–Aug. tgl. 11–19, Sept.–Mai Di–Do, Sa 11–16 Uhr), die sich etwas oberhalb vom Hafen erhebt. Nach der Gründung des Bischofssitzes 1125 begann man mit dem Bau der Kirche im anglo-normannischen Stil und weihte sie dem hl. Svithun, dem 862 verstorbenen Bischof aus Winchester.

Romanische Pracht: Die Domkirke von Stavanger zählt zu den besterhaltenen und schönsten Sakralbauten des Mittelalters in Norwegen

Das Langhaus der dreischiffigen Basilika ist ein Musterbeispiel romanischer Baukunst. Der gotische Chor mit hohem Kreuzgratgewölbe und die prächtige Ostfassade entstanden nach dem Brand von 1272. Aus der Barockzeit stammt die reiche Innenausstattung mit großer Kanzel, zahlreichen Epitaphien und Grabsteinen.

Die **Kongsgård Skole** ❷ (1260) neben dem Dom wurde als Bischofssitz erbaut und war später Residenz der Könige und Sitz des Amtmanns. Seit 1826 werden hier

Die schmucken alten Holzhäuser im Stadtteil Gamle Stavanger sind nicht nur beliebtes Ziel der Touristen, sondern auch unter den Einheimischen als Wohnungen begehrt

Kinder unterrichtet. Nördlich schließt sich die schöne gotische *Bischofskapelle* aus dem 13. Jh. an.

Gegenüber vom Dom beginnt das alte Viertel, das nach dem Stadtbrand 1684 entstand und sich wie eine Halbinsel östlich des Hafenbeckens vorschiebt. Das hiesige **Stavanger Kulturhus** 3 (Sølvberggata 2, Tel. 51 50 74 65, www.stavanger-kulturhus.no, Mo–Do 10–22, Fr/Sa 10–23, So 12–22 Uhr) birgt eine Bibliothek, eine Galerie und Kinos. Lebendig und bunt geht es im Fußgängerbereich zu, in dem über 300 Geschäfte und Boutiquen zum Bummeln und Shopping einladen.

Einen schönen Blick auf den Hafen hat man vom 1850–53 erbauten **Valbergtårnet** 4 (Valbjerget 4, Tel. 90 72 63 94, Besichtigungen auf Anfrage), dem Feuerwachturm, in dem das kleine *Vektermuseum* die Geschichte der Stadtwächter dokumentiert.

Direkt am Hafen befindet sich das **Norsk Oljemuseum** 5 (Kjeringholmen, Tel. 51 93 93 00, www.norskolje.museum.no, Juni–Aug. tgl. 10–19, Sept.–Mai Mo–Sa 10–16, So 10–18 Uhr). Der kühle Stahl- und Glasbau des norwegischen Ölmuseums sieht vom Wasser fast wie eine Ansammlung von Bohrtürmen aus. Die lehrreich-unterhaltsame Ausstellung ist Vorkommen und Förderung von Öl und Gas in der Nordsee gewidmet. Außerdem veranschaulichen Filme, Fotos und Modelle Leben und Arbeiten auf einer Ölplattform.

Sodann kann man an der Ostseite des Hafens den **Skagenkaien** 6 entlang schlendern, der von pittoresken Gebäuden des 19. Jh. gesäumt wird. Es lohnt sich ein Blick auf das älteste Wohnhaus der Stadt: einen *Kaufmannshof* (Skagen 18) aus dem 18. Jh., dessen Fassade im Rokokostil umgestaltet wurde.

Am Ende des Skagenkaien bietet der **Fischmarkt** 7 ganze Berge frischer Meeresfrüchte. Aus einer gewissen Distanz schaut der Dichter *Alexander Kielland* (1849–1906) dem Treiben zu. Dem berühmtesten Sohn der Stadt wurde hier ein Denkmal gesetzt.

Zwei schöne alte Kaufmannshöfe aus dem 18./19. Jh., die westlich an den Fischmarkt anschließen, beherbergen heute das **Sjøfartsmuseum** 8 (Nedre Strandgate 17/19, Tel. 51 84 27 00, www.stavanger.museum.no, Mitte Juni–Aug. tgl. 11–16, Sept.–Mitte Juni So 11–16 Uhr), das die Entwicklung der Seefahrt bestens veranschaulicht.

TOP TIPP

Am westlichen Hafenbecken ist der besonders malerische Stadtteil **Gamle Stavanger** 9 sehenswert. Fast wie vor 150 Jahren wirken die kleinen, liebevoll restaurierten Häuser. Rund 160 weiße Holzbauten in engen und steilen Gassen mit Kopfsteinpflaster und Gaslaternen sind hier erhalten.

Zu einem Muss in Stavanger zählt der Besuch des **Norsk Hermetikkmuseum** 10 (Øvre Strandgate 88, Tel. 51 84 27 00, www.stavanger.museum.no, Mitte Juni–Aug. tgl. 11–16, sonst Di–So 11–16 Uhr) in einer früheren Konservenfabrik aus dem 19. Jh. Hier erfährt man, wie Sardinenkonserven hergestellt wurden. Das Museum besitzt eine große Sammlung von zum Teil recht amüsanten Dosen-Etiketten (im Dialekt *Iddiser* genannt). Manchmal werden sogar frisch geräucherte Sprotten direkt aus dem Ofen angeboten.

Etwa 1 km südwestlich steht in einem schönen Park der Herrensitz **Ledaal** 11 (Eiganesveien 45, www.stavanger.museum.no, So 11–16 Uhr), den sich die Familie Kielland um 1800 errichten ließ. *Alexander Kielland* beschrieb ihn in seinen Romanen unter dem Namen Sandsgård. Heute dient das Gebäude zu Repräsentationszwecken und als königliche Wohnung. Sehenswert sind das Interieur sowie eine interessante Porzellan- und Fayencensammlung.

Die nahgelegene **Villa Breidablikk** 12 (Eiganesveien 40 a, www.stavanger.museum.no, Öffnungszeiten wie Ledaal) ließ sich 1880–82 die Reederfamilie Berentsen im Schweizer Stil erbauen. Sie ist ein beredtes Zeugnis der luxuriösen Lebensweise der Bourgeoisie. Nach dem Tod der letzten Berentsen-Erbin wurde Breidablikk dem Stavanger Museum übergeben und wartet mit einer Sammlung an Büchern und Gemälden auf..

Architektur und Kunst locken in das **Stavanger Kunstmuseum** 13 (Henrik Ibsensgate 55, Tel 51 53 09 00, www.stavanger.museum.no, Di–So 11–16 Uhr), dessen moderne gläserne Ausstellungsgebäude sich mit geschwungenen Dächern und Kuppeln wunderschön in die Parkanlagen am See Mosvatnet fügen. Sie bieten einen passenden Rahmen für die romantischen Landschaftsbilder des Malers *Lars Hertervig* (1830-1902), dessen Werke neben den Wechselausstellungen norwegischer Gegenwartskunst zu den hiesigen Highlights gehören.

Ausflüge

Unbedingt zu empfehlen ist ein Tagesausflug in den engen *Lysefjord* zur Felskanzel **Preikestolen**, die 600 m senkrecht aus dem Fjord aufsteigt. Von Stavanger aus werden *Bootsfahrten* in den 40 km langen **Lysefjord** angeboten, um die Felskanzel von unten zu sehen. Wer den Preikestolen ersteigen und das fantastische *Panorama* von der un-

TOP TIPP

Hoffentlich sind Sie schwindelfrei, wenn Sie vom Felsplateau des Preikestolen aus 600 m Höhe das Panorama des Lysefjords genießen wollen

In der Zeit der großen Heringsschwärme entstand das Holzviertel von Skudeneshavn, das oft als schönstes Städtchen der Westküste bezeichnet wird

gesicherten Plattform genießen möchte, fährt über Tau, Jørpeland, Jøssang zur **Preikestolhytta**, wo der 2,5-stündige Wanderweg beginnt. Am Ende des Lysefjords, das per Fähre zu erreichen ist, führt eine Serpentinenstraße die doch recht steile Felswand hinauf und ermöglicht den Übergang ins Setesdal [Nr. 7].

Ein Erlebnis ist auch ein Besuch im **Utstein Kloster** (www.utstein-kloster.no, Mite Mai–Mitte Sept Di–Sa 10–16, So 12–17, im Juli zusätzl. Mo 10–16, Mitte Sept.–Nov. und April–Mitte Mai So 12–17 Uhr) nördlich von Stavanger auf der *Insel Mosterøy*. Das dem hl. Laurentius geweihte Augustinerkloster geht auf das 13. Jh. zurück und ist das besterhaltene in Norwegen.

Für Familien ist der Vergnügungspark **Kongeparken** (www.kongeparken.no, Mitte Juni–Mitte Aug. tgl. 10–18, sonst Sa/So 10–16 bzw. 17 Uhr) 28 km südlich von Stavanger zwischen Ålgård und Gjesdal ein interessantes Ziel.

i Praktische Hinweise

Information

Stavanger Turistinformasjon, Domkirkeplassen 3, Stavanger, Tel. 51 85 92 00, www.regionstavanger.com

Hotels

Comfort Grand Hotel, Klubbgaten 3, Stavanger, Tel. 51 20 14 00, www.choicehotels.no. Zentral gelegenes, solides Hotel.

Park Inn Stavanger, Lagårdsveien 61, Stavanger, Tel. 51 76 20 00, www.parkinn.com. Komfortables Hotel mit großzügigen Zimmern.

Radisson Blu Atlantic Hotel Stavanger, Olav V's Gate 3, Stavanger, Tel. 51 76 10 00, www.radissonblu.com. Großes Geschäftshotel am Breiavatnet.

Restaurants

N. B. Sørensens Dampskibsexpedition, Skagen 26, Stavanger, Tel. 51 84 38 20, www.herlige-restauranter.no/nbsorensenstavanger. Spezialitäten aus aller Welt in maritimem Ambiente.

Straen Fiskerestaurant, Nedre Strandgate 15, Stavanger, Tel. 51 84 37 00, www.herlige-restauranter.no/straenfiskerestaurant. Gutes Fischrestaurant mit Blick auf den Vågen (So geschl.).

10 Von Skudeneshavn nach Haugesund

Fischerhäfen, Anglerparadies, Festivalstadt.

Skudeneshavn – Karmøy – Haugesund – Utsira

TOP TIPP Auf dem Weg von Stavanger nach Haugesund kann man **Skudeneshavn** besuchen, einen pittoresken Ferienort im Süden der Insel Karmøy. Er

Haugesund war Mitte des 19. Jahrhunderts noch ein Fischerdorf, heute ist es eine blühende Handels- und Festivalstadt

bezaubert mit einem harmonischen Ensemble weißer Holzhäuser, wie es in Norwegen selten zu finden ist. Die Gebäude aus dem 19. Jh. strahlen mit ihren Schnitzereien und blumengeschmückten Balkons viel Gemütlichkeit aus. Der Hafen war schon im 17. Jh. für seinen Hummerhandel bekannt, doch zur Blüte gelangte er erst im 19. Jh. durch die **Heringsfischerei**. Salzheringe wurden damals bis nach Preußen und Russland exportiert. Auf dem Rückweg brachten die Segelschiffe Korn, Hanf, Möbel und Haushaltsgegenstände mit. Einige dieser Waren, etwa Porzellan, sind im **Museet i Mælandsgården** (Skudenes Historielag, Tel. 52 84 54 60, www.skudenes.no/museum, Juni–20. Aug. Mo–Fr 11–17, So 12–18 Uhr) ausgestellt. Sammlungen zur Seefahrt und Fischerei werden im Seehaus gezeigt.

Die flache Insel **Karmøy** hat schöne Badestrände und an der Westküste mehrere Fischerhäfen, z. B. *Åkrehamn* mit einem herrlichen feinsandigen Strand.

Der Nordteil der Insel weist reiche historische Spuren auf, wie die bei Avaldsnes liegende **Olavskyrkja** (Mitte Juni–Mitte Aug. tgl. 11–16 Uhr), die um 1250 über dem Königshof von Norwegens erstem König Harald Schönhaar errichtet und Olav dem Heiligen geweiht wurde. Das wehrhafte steinerne Gotteshaus war damals eines der größten des Landes und hatte den Rang einer *Königlichen Kapelle*. An der Nordseite neigt sich ein 6,5 m hoher *Megalith* zur Kirchenmauer, der im Volksmund ›Marias Nähnadel‹ genannt wird und der Sage nach das Ende der Welt anzeigen würde, sollte er jemals die Kirchenmauer berühren.

Frisch gefangen und gehangen: der Werdegang vom Dorsch zum Stockfisch

Das **Nordvegen Historiesenter** (Tel. 52 81 24 00, www.vikingkings.com, Juni–Aug. Mo–Fr 11–17, Sa 11–16, So 12–17, Sept.–April Di–Fr 11–15, So 12–16 Uhr) neben der Olavskyrkja fügt sich geschickt in die Landschaft ein, tatsächlich liegt der Bau zum Teil unter der Erde. Das Zentrum führt anhand von Modellen und Installationen in die regionale Entwicklungsgeschichte der vergangenen 3500 Jahre ein. Etwa zehn Gehminuten entfernt ist auch der **Vikkinggarden Avaldsnes** (Mitte Juni–Mitte Aug. Di–Fr 11–16, Sa 12–15, So 12–16 Uhr) dem Leben der Wikinger gewidmet. Zu dem rekonstruierten Wikingerhof gehören u. a. ein Langhaus, ein Feuerstellenhaus sowie ein Bootshaus. Im Juni wird auf dem Gelände das beliebte *Vikingfestivalen* (www.vikingfestivalen.no) mit historischem Handwerksmarkt gefeiert.

Die Fischerei-, Handels- und Industriestadt **Haugesund** feiert im Sommer ein

Festival nach dem anderen. Zu den bekanntesten gehören im August das internationale Jazzfestival *Sildajazz* und das *Norwegische Filmfestival* [s. S. 130], das mit dem weltlängsten Heringsbüffet endet. Dann brodelt die Innenstadt vor Leben, der Jachthafen im Smedasund ähnelt einer Bootsmesse, in Cafés und Kneipen herrscht buntes Treiben.

Sehenswert im Zentrum der jungen Stadt, die ihre Entstehung den reichen Heringsvorkommen verdankt und seit 1854 Stadtrechte besitzt, sind das rosafarbene **Rathaus** von 1931 an einem mit Brunnen und Skulpturen geschmückten Platz und das **Karmsund Folkemuseum** (Skåregate 142, Tel. 52 70 93 60, www.karmsundfolkemuseum.no, Mo–Fr 10–14 Uhr), das eine Sammlung zur Seefahrtsgeschichte zeigt. Am Hafen kann man sich im **Dokken Museum** (Brogate 1D–13C, Mitte Juni–Mitte Aug. So–Fr 11–16 Uhr) über Wohnkultur und Arbeitswelt während der Blütezeit der Heringsfischerei im 19. Jh. informieren.

Etwa 2 km nördlich des Zentrums liegt der **Haraldshaugen**. Der Überlieferung nach liegt hier Harald Schönhaar begraben. Zum 1000-jährigen Jubiläum der Einigung Norwegens 1872 errichtete man einen 17 m hohen *Obelisken* aus Granit, umgeben von 29 kleineren Steinen, die die geeinten Bezirke Norwegens symbolisieren. Keine 100 m südlich befindet sich auf dem **Krosshaugen** ein alter Thingplatz mit einem Steinkreuz (um 1000).

Die kleine Insel **Utsira** etwa 13 km westlich von Haugesund ist für Sportangler und Ornithologen ein lohnendes Ziel. In Norwegens kleinster Gemeinde leben die Menschen überwiegend von der Fischerei. Wer dort übernachten möchte, mietet sich privat in einer der Rorbuer (Fischerhütten) ein.

i Praktische Hinweise

Information

Avaldsnes Turistinformasjon, Avaldsnes, Tel. 52 81 14 88, www.visitkarmoy.no

Karmøy Kulturopplevelser, Avaldsnes, Tel. 52 81 24 00, www.vikinggarden.no

Hotels

Clarion Collection Hotel Amanda, Smedasundet 93, Haugesund, Tel. 52 80 82 00, www.choicehotels.no. Hotel mit Restaurant am Wasser, zentral gelegen.

Rica Maritim Hotel, Åsbygaten 3, Haugesund, Tel. 52 86 30 00, www.rica.no. Modernes Hotel mit Restaurant am Sund.

Die Fjorde im Westen – Begegnung von Meer und Gebirge

Zwischen der alten Hansestadt **Bergen** und **Trondheim** erstreckt sich eine der schönsten Regionen Norwegens. Fjord und Fjell prägen die Landschaft. Vom lieblichen **Hardangerfjord** über **Voss** erreicht man den majestätischen **Sognefjord** mit seinen pittoresken Stabkirchen. Sehenswert sind die mächtigen Gletscherzungen des Jostedalsbreen im Bereich des **Nordfjords**. Anschließend fährt man über den berühmten **Geirangerfjord** und den imposanten Trollstigvegen an die Küste zum Romsdalsfjord.

Westnorwegen ist stark vom Meer geprägt mit lebhaften Hafenstädten wie **Ålesund**, **Molde** und **Kristiansund**. Unzählige Inseln sind der Küste vorgelagert, besonders sehenswert ist der Vogelfelsen auf der Insel **Runde**. Kurvenreiche Straßen, Fjellübergänge und Fährüberfahrten sorgen für ein gemächliches Reisetempo, das der beeindruckenden Landschaft durchaus gerecht wird. Das Wetter kann hier im Vestland blitzschnell zwischen Sonne und Regensturm wechseln, aber auch das gehört zu den faszinierenden Eigenheiten dieses Landstrichs.

11 Bergen

Charmante alte Hansestadt – Ausgangspunkt für Reisen ins Fjordland.

Bergen, Norwegens zweitgrößte Stadt (260 000 Einwohner), glänzt mit schönen historischen Vierteln aus der Hansezeit. Die lebhafte Universitätsstadt lockt auch mit interessanten Museen, eindrucksvoller Architektur und einem reizvollen Umland. Höhepunkt des abwechslungsreichen Kulturjahres ist das seit 1953 jährlich stattfindende **Bergen International Festival** (Mai/Juni, Tel. 55 21 06 30, www.fib.no).

Geschichte Bergen wurde 1070 von König Olav Kyrre gegründet und entwickelte sich dank seines geschützten Hafens und der günstigen geografischen Lage zwischen den Fischereihäfen im Norden und den Märkten des Nord- und Ostseeraums zu einem Umschlagplatz für den **Stockfischhandel**. Bis Ende des 13. Jh. war Bergen die wohlhabendste Stadt im Land, kontrollierte den gesam-

Vom Meer umspült und von Höhenzügen gerahmt: die einstige Hansestadt Bergen

ten Fischhandel entlang der norwegischen Küste und war zugleich Königsresidenz, **Hauptstadt** und Bischofssitz. Damals besaß Bergen mehr als 20 Kirchen und Klöster – stattliche Symbole des Glaubens und des Reichtums der Bürger.

1350 eröffnete die **Hanse** ihre erste Handelsstation an der Hafenbucht Vågen, die danach **Tyskebryggen** (Deutsche Brücke) genannt wurde. Hier entstand ein eigenes Gemeinwesen deutscher Handwerker und Kaufleute. Das deutsche Kontor in Bergen, in dem 1000 Männer lebten, war weitgehend autark, verfügte über eine unabhängige Gerichtsbarkeit und ein eigenes Finanzwesen. Die Tyskebryggen wurde jedes Jahr von 30–60 Hansekoggen angelaufen, die u. a. Getreide, Mehl, Hopfen, Salz und Leinen importierten und Stockfisch sowie andere Fischprodukte ausführten. Die deutsche Hanse beherrschte ab dem Ende des 14. Jh. den norwegischen Außenhandel, bis sie im 16. Jh. das Monopol des Stockfischhandels verlor.

Während die ›Hanseaten‹ auf Tyskebryggen, das heute nur noch Bryggen genannt wird, ganz für sich lebten, ließ sich das neue norwegische Handelsbürgertum an der Strandseite nieder. Der Ort bestand dadurch bis Mitte des 17. Jh. praktisch aus zwei Teilen. An Größe übertraf Bergen bis ins 19. Jh. sogar die Hauptstadt Christiania (Oslo). Heute ist es eine bedeutende Handels-, Marine- und Industriestadt.

Ein Anziehungspunkt, dem kaum jemand widerstehen kann: Bergens Fischmarkt

Besichtigung Für eine Stadtbesichtigung bieten sich zwei Rundgänge an, die man bequem zu Fuß bewältigen kann. Eine weitere Route führt zu Zielen außerhalb des Zentrums, die man besser mit dem Bus oder Auto ansteuert.

Rund um den Hafen

Ausgangspunkt eines Bummels durch das lebhafte alte Zentrum ist der bekannte Bergenser **Fisketorget** ❶ (Juni–Aug. tgl. 7–19, sonst Mo–Sa 7–16 Uhr), der Fischmarkt, der alle erdenklichen Meerestiere des Atlantiks, Lachs in verschiedensten Zubereitungen und leckere frische Garnelen bietet. Daneben werden Blumen und Gemüse verkauft. Vom Torget aus erreicht man in wenigen Schritten **Bryggen** ❷, das berühmte Hanseviertel, das nach einem verheerenden Stadtbrand 1702 wiederaufgebaut und 1979 zum UNESCO Weltkulturerbe ernannt wurde. Die eng beieinander stehenden, buntgestrichenen *Holzhäuser* sind mit ihren spitzen Giebeln zum Hafen ausgerichtet. Sie dienten den Hansekaufleuten zugleich als Warenlager und Wohnung. In den alten Bryggenhöfen und Lagerhäusern werden heute statt Stockfisch und Tran Norwegerpullover, Silberschmuck und Antiquitäten verkauft. Das stimmungsvolle Viertel bietet außerdem zahlreiche nette Boutiquen, gemütliche Kneipen und ausgezeichnete Restaurants.

TOP TIPP

Zurück in die Vergangenheit führt **Det Hanseatiske Museum** ❸ (Finnegården 1 A, Tel. 55 54 46 90, www.museumvest.no, 15. Mai–15. Sept. tgl. 9–17, sonst Di–Sa 11–14, So 11–16 Uhr). Das Hanseatische Museum ist ein weitgehend original erhaltener Hansehof mit zwei Kaufmannsstuben. Es zeigt sehr schön, wie die Kaufleute, Gesellen und Lehrjungen damals lebten und arbeiteten.

Zum Hanseatiske Museum gehört auch die **Schøtstuene** ❹ (Øvregaten 50, Tel. 55 54 46 90, 15. Mai–15. Sept. tgl. 9–17, sonst So 11–14 Uhr), eines der Versammlungshäuser der Hanse, weiter nördlich. Jeder Bryggenhof verfügte über eine solche Schötstube und ein Feuerhaus, die jeweils am Ende der Häuserzeile lagen. Schötstuben waren die einzigen Gebäude des Viertels, die beheizt wurden (wegen der Brandgefahr) und nur hier wurden warme Mahlzeiten serviert. An diesem Ort spielte sich das soziale Leben der Handelsgemeinschaft ab, es wurde auch Gericht abgehalten und die Lehrlinge erhielten hier ihren Unterricht.

Dahinter ragen die beiden Türme der **Mariakirken** ❺ (Dreggen 15, Tel. 55 31 59 60, derzeit wegen Restaurierung geschl.) auf,

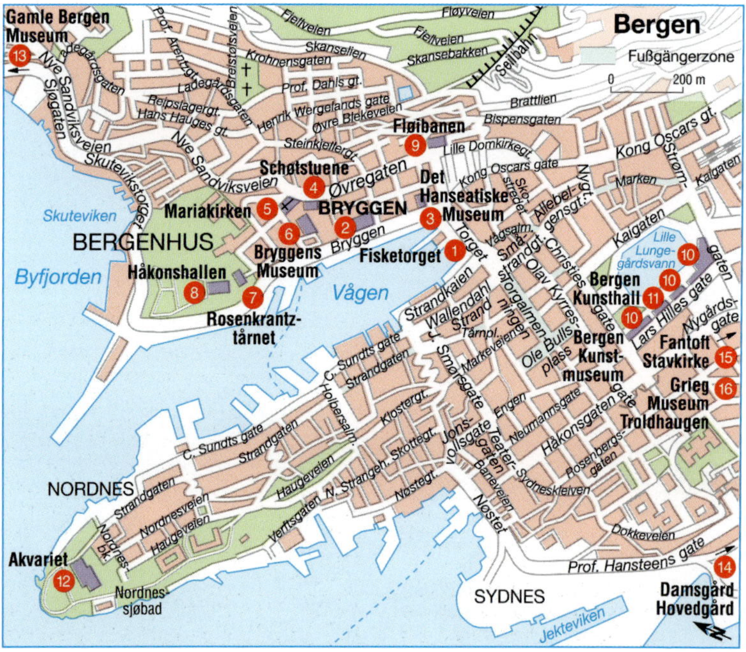

Hier wohnten einmal die Hanseaten. Heute sind die berühmten alten Holzhäuser von Bryggen eines der beliebtesten Fotomotive in der hübschen Stadt

einst die Kirche der Deutschen in Bergen. Bis etwa 1870 wurde hier in deutscher Sprache gepredigt. Das romanische Gotteshaus stammt aus dem 12. Jh. und ist das älteste erhaltene Gebäude der Stadt. Die Kirche wurde später gotisch verändert und besitzt einen reich verzierten Innenraum. Sehenswert sind vor allem die barocke *Kanzel* und das *Triptychon* (1500) von Bernt Notke aus Lübeck.

Das **Bryggens Museum** 6 (Dreggsalmenning 3, Tel. 55 58 80 10, www.bymuseet.no, 15. Mai–Aug. tgl. 10–16, Sept.–14. Mai Mo–Fr 11–15, Sa 12–15, So 12–16 Uhr) ein Stück weiter südlich informiert über den Alltag im mittelalterlichen Bergen, über Stadtentwicklung, Wirtschaft und Religion. Das Museum wurde über Resten der ersten Siedlung in Bryggen errichtet, die Archäologen bei Ausgrabungen (1955–72) entdeckten. Die ältesten Gebäude stammen aus dem 12. Jh.

Eine schöne Aussicht auf die Stadt und den Hafen bietet der mächtige **Rosenkrantztårnet** 7 (Tel. 55 31 43 80, www.bymuseet.no, 15. Mai–Aug. tgl. 10–16, sonst So 12–15 Uhr), der sich innerhalb der Mauern der **Bergenhus Festning** weiter westlich erhebt. Er entstand 1560–70 als Wohn- und Wehrturm für den Lehnsherrn Erik Rosenkrantz. Zur Festung, die Bryggen jahrhundertelang Schutz bot und im Mittelalter politisches und kirchliches Zentrum war, zählt auch die gotische **Håkonshallen** 8 (Tel. 55 31 60 67, www.bymuseet.no, 15. Mai–Aug. tgl. 10–16, sonst Mo–Mi, Fr–So 12–15, Do 15–18 Uhr). Diese Festhalle aus dem 13. Jh. gehört zu den größten Bauten des Mittelalters in Norwegen.

Über die *Øvregaten*, zur Hansezeit die ›sündige Meile‹ Bergens, erreicht man die Talstation der **Fløibanen** 9 (Vetrlidsallmenningen 21, Tel. 55 33 68 00, www.floibanen.no, Mo–Fr 7.30–23, Sa ab 8, So ab 9 Uhr). Wer mit der Standseilbahn auf den **Fløyen** (320 m) hinauffährt, wird mit einem herrlichen Blick über Stadt, Hafen und Umgebung belohnt. Zudem lädt die Anhöhe zu Spazier-

TOP TIPP

Einst Pforte zum Gottesdienst der Deutschen Gemeinde im hohen Norden: Romanisches Südportal der Mariakirken

gängen ein. Anschließend kann man dann im Panorama-Restaurant einkehren.

Rund um den See Lille Lungegårdsvann

Vom 1568 errichteten Alten Rathaus führt die Christies gate zur Kunstmeile am Ufer des Lille Lungegårdsvann. Das **Bergen Kunstmuseum** 10 (Rasmus Meyers allé 3, 7 und 9 Tel. 55 56 80 00, www.kunstmuseene.no, Mitte Mai–Mitte Sept. tgl. 11–17, sonst Di–So 11–17 Uhr) beherbergt – verteilt auf drei Gebäude – eine der größten Sammlungen Skandinaviens mit Kunstwerken des 14.–21. Jh. Im *Stenersenbygget* werden Wechselausstellungen aktueller norwegischer Kunst präsentiert. Norwegische Künstler des 18.–20. Jh. prägen die *Rasmus Meyers Samlinger* (Rasmus Meyers allé 7), die hochkarätige Kunstsammlung des Unternehmers Rasmus Meyer (1859–1916). Glanzpunkte setzen hier Meisterwerke von *Edvard Munch*. Mobiliar und Wandteppiche vervollständigen das Ambiente. Im benachbarten modernen Forum *Lysverket* (Rasmus Meyers allé 9) wird norwegische und internationale Kunst aller Epochen ausgestellt, darunter Arbeiten von J. C. Dahl und Peder Balke. Kostbare russische und griechische Ikonen des 14. Jh. und niederländische Malerei des 17. Jh. setzen weitere Akzente. Viel Platz wird der Moderne des 20. Jh. eingeräumt, zu sehen sind Werke von berühmten Künstlern wie Munch, Picasso, Klee und Utrillo.

Zwischen den Gebäuden des Kunstmuseums bietet die **Bergen Kunsthall** 11 (Rasmus Meyers allé 5, Tel. 55 55 93 10, www.kunsthall.no, Di–So 12–17, Fr zusätzl. 20–23 Uhr) eine weitere Bühne für moderne und zeitgenössische Kunst. Hier werden qualitätvolle Wechselausstellungen zu Malerei, Skulptur und Grafik gezeigt.

Etwas abseits, am Ende der Nordnes-Halbinsel, lädt das sehenswerte **Akvariet** 12 (Nordnesbakken 4, Tel. 55 55 71 71, www.akvariet.no, Mai–Aug. tgl. 9–19, sonst tgl. 10–18 Uhr), das Aquarium von Bergen, zum Besuch ein. 60 große und kleine Wasserbecken geben Einblick in Flora und Fauna der norwegischen Küstengewässer. In der tropischen Abteilung fühlen sich Krokodile, Schildkröten und Schlangen heimisch. Zu den Hauptattraktionen gehören die *Fütterungen* der Seehunde und Pinguine. Besonders schön ist übrigens die Anfahrt per Boot vom *Fisketorget* zum Aquarium, denn dabei kann man die Stadt vom Wasser aus bewundern.

Rund um das Stadtzentrum

Im Osten von Bergen, im Stadtteil *Sandviken,* lohnt das **Gamle Bergen Museum** 13 (Nyhavnsveien 4, Tel 55 39 43 00, www.bymuseet.no, Mitte Mai–Aug. tgl. 11–15 Uhr) einen Besuch. 50 original ausgestattete Bergenser Holzhäuser, Steinbauten und Läden vermitteln einen Eindruck vom Alltag im 18./19. Jh.

Sehenswert ist auch der **Damsgård Hovedgård** 14 (Alléen 29, Tel. 55 94 08 70, www.bymuseet.no, Juni–Aug. tgl. 11–16 Uhr) etwa 3 km westlich vom Zentrum, im Stadtteil *Laksevåg*. Das wunderschöne original möblierte Rokoko-Herrenhaus mit Park galt 1770 als Star unter den vielen Lusthäusern, die sich wohlhabende Bergener Bürger etwas außerhalb der Stadt bauen ließen.

Südlich vom Zentrum, in *Paradis*, steht die **Fantoft Stavkirke** 15 (Fantoftveien 46, Tel. 55 28 07 10, Mitte Mai–Mitte Sept. tgl. 10.30–18 Uhr), die nach einem Brand 1992 originalgetreu wiederhergestellt wurde. Die ursprünglich 1150 in Fortun am Sognefjord erbaute Kirche wurde 1883 an ihren heutigen Standort transportiert. Ebenfalls in Paradis lockt das **Edvard Grieg Museum Troldhaugen** 16 (Troldhaugveien 65, Tel. 55 92 29 92, www.kunstmuseene.no, Mai–Sept. tgl. 9–18, Okt.–Mitte Dez. und Mitte Jan.–April Mo–Fr 9–15, Sa/So 10–16 Uhr). Besichtigen kann man die Villa von *Edvard Grieg* (1843–1907), den Park und die kleine Hütte, in der viele Werke des Komponisten entstanden. Eine Ausstellung dokumentiert Leben und Schaffen des Musikers. Im *Troldsalen* finden regelmäßig Konzerte (meist So 14 Uhr) statt.

Ausflüge

Bei schönem Wetter lohnt eine Fahrt mit der Kabinenbahn **Ulriksbanen** (Haukelandsbakken 40, Tel. 53 64 36 43, www.ulriken.no, Mai–Sept. tgl. 9–21, sonst tgl. 10–17 Uhr nach Wetterlage) auf den 642 m hohen Aussichtsberg **Ulriken** im Osten Bergens. Der Blick reicht bei entsprechend gutem Wetter weit über Stadt, Meer und Gipfel im Inland. Außerdem bestehen ausgezeichnete Wandermöglichkeiten. Ein Bus bringt Besucher bequem vom Tourismusbüro zur Talstation.

Der berühmte norwegisch-amerikanische Geiger und Komponist *Ole Bull* (1810–1880) ließ sich 1872/73 seine Traumvilla auf der südlich von Bergen gelegenen Insel *Lysøen* bauen. Heute ist sie

Eingerichtet wie zu Edvard Griegs Zeiten: Das Arbeitszimmer des berühmten Komponisten in seinem Wohnhaus Troldhaugen ist heute Ziel für Besucher aus aller Welt

als **Museet Lysøen** (Tel. 56 30 90 77, www.kunstmuseene.no, Mitte Mai–Aug. Mo–Sa 12–16, So 11–17, Sept. So 12–16 Uhr, zu jeder vollen Stunde Schiffsverbindung vom Buenakai) zugänglich und begeistert mit ihrem Zwiebelturm und den orientalischen Fassadendekorationen.

Gegenüber der Insel, auf dem Festland, kann man die Ruinen des alten **Lyseklosters** besichtigen, das 1146 von englischen Zisterziensermönchen gegründet wurde und bis zur Reformation das größte Kloster in Norwegen war.

Praktische Hinweise

Information

Turistinformasjonen i Bergen, Vågsallmenningen 1, Bergen, Tel. 55 55 20 00, www.visitbergen.com.

Die 24 oder 48 Stunden gültige **Bergen Card** beinhaltet die freie Nutzung der Busse in der Innenstadt, freien Eintritt zu den meisten Museen und Sehenswürdigkeiten sowie Rabatte für Parkhäuser, kulturelle Veranstaltungen usw.

Führungen und Stadtrundfahrten

Deutschsprachige **Führungen** durch Bryggen gibt es Juni–Aug. ab *Bryggens Museum*. Es werden auch **Rundfahrten** durch Bergen und zu Sehenswürdigkeiten in der Umgebung angeboten. **Hafenrundfahrten** oder **Fjordfahrten** sind ab dem Fischmarkt möglich.

Hotels

Thon Hotel Bristol, Torgalmenningen 11, Bergen, Tel. 55 55 10 00, www.thonhotels.com. Zentral gelegenes Hotel mit modernen Zimmern.

Clarion Hotel Admiral, C. Sundtsgate 9, Bergen, Tel. 55 23 64 00, www.clarionadmiral.no. Beste Lage direkt am Hafen mit Blick vom Restaurant Emily auf das alte Hanseviertel Bryggen.

Hotel Park Pension, Harald Hårfagres gate 35, Bergen, Tel. 55 54 44 00, www.hotelpark.no. Kleines Hotel, nahe der Uni in zwei Villen des 19. Jh.

Restaurants

Enhjørningen, Bryggen, Bergen, Tel. 55 30 69 50, www.enhjorningen.no. Besonders gemütliches Fischrestaurant.

TOP TIPP **Lyststedet Bellevue**, Bellevuebakken 9, Bergen, Tel. 55 33 69 99. www.bellevue-restauranter.no. Ausgezeichnetes Gourmet-Restaurant in schönem Ambiente mit Panoramablick über Bergen. Nur auf Voranmeldung 1 Tag im Voraus für Gruppen ab 10 Personen.

To Kokker, Bryggen, Bergen, Tel. 55 30 69 55, www.tokokker.no. Gutes Restaurant mit norwegischer Küche in einem der alten Bryggenhäuser.

12 Hurtigruten

TOP TIPP *›Die schönste Seereise der Welt‹ auf Norwegens ›Reichsstraße Nr. 1‹.*

Jeden Abend, ob Sommer oder Winter, legt ein Schiff der Hurtigruten von Bergen ab, um über Trondheim, Tromsø und Hammerfest die Nordkapinsel und Kirkenes an der russischen Grenze anzusteuern und von dort zurück nach Bergen zu fahren. Pünktlich und zuverlässig werden in elf Tagen 34 kleinere und größere Häfen angelaufen, Paletten mit Lebens-

An einem der schönsten Seitenarme des Hardangerfjords liegt der Ferienort Ulvik

mitteln und Konsumgütern, früher auch Post und Zeitungen, ausgeladen und Schulkinder verabschiedet. Die seit 1893 bestehende **Postschiffroute** stellt für die kleinen Küstenorte bis heute die einzige verlässliche Verbindung mit der Außenwelt dar.

Den Reiz der Hurtigruten macht neben der ständig wechselnden faszinierenden Landschaft die ungezwungene Atmosphäre an Bord aus. Kundige **Reiseleiter** informieren zur Saison über Sehenswertes entlang der Route. Vorträge, Unterhaltungsprogramm und Landausflüge sorgen für Abwechslung.

Die kombinierten Fracht- und Passagierschiffe können nur eine begrenzte Anzahl von Fahrzeugen befördern. Auf den älteren, besonders typischen Schiffen haben nur wenige Autos Platz, die moderneren können im Durchschnitt 50 Vehikel transportieren. Wer in der Hochsaison reisen möchte, muss Kabine und Pkw-Platz Monate im Voraus reservieren.

In *Stokmarknes* auf den Vesterålen ist der berühmten Postroute das **Hurtigrutemuseet** (www.hurtigrutemuseet.no, s. S. 109) gewidmet, in dem man sich mit der Geschichte dieser schönen norwegischen Institution vertraut machen kann.

i Praktische Hinweise

Schiff

Hurtigruten GmbH, Burchardstraße 14, Hamburg, Tel. 040/37 69 30, www.hurtigruten.de

Für viele unvergesslich: an Bord der Hurtigruten von Bergen bis Kirkenes

13 Hardangerfjord

Der Inbegriff der norwegischen Fjorde und Obstgarten Westnorwegens.

Lofthus – Utne – Eidfjord – Måbødal – Simadalsfjord – Ulvik – Osa – Rosendal

Der malerische Hardangerfjord zählt zu den schönsten Fjorden des Landes. 180 km schneidet er in die westnorwegische Landschaft ein. Steile Bergwände, Gletscher und tosende Wasserfälle bilden die Kulisse für idyllische Orte und Hunderttausende von Obstbäumen, die sich im glatten Wasser spiegeln. Zur **Obstbaumblüte** im Mai/Juni zeigt sich die Landschaft, die schon Generationen von Malern, Komponisten und Dichtern inspirierte und verzauberte, von ihrer prachtvollsten Seite. Der Hardangerfjord besteht aus einem verzweigten Fjordsystem mit schmalen Seitenarmen wie dem *Sørfjord*, der sich südwärts bis nach **Odda** erstreckt.

Die herrlich gelegenen Ferienorte in der Gemeinde Ullensvang wie z. B. **Lofthus** zählen zu den besten Obstanbaugebieten am Hardangerfjord. Besonders Süßkirschen (Moreller) gedeihen hier seit dem 13. Jh. In Lofthus verbrachte der Komponist *Edvard Grieg* mehrere Sommer. Seine bescheidene Hütte steht heute noch im Garten des Hotels Ullensvang [s. S. 61].

Bei der Fährstation *Kinsarvik* kann man aus Nordufer nach Kvanndal übersetzen

oder einen Abstecher zu dem wunderschön im Schnittpunkt dreier Fjordarme gelegenen Ort **Utne** machen. Hier ist das *Hardanger Folkemuseum* (Tel. 53 67 00 40, www.folkemuseum.hardanger.museum.no, Mai–Sept. tgl. 10–17, sonst Mo–Fr 10–15 Uhr) ebenso einen Besuch wert wie das traditionsreiche, urgemütliche *Utne Hotel* [s. S. 61], welches auf das Jahr 1722 zurückgeht. 16 km südlich vom Ort liegt die alte Bauernsiedlung **Agatunet** (Tel. 53 66 22 14, www.agatunet.no, Mitte Mai–Mitte Aug. tgl. 11–17 Uhr), in der noch eine Gerichtsstube aus dem 13. Jh. erhalten ist.

Westlich von Utne kann man von Jondal (Ortsmitte) zu Norwegens drittgrößtem Gletscher **Folgefonn** hinauffahren und sich im Sommerskizentrum auf Pisten und Loipen vergnügen. Besonders gut lernt man den Gletscher bei einer geführten Gletscherwanderung kennen.

Viel Durchgangstourismus erlebt das Städtchen **Eidfjord** an der RV 7, die Oslo mit Bergen verbindet. Zahlreiche Besucher durchqueren den Ort auf dem Weg in die Hardangervidda [Nr. 27], über deren Flora, Fauna und Kultur das *Hardangervidda Natursenter Eidfjord* (Tel. 53 67 40 00, www.hardangervidda.org, April–Okt. tgl. 10–18, Mitte Juni–Mitte Aug. tgl. 9–20 Uhr) informiert.

Sehr beliebt ist eine Fahrt durch das wilde, tief eingekerbte **Måbødal** hinauf auf die Hardangervidda. Zwischen 1887 und 1914 wurde die kühne Straße in Kombination aus Haarnadelkurven und Tunneln angelegt. Fahrradfahrer und Fußgänger können heute noch die alte Strecke benutzen, während die Autostraße wesentlich entschärft wurde. Ganz Sportliche wählen den alten Saumpfad, der über gut 1300 Treppenstufen und 125 Windungen auf das Hochplateau führt. Von dort oben bietet das *Fossli Hotel* (Tel. 53 66 57 77, www.fossli-hotel.com, geöffnet 20. Mai–15. Sept.) einen grandiosen Blick auf den **Vøringsfossen** mit den in freiem Fall 182 m tief herabstürzenden Wassermassen.

Am **Simadalsfjord**, etwa 6 km nordöstlich von Eidfjord, liegen die Kontraste nah beieinander: hochmoderne Technologie im *Simakraftwerk* (www.visiteidfjord.no, Führungen 15. Juni– 15. Aug. tgl. 10, 12 und 14 Uhr), einem der größten in Europa, und beschauliche Idylle im heute noch bewohnten Einödhof *Kjeåsen*, der in 600 m Höhe an die steile Bergwand gebaut wurde. Der Hof mit dem weiten Blick auf Fjord und Berglandschaft ist per Auto oder über einen Wanderweg in ca. 90 Min. zu erreichen.

Um zu dem reizvollen Ferienort **Ulvik** zu gelangen, muss man den Fjord überqueren. Zum Sommerangebot von Ulvik gehören Fjordfahrten, Rundflüge mit dem Wasserflugzeug, Angeln oder die Besichtigung eines Bauernhofs, vor allem aber abwechlsungsreiche Wanderungen, etwa auf dem ›Apfelbaumweg‹ oder auf dem ehem. Postweg nach Granvin. Ein beliebter Ausflug führt am Osafjord ent-

Was auf den ersten Blick an die Reste eines Wikingerschiffs erinnert, ist das moderne Kunstwerk ›Stream Nest‹ bei Osa

lang nach **Osa**. Mitten in der Landschaft steht hier das *›Stream Nest‹*, eine Skulptur aus 3000 Baumstämmen und 23000 Backsteinen, die der Japaner *Takamasa Kuniyasu* anlässlich der Olympischen Winterspiele von Lillehammer 1994 schuf.

Bei **Norheimsund**, dem Zentrum am westlichen Hardangerfjord, kann man auf einem schmalen Pfad unter dem Wasserfall **Steinsdalsfossen** hindurchgehen. In **Norheimsund** lohnt ein Besuch der Museumswerft *Hardanger Fartøyvernsenter* (Tel. 56553350, www.fartoyvern.no, Mai–Juli. tgl. 10–17 Uhr), in der historische Holzboote restauriert werden. Dazu gehört ein Café, von dem aus man einen schönen Blick über den Fjord hat. Ein empfehlenswerter Abstecher führt am Fjord entlang bis zur Fährstation Gjermundshamn, wo man zur **Baroniet Rosendal** (Tel. 53482999, www.baroniet.no, Juli tgl. 10–18, Mitte Mai–Juni und Sept. tgl. 11–15 Uhr) übersetzt. Schneller erreicht man dieses Ziel durch den Tunnel unter dem Folgefonngletscher bei Odda. In einem romantischen *Park* mit Rosengarten und seltenen Bäumen liegt das schlichte Schloss von 1665, das heute ein *Museum* ist. Gezeigt werden Mobiliar im norwegischen Empire-Stil, Gemälde von J. C. Dahl und M. Møller sowie edles Porzellan.

Praktische Hinweise

Information

Destination Hardanger Fjord, Hardanger Brygge, Sandvenvegen 40, Norheimsund, Tel. 56553870, www.hardangerfjord.com

Schiff

Fjordcruise, Tide ASA, Møllendalsveien 1 a, Bergen, Tel. 55238715, www.tide.no, Mai–Okt. Täglich verkehrt ein Schiff zwischen Norheimsund und Eidfjord und läuft unterwegs viele bekannte Orte und Sehenswürdigkeiten an.

Hotels

Rica Brakanes Hotel, Promenaden 1, Ulvik, Tel. 56526105, www.brakaneshotel.no. Modernes Hotel mit Restaurant, Swimmingpool, Garten und Strand in wunderschöner Lage direkt am Fjord.

Der Vøringsfossen ist Norwegens viertgrößter und meistbesuchter Wasserfall

Ankunft in Myrdal: Die Flåmsbahn bewältigt einen Höhenunterschied von 865 m

Sandven Hotel, Kaien 28, Norheimsund, Tel. 56 55 20 88, www.sandvenhotel.no. Geschmackvolles Hotel von 1857 direkt am Fjord. Gepflegte, angenehme Zimmer.

TOP TIPP **Utne Hotel**, Utne Hardanger, Utne, Tel. 53 66 64 00, www.utnehotel.no. Das Hotel, das seit 1722 existiert und zu den ältesten Norwegens gehört , beherbergte im 19. Jh. berühmte Norweger wie den Maler Adolph Tidemand und den Musiker Ole Bull, . Stilvolles Interieur sorgt für eine unverwechselbare Atmosphäre.

14 Voss

Zwischen Hardanger und Sognefjord.

Die lebhafte Kleinstadt Voss am schönen Vangsvatn ist ein guter Ausgangspunkt für Ausflüge in die Berge oder zu den Fjorden. Im Winter zählt Voss zu den viel besuchten *Skizentren* (www.vossresort.no) des Landes. Sehr lohnend ist eine Fahrt mit der **Hangursbanen** (Hangursvegen 15, Juni–Aug. tgl. 11–17 Uhr) auf den 660 m hohen *Hangursnolten*, von dem aus man einen herrlichen Blick über See und Berge hat. Im Zentrum ist die gotische Steinkirche **Vangskyrkja** (Vangsgata 3, Tel. 56 52 38 80) vom Ende des 13. Jh. einen Besuch wert. Ebenfalls auf das 13. Jh. geht der **Finnesloftet** (Tel. 56 51 16 75, Besichtigung für Gruppen auf Anfrage) etwa 1 km westlich vom Zentrum zurück, ein Gemeinschaftsraum aus schweren Holzbalken, der zum Bauernhof *Finne* gehört.

Nördlich von Voss lockt das Freilichtmuseum **Mølstertunet** (Tel. 56 51 15 11, www.vossfolkemuseum.no, Mitte Mai–Aug. tgl. 10–17, sonst Mo–Fr 10–15, So 12–15 Uhr, Jan. So geschl.) zur Erkundung. Der große Hofkomplex mit Bauten aus dem 16.–19. Jh. breitet sich in schöner Lage an einem Hang aus.

Ausflüge

›Norwegen in Miniatur‹ (Informationen und Tickets: Turistkontor oder www.norwaynutshell.com) nennt man eine der beliebtesten Rundfahrten durch die herrliche Landschaft Westnorwegens. Die Tagestour beginnt per Bus in Voss und führt zunächst durch das wilde, enge *Nærøydal* nach **Gudvangen**. Ein besonderes Erlebnis ist die anschließende Schifffahrt durch den schmalen **Nærøyfjord** mit seinen bis zu 1700 m steilen Felswänden. 2005 wurde der Nærøyfjord von der UNESCO zum Weltnaturerbe erklärt. Von **Flåm** am Aurlandsfjord geht es mit der berühmten *Flåmbahn* (www.flaamsbana.no) 20 km in die Berge, vorbei an Wiesen, Wasserfällen und schneebedeckten Gipfeln nach **Myrdal**, dem Umsteigepunkt in die *Bergenbahn*, die nach Voss zurückfährt.

Eine sehr schöne, wenn auch anstrengende *Fahrradtour* (Fahrradvermietung in Voss) führt auf dem alten TOP TIPP **Rallarvegen**, der für den Bau der Eisenbahn angelegt wurde, von *Ustaoset* oder *Haugastøl* über *Finse* (40 km) hinunter nach Flåm am Sognefjord (65 km) – eine landschaftlich fantastische Strecke von der Hardangervidda bis ans Meer. Mit der Flåmbahn geht es dann wieder hinauf nach *Upsete* und per Rad zurück nach Voss (45 km).

Praktische Hinweise

Information

Turistkontor, Uttrågata 9, Voss, Tel. 56 52 08 00, www.visitvoss.no

Hotel

Fleischer's Hotel, Evangervegen 13, Voss, Tel. 56 52 05 00, www.fleischers.no. Traditionsreiches, 1889 gebautes Hotel mit Reminiszenz an ein Schweizer Chalet.

15 Sognefjord

Der König der heimischen Fjorde.

Vik – Vangsnes – Gudvangen – Flåm – Lærdal – Stavkirke Borgund – Kaupanger – Stavkirke Urnes – Jostedalsbreen – Balestrand

Norwegens längster, bis zu 1308 m tiefer, in viele Seitenarme sich verästelnder Fjord schneidet rund 200 km ins Land ein. Landschaftlich zählt der **Sognefjord** mit seinem ruhigen Wasser, den unzähligen Obstbäumen, den Wiesen und Wäldern an steilen Ufern zu den schönsten Regionen überhaupt. Das milde Klima, die malerischen Orte vor schneebedeckten Bergen, die Farbenvielfalt und Ruhe machen den besonderen Charme aus, der schon Anfang des 20. Jh. gekrönte Häupter und Künstler anzog. Die schön gelegenen *Stabkirchen* und das zauberhafte Farbenspiel zur *Obstbaumblüte* (Mai/Juni) machen den Sognefjord zu einem der beliebtesten Reiseziele Norwegens.

Von Voss kommend erreicht man den Sognefjord auf der kürzesten Strecke nordwärts bei **Vik**. Ein Bummel durch das alte, heute unter Denkmalschutz stehende und hübsch restaurierte Strandviertel *Viksøyri* lässt kaum noch ahnen, wie bescheiden die Tagelöhner, Handwerker und Händler hier im 19. Jh. lebten. Etwas außerhalb steht die malerische **Stavkirke Hopperstad** (www.stavechurch.com, Mitte Mai– Sept. tgl. 10–17, Mitte Juni–Mitte Aug. tgl. 9– 19 Uhr) von 1130, die mit ihren *Drachenköpfen*, dem Svalgang (Umgang) und dem verzierten Westportal sehr urtümlich wirkt. Im *Inneren* sind die Konstruktion aus 16 Masten mit Würfelkapitellen und Andreaskreuzen und das reich verzierte Altarziborium aus der ersten Hälfte des 14. Jh. bemerkenswert.

Im Fährort **Vangsnes**, von wo man nach Hella und Balestrand übersetzen kann, thront die Figur des isländische Sagahelden *Fridtjov* imposant auf einem Granitsockel. Das Denkmal ist ein Geschenk des deutschen Kaisers Wilhelm II., der gern im hiesigen Fjordgebiet Urlaub machte.

Den kleinen Fährort **Gudvangen** am Ende des schmalen Nærøyfjord erreicht man auf einer schönen Strecke durch die wilde Schlucht *Stalheimskleivi*. Während die neue Straße unspektakulär durch Tunnel führt, ist die alte Wegführung aus dem 19. Jh. mit 13 Haarnadelkurven und einer Steigung bis zu 20 % ein Paradebeispiel damaliger Straßenbaukunst (Ausschilderung nach Stalheim). Das *Stalheim Hotel* (Tel. 56 52 01 22, www.stalheim.com) bietet einen wunderbaren Blick über die faszinierende Fjordlandschaft. Von Gudvangen kann man eine herrliche Schiffstour in den benachbarten *Aurlandsfjord* unternehmen, an dem die hübschen Orte Aurland und Flåm zwischen 1000 m hohen Bergen liegen. **Flåm** ist Endstation der berühmten *Flåmbahn* [s. S. 61], einer Bergbahn, die auf das 865 m hohe Fjell führt und Anschluss an die Bergenbahn (Oslo–Bergen) ermöglicht.

Durch den längsten Straßentunnel der Welt (24,5 km), den *Lærdalstunnel*, erreicht man das Städtchen **Lærdal** an der Mündung des lachsreichen Lærdalselv in den Sognefjord. Im **Norsk Villakssenter** (Tel. 57 66 67 71, www.norsk-villakssenter.no, Mai tgl. 11–17, Juni–Aug. tgl. 11–19, Sept. tgl. 11–17 Uhr) am Fluss erfährt man Interessantes über den atlantischen Lachs. Das gemütliche historische Zentrum *Gamle Øyri* wartet mit Wohnhäusern und Werkstätten aus dem 18. und 19. Jh. auf.

TOP TIPP

Geschmackssache Gamalost

In **Vik** wird der berühmt-berüchtigte Gamalost hergestellt, zu deutsch ›alter Käse‹, der schon um das Jahr 1000 in einer Sage erwähnt wird. Der magere, ungesalzene und sehr gesunde **Käse** bedarf allerdings für mitteleuropäische Geschmacksnerven gewisser Gewöhnung. In frischem Zustand ist er hell und mild. Intensiver wird sein Geschmack nach ein- bis zweiwöchiger Aufbewahrung im Kühlschrank. Man schneidet ihn in dünne Scheiben und serviert ihn auf frischem Brot mit Butter, etwas Sauerrahm und Preiselbeeren.

Kreuzfahrt einmal anders: Hier gibt es weder Palmen noch Exotik, aber die Majestät der Fjorde als unvergessliches Erlebnis einer Schiffsreise ist längst kein Geheimtipp mehr

TOP TIPP Nicht versäumen darf man einen Ausflug zur **Stavkirke Borgund** (www.stavechurch.com, Mai–Sept. tgl.10–17,Mitte Juni–Mitte Aug.tgl.8–20 Uhr) 27 km flussaufwärts, der berühmtesten und besterhaltenen aller norwegischen Stabkirchen. Das hölzerne Gotteshaus aus dem späten 12. Jh. ist ein wahres Meisterwerk – mit schindelgedeckten, tief heruntergezogenen *Dächern* in sechs Etagen, Kreuzen und in den Himmel züngelnden *Drachenköpfen*, dem mit Säulen verzierten Svalgang und dem frei stehenden *Glockenturm*. Das reich geschnitzte *Westportal* führt in den schlichten Innenraum mit 12, teils *Fratzen* verzierten Pfosten. Ein *Besucherzentrum* informiert über die Geschichte der Stabkirchen in Norwegen.

Am inneren Sognefjord, in Wald eingebettet, liegt **Kaupanger**. Die *Stabkirche* (www.stavechurch.com, Mitte Mai–Mitte Sept. tgl. 9.30–17.30 Uhr) am Ortsrand aus dem 12. Jh. wurde im 17. Jh. komplett umgebaut. Am Fjord präsentiert das *Sogn Folkemuseum* (Tel. 57 67 82 06, www.dhs.museum.no, Mai/Sept. tgl. 10–15, Juni–Aug. tgl. 10–17 Uhr) eine der größen Bootssammlungen des Landes.

Über das Geschäfts- und Schulzentrum *Sogndal* erreicht man den pittoresken Ort **Solvorn** am Lustrafjord. In der Nähe des *Walaker Hotells* [s. S. 65] legt die TOP TIPP kleine Fähre ab zu Norwegens ältester **Stavkirke Urnes** (www.stavechurch.com, Juni–Sept. tgl. 10.30–17.30 Uhr) von 1150 mit ihrem eigenartig geschnitzten, aus einer früheren Kirche stammenden Nordportal.

Ein interessanter Ausflug führt in die Gletscherwelt des **Jostedalsbreen**, Norwe-

Stabkirche Urnes: Die Meisterschaft der Baumeister offenbart sich im Innern

Heidnische Mystik: geschnitzter Drachenkopf der Stabkirche von Hopperstad

Pagoden des Nordens

Die romantischen Holzkirchen zeugen von der Begegnung der altnorwegischen mit der kontinental-europäischen Kultur, die Norwegen vor rund 1000 Jahren im Zuge der Christianisierung erreichte. Wer vor einem dieser fremdartig anmutenden Gotteshäuser steht, ist beeindruckt von dem architektonischen Können der damaligen Baumeister, deren Werke noch nach Jahrhunderten Stürmen, Schneemassen und Regenschauern trotzen.

Holzschnitzereien schmücken die Türen und Portale von der Schwelle bis zum First. Tierornamente weisen auf das Erbe der Wikinger hin, später kamen Pflanzen, Ranken und Blätter hinzu, Elemente europäischer Kunst.

Von über 1000 Holzkirchen, die im Mittelalter existierten, sind heute noch knapp 30 aus dem 12./13. Jh. zu sehen: im Landesinneren, an Fjordufern, auf einem Hügel oder in einem der großen Freilichtmuseen in Oslo und Lillehammer. Die charakteristischen Wände aus vertikal angeordnetem Pfostenwerk, den **Stäben**, gaben den Gotteshäusern ihren Namen. Die Bauweise hat wenig mit der kontinentalen Kirchenarchitektur gemein, sondern erinnert an die der Wikingerschiffe.

Durch kleine runde Luken unter dem Dach fällt Licht in den Innenraum. Die **Ausstattung** war ursprünglich sehr bescheiden: Bänke standen nur entlang der Wände, die Pfosten sind zum Teil mit Kapitellen geschmückt, ähnlich den Pfeiler- und Säulenkapitellen in romanischen Steinkirchen. Die steil gestaffelten, oft mit fernöstlichen Pagoden verglichenen und mit Schindeln gedeckten **Dächer** waren zum Schutz vor Wind und Wetter geteert. Ein halboffener **Umgang** (Svalgang), in dem die Waffen abgelegt wurden, umgab die meisten Stabkirchen. Der Zuwachs an Kirchgängern und der Einbau von Gestühl machten später Erweiterungen notwendig. Außerdem wurden zusätzliche Fenster eingesetzt.

Im Laufe der Jahrhunderte brannten viele Kirchen nieder, wurden abgerissen oder verrotteten, bis der norwegische Maler **J. C. Dahl** 1826 die Aufmerksamkeit der Öffentlichkeit auf diese für Norwegen typischen Baudenkmäler lenkte. Heute sind sie als Glanzpunkte fester Bestandteil jeder Norwegen-Reise: Die imposanteste Stabkirche ist die **Heddal Kirke** [s. S. 33ff.] in Telemark, die vielleicht schönste **Borgund** [s. S. 63] am Sognefjord und die älteste **Urnes**, ebenfalls am Sognefjord.

In den Sommermonaten sind die meisten Stabkirchen für Besucher geöffnet. Die **Eintrittsgebühr** kommt der Instandhaltung und Restaurierung zugute. Allein die Teerung des Daches muss mindestens alle vier Jahre erneuert werden!

gens größtem Gletscher, der seine eisblauen Zungen in alle Himmelsrichtungen streckt. Sehr beeindruckend und gut erreichbar ist die Eisfläche des *Nigardsbreen* am Ende des Jostedals. Dort informiert das **Breheimsenteret** (Jostedal, Tel. 57 68 32 50, www.jostedal.com, Mai–Sept. tgl. 10–17, Mitte Juni–Mitte Aug. tgl. 9–19 Uhr), architektonisch auffallend wie eine Gletscherspalte gestaltet, durch Exponate, Filme, Fotos und interaktive Präsentationen über den *Jostedalsbreen Nasjonalpark* [s. S. 66]. Von hier werden auch geführte Gletschertouren angeboten.

Sehr bequem erreicht man die Gletscherzunge *Bøyabreen* von dem schön gelegenen Dorf **Fjærland** am Ende des gleichnamigen Fjords. Der Bøyabreen bewegt sich bis zu 2 m pro Tag und ist einer der ›schnellsten‹ Gletscher in Norwegen. Seine breite und kurze Form lässt ihn relativ rasch auf Klimaveränderungen reagieren. Das ausgezeichnete *Norsk Bremuseum* (Tel. 57 69 32 88, www.bre.muse

um.no, Juni–Aug. tgl. 9–19, April/Mai, Sept./Okt. tgl. 10–16 Uhr) am Ende des Fjærlandsfjords ist der Gletscherwelt und ihren vielen Geheimnissen gewidmet. Es bietet u. a. ›Physik zum Anfassen‹ und zeigt einen atemberaubenden Panoramafilm von Ivo Caprino über den Jostedalsbreen.

Für alle Bücherfreunde ist **Bokbyen** (Tel. 57 69 22 10, www.bokbyen.no, Mai–Sept. tgl. 10–18 Uhr), die ›Bücherstadt‹ in Fjærland eine wahre Fundgrube. In mehreren Holzgebäuden am Ufer bieten Antiquariate Bücher ›über Gott und die Welt‹ an. Neben norwegischen finden sich auch deutsche und englische Titel.

Der Ort **Balestrand** am Sognefjord mit seinen hübsch verzierten Villen und Hotels im Schweizer Chalet-Stil vom Ende des 19. Jh. war schon ein Lieblingsziel des deutschen Kaisers Wilhelm II. Die traumhafte Lage des Ortes am Schnittpunkt mehrerer Fjorde, in denen sich vergletscherte Gipfel spiegeln und regelmäßig elegante Kreuzfahrtschiffe ankern, zieht seit langem nicht nur Touristen, sondern auch Künstler und Kunsthändler an. Einen Besuch lohnt das im Ortszentrum gelegene *Sognefjord Akvarium* (Tel. 57 69 13 03, April–Okt. tgl. 9.30–16.30 Uhr).

i Praktische Hinweise

Information

Turistkontor i Sognefjord, Tel. 57 63 33 13, www.sognefjord.no. Für die gesamte Region. Touristenbüros u.a.:

Balestrand Turistinformasjon, Kaien, Balestrand, Tel. 57 69 12 55, www.visitbalestrand.no

Fjærland Turistkontor, Fjærland, Tel. 57 69 32 33, www.fjaerland.org

Lærdal Turistinformasjon, Lærdal, Tel. 57 64 12 07, www. alr.no

Hotels

TOP TIPP **Kviknes Hotel Balholm**, Kviknevegen 8, Balestrand, Tel. 57 69 42 00, www.kviknes.no. Das große traditionsreiche Hotel in herrlicher Lage direkt am Fjord wurde 1877 im Schweizer Chalet-Stil erbaut. Besonders schön ist die Aussicht auf den Fjord vom Speisesaal aus.

Mundal, Fjærland, Tel. 57 69 31 01, www.hotelmundal.no. Das charmante und stilvolle Hotel liegt ruhig am Ufer des Fjærland Fjord.

TOP TIPP **Walaker Hotell**, Solvorn, Tel. 57 68 20 80, www.walaker.com. Gemütliches Hotel, dessen Geschichte bis ins 17. Jh. zurückreicht, mit feinem Restaurant und wunderbarem Garten.

16 Nordfjord

Robuste Fjordpferde bringen Besucher an die schönsten Gletscherzungen.

Olden – Loen – Stryn

Der 106 km lange Nordfjord streckt seine verästelten Seitenarme bis nahe an die Gletscherwelt des Jostedalsbreen. Hier

Im prächtigen Kviknes Hotel Balholm war schon Kaiser Wilhelm II. zu Gast

In der Dämmerung wagen sie sich oft bis an die Straße: Elchmutter mit Kind

liegen die beiden beliebten Ferienorte Olden und Loen. Vom Fjorddorf **Olden**, in dem häufig Kreuzfahrtschiffe anlegen, kann man die Gletscherzunge **Briksdalsbreen** (www.briksdalsbre.no) aus nächster Nähe erleben. Ein besonderes Erlebnis ist eine *Gletscher Safari* (Tel. 57 87 68 00, www.briksdal-adventure.com), bei der man in einem Schlauchboot bis an die Gletscherzunge heranfährt. Die Fahrt durch das 20 km lange malerische *Oldedal* am Oldevatn entlang endet bei der *Briksdalsbre Fjellstove* (Tel. 57 87 68 00), von der aus man in etwa einer Stunde den Gletscher zu Fuß oder in einem der Buggys erreicht. Hier findet sich eines der beliebtesten Fotomotive Norwegens: der tosende Wasserfall **Kleivafossen** mit dem Gletscher im Hintergrund. Festes Schuhwerk ist ratsam, da der Weg zum ewigen Eis nur zu Fuß zurückgelegt werden kann.

Landschaftlich attraktiv ist auch das benachbarte *Lodal*, das man von dem reizend zwischen Fjord und Bergen gelegenen Ferienort **Loen** aus erreicht. Die Straße führt unter dem 1848 m hohen Hausberg *Skåla* am grünen Lovatn entlang zum *Café Kjenndalstova* (Tel. 91 84 87 67, geöffnet Mai–Sept.) und weiter zur Gletscherzunge **Kjenndalsbreen**. Besonders schön ist die Fahrt von *Sande* aus per Boot über den See. Was diese Naturidylle kaum ahnen lässt: In der 1. Hälfte des 20. Jh. kam es zu drei dramatischen Bergabbrüchen. Die herabstürzenden Felsen und Geröllmassen lösten jeweils verheerende Flutwellen im See aus.

Über das lebhafte Städtchen **Stryn** am Nordfjord, wo es gute Einkaufsmöglichkeiten gibt, erreicht man die RV 15 Richtung Grotli und Strynfjell, auf dem noch *Wildrentiere* leben. Am Weg liegt die Siedlung *Oppstryn* am Strynsvatn mit dem **Jostedalsbreen Nasjonalparksenter** (Tel. 57 87 72 00, www.jostedalsbre.no, Mai tgl. 11–15, tgl. Juni und Aug. tgl. 10–16, Juli tgl. 10–18, Sept. tgl. 10–15 Uhr, sonst für Gruppen auf Anfrage), einem Informationszen-trum mit einer Ausstellung über den Gletscher, über Flora und Fauna sowie Geologie der Region. Zum Angebot gehören auch geführte Gletscherwanderungen.

Eisigkalt und gewaltig: Im Angesicht der Gletscherzunge Nigardsbreen treten die Größenverhältnisse zwischen Besucher (rechts unten) und Naturschauspiel deutlich hervor

Da kann ihm kein Model das Wasser reichen: Der von Schneegipfeln gesäumte Geirangerfjord steht in der Rangliste der Fotomotive ganz oben

i Praktische Hinweise

Information

Reisemål Stryn & Nordfjord, Tinggata 3, Stryn, Tel. 57 87 40 40, www.nordfjord.no

Hotels

Hotel Alexandra, Loen, Tel. 57 87 50 00, www.alexandra.no. Sehr schön am Eingang ins Lodal gelegenes Komforthotel mit Restaurant.

Stryn Hotel, Visnesvegen 1, Stryn, Tel. 57 87 07 00, www.strynhotel.no. Hotel mit Restaurant und Garten im Zentrum.

17 Über Geiranger nach Åndalsnes

Fjord und Fjell auf der ›Goldenen Route‹.

Djupvatnet – Dalsnibba – Geirangerfjord – Geiranger – Trollstigvegen – Åndalsnes

Auf dem kargen Strynfjell (Sommerskigebiet) zweigt von der West-Ost-Verbindung zwischen Nordfjord [Nr. 16] und Gudbrandsdal [Nr. 22] die Straße RV 63 zum Geirangerfjord ab. Sie erreicht ihren höchsten Punkt am **Djupvatnet**. Hier, auf 1038 m Höhe, weht selbst im Hochsommer ein schneidender Wind, treiben kleine Eisschollen über den See und blinken blau-graue Dauerschneefelder in der Sonne.

TOP TIPP Bei klarem Wetter empfiehlt sich ein Abstecher auf den **Dalsnibba** (1495 m). Eine mautpflichtige, auch mit Wohnmobilen befahrbare Straße führt auf den Gipfel mit Aussichtsplateau, von dem aus man einen hinreißenden Blick über den schmalen, von steilen Felswänden begrenzten Geirangerfjord und die faszinierende Gebirgs- und Gletscherwelt hat.

TOP TIPP Am Ende des weit verzweigten Storfjords liegt der zum UNESCO Weltnaturerbe zählende **Geirangerfjord** (Tel. 70 26 30 07, www.geirangerfjord.no), der seit langem zu den meistbesuchten Reisezielen in Norwegen gehört. Jeden Sommer kann man zahllose Kreuzfahrtschiffe auf dem malerischen Gewässer beobachten. Vom Fjell hinunter zum Fjord fährt man über viele Haarna-delkurven durch eine grandiose Landschaft und erreicht schließlich kurz vor **Geiranger** den beliebten Aussichtspunkt *Flydalsjuvet*. Der hübsch gelegene Ort am Ende des sonst quasi unbesiedelten Fjords besteht weitgehend aus Hotels. Wer hier länger Station machen möchte, findet gute Wandermöglichkeiten, etwa zu idyllisch gelegenen Fjordhöfen wie dem *Skageflå-Hof*.

Unbedingt einplanen sollte man eine Fahrt durch den Geirangerfjord mit dem Schiff oder, schöner noch, mit der Autofähre (im Sommer muss man mit langen Wartezeiten rechnen) nach *Hellesylt*, vorbei an den berühmten Wasserfällen *Brudesløret* (Brautschleier) und *Sju Søstre* (Die Sieben Schwestern) und alten, unerreichbar scheinenden Fjordbauernhöfen. Der letzte Hof wurde bis Anfang der 1960er-Jahre bewirtschaftet. Faszinierend ist auch ein Rundflug mit dem Helikopter [s.S.72] über den Geiranger- und Nordfjord und die Gletscherzungen des Jostedalsbreen.

Man verlässt Geiranger über den *Ørnevegen* (Adlerweg), eine kühn angelegte Haarnadelstraße auf der Nordseite Richtung Eidsdal, wo man über den Norddalsfjord nach Linge übersetzt.

Sehr abwechslungsreich verläuft die weitere Strecke (RV 63) zum Trollstigvegen nach Åndalsnes. Ein Zwischenstopp lohnt beim **Gudbrandsjuvet**, wo sich der Fluss eindrucksvoll durch eine enge Schlucht zwängt.

Der **Trollstigvegen** (www.trollstigen.net, Wintersperre bis Mai/Juni) ist eine spektakuläre Bergstraße in einer wilden Gebirgslandschaft. In den 1930er-Jahren in elf engen Serpentinen in den Fels gesprengt, überwindet sie mit 12% Steigung 852 m Höhenunterschied. Beim Berggasthof *Trollstigen Fjellstue* (Tel. 99 29 20 00, www.trollstigen.com), wo es auch eine kleine Ausstellung über den Bau der Straße zu sehen gibt, hat man einen herrlichen Blick hinunter ins Istertal und auf die umliegenden Gipfel der *Trolltindene*, deren *Trollveggen* (Trollwand) über 1000 m senkrecht abfällt. Sommer wie Winter ist die Trollwand eine der weltweit größten Herausforderungen für Kletterer. Gut sehen kann man die Wand von der Straße E 136 durchs Romsdal (großer Parkplatz).

Zurück auf der Straße RV 63 geht es weiter Richtung Åndalsnes über zahlreiche Haarnadelkurven des Trollstigvegen, die immer wieder den Blick freigeben auf grandiose tosende Wasserfälle wie *Stigfossen* und *Tverrdalsfossen*. Der schmale Saumpfad *Kløvstien* am Stigfossen entlang war jahrhundertelang eine wichtige Verbindung u. a. für die Viehhändler zwischen der Sunnmøre-Region und dem Romsdal. Heute ist der alte Weg wiederhergestellt und als Wanderroute ausgeschildert.

Åndalsnes ist das Zentrum der Gemeinde Rauma und Endstation der *Raumabanen* (www.raumabanen.com), die durch das reizvolle Romsdal fährt. Der Ort wurde nach Zerstörungen im Zweiten Weltkrieg modern wiederaufgebaut; nach wie vor ist seine Lage an der Mündung der Rauma in den Romsdalsfjord vor schneebedeckten spitzen Gipfeln wunderschön. Besonders für Angler, Bergsteiger und Kletterer bietet die Gegend vielfältige Möglichkeiten. Sehr beliebt sind der steil aufragende Hausberg *Romsdalshorn* (1550 m) und das Dreigestirn *Kongen, Dronningen* und *Bispen* (König, Dame und Bischof) im Istertal. Das **Norsk Tindemuseum** (www.tindemuseet.no, bis 2012 geschlossen) wurde von dem passionierten Bergsteiger Arne Randers Heen gegründet. Es dokumentiert anhand historischer Fotos die Geschichte des Klettersports.

i Praktische Hinweise

Information

Destinasjon Geirangerfjord & Trollstigen, Geiranger, Tel. 70 26 38 00, www.visitgeirangerfjorden.com

Hotel

Hotell Geiranger, Geiranger, Tel. 70 26 30 05, www.hotel-geiranger.no. Großes Hotel im Zentrum mit mehreren Restaurants, Bars und schönem Fjordblick.

18 Von Ålesund über Molde nach Kristiansund

Von der Jugendstilstadt über ›die Rosenstadt‹ ins ›Venedig Norwegens‹.

Die auf drei Inseln liegende Hafenstadt **Ålesund** wurde nach dem großen Brand von 1904 in vom Jugendstil geprägter Steinarchitektur wiederaufgebaut. Den

Ein unvergesslicher Anblick: die Majestät der Bergwelt rund um den Geirangerfjord liegt Wanderern vom 1495 m hohen Aussichtsberg Dalsnibba zu Füßen

besten Überblick über die Stadt im Meer und die vorgelagerten Schären hat man vom Aussichtshügel **Aksla**, den man über 418 Treppenstufen zu Fuß oder bequemer mit dem Auto erreicht. Am Gipfel lockt das Panoramarestaurant *Fjellstua* (Tel. 70 10 74 00, www.fjellstua.no, Jan./Dez. geschl.) mit herrlichem Ausblick zur Einkehr. Wer noch höher hinaus will, sollte sich einen Helikopterflug über die schärengesäumte, fjordrerklüftete Küstenlandschaft gönnen.

Einblicke in die Stadtgeschichte bietet das **Aalesunds Museum** (Rasmus Rønnebergsgate 16, Tel. 70 12 31 70, www.aalesunds.museum.no, Jan.–April Mo–Fr 9–15, Mai–MItte Juni Mo–Fr 9–15, So 12–15, Mitte Juni–Mitte Aug. Mo–Fr 9–16, Sa 11–15, So 12–16, Mitte Aug. –Sept. Mo–Fr 11–15, So 12–16, Okt.–Dez. Mo–Fr 11–15 Uhr). Weiter westlich liegt das **Jugendstilviertel**, das Anfang des 20. Jh. anstelle von 800 abgebrannten Holzhäusern entstand. Hübsche Ornamente kann man an verschiedenen Gebäuden u. a. in der *Kongensgate* entdecken. Ein Prachtexemplar ist die *Svaneapoteket* von 1907, eine alte Apotheke, die als **Jugendstilsenteret** (Apotekergata 16, Tel. 70 10 49 70, www.jugendstilsenteret.no, Juni–Aug. tgl. 10–17, sonst Di–Sa 11–16, So 12–16 Uhr) mit einer Kollektion norwegischen Jugendstildesigns, authentischer Interieurs und mit Multimedia-Dokumentationen aufwartet.

3 km westlich vom Zentrum liegt auf einem Felskap über dem Meer das **Atlanterhavsparken** (Tueneset, Tel. 70 10 70 60, www.atlanterhavsparken.no, Juni–Aug. So–Fr 10–19, Sa 10–16, sonst Mo–Sa 11–16, So 11–18 Uhr), eines der größten Salzwas-

Beeindruckende Aussicht vom Hügel Aksla auf die Jugendstilstadt Ålesund

ser-Aquarien Nordeuropas. Hier kann man die Lebewesen des Atlantiks in großen Meerwasserbecken beobachten.

Etwa 4 km östlich vom Zentrum liegt das interessante, aus mehreren Abteilungen bestehende **Sunnmøre Museum** (Hatlane, Tel. 70104970, www.sunnmore.museum.no, Febr.–Mitte Dez. Mo–Fr 11–15, So 12–16, Mitte Juni–Mitte Aug. Mo–Sa 11–17, So 12–17 Uhr) bei der mittelalterlichen Siedlung *Borgundkaupangen*, die einst eines der größten Handelszentren der Region war. Einen Einblick in den Alltag damaliger Zeit vermittelt das *Mittelaltermuseum*, ferner können ein *Freilichtmuseum* und eine Bootsausstellung mit alten Fischerbooten und rekonstruierten *Wikingerschiffen* besichtigt werden.

Ein besonderes Naturerlebnis verspricht der beliebte Ausflug zur Vogelinsel **Runde** südwestlich von Ålesund. Das unter Naturschutz stehende Eiland erhebt sich rund 300 m senkrecht aus dem Meer und bietet Tausenden von *Seevögeln* ideale Brutbedingungen. Beschilderte Wege führen zu *Beobachtungspunkten*, wo man Papageientauchern, Dreizehenmöwen, Trottellummen, Tordalken und Basstölpeln bei ihrem Brutgeschäft zuschauen kann, ohne die Tiere zu stören. Sehr schön ist auch eine *Bootsfahrt* entlang der Nistklippen, auf der man viel Interessantes über das Leben der Seevögel erfährt (Fernglas nicht vergessen). Eine Brücke verbindet die Insel, auf der es auch Übernachtungsmöglichkeiten gibt, mit dem Festland.

TOP TIPP

Über die Straßen E 136 und E 39 und schließlich per Fähre erreicht man **Molde**. Die schöne Lage am Romsdalsfjord mit Blick auf die schroffen Gipfel der Romsdaler Berge machen den Reiz des Ortes aus. Das milde Klima lässt eine üppige

Moderne Ausrüstung: Ålesund hat eine der größten Fischereiflotten des Landes

Vegetation gedeihen, u.a. duftende Rosen, die Molde den Beinamen ›Stadt der Rosen‹ einbrachten. Renommiertes Kulturevent ist das *Molde International Jazz Festival* (www.moldejazz.no), das im Juli vor großem Publikum stattfindet.

Eine besondere Attraktion ist die Atlantikstraße **Atlanterhavsvegen** RV 64 von Molde nach Kristiansund: eine faszinierende Strecke, die in eleganten Kurven von Insel zu Insel durch das offene Meer zu fließen scheint.

Kristiansund, das ›Venedig des Nordens‹, erstreckt sich über drei, durch Brücken verbundene Inseln. Für Fußgänger pendelt seit 1876 das Schiff *›Sundbåt‹* (www.sundbaten.no) von einem Ufer zum anderen und erspart so weite Wege über die Brücken. Ihren Namen verdankt die Stadt dem dänischen König Christian VI., der ihr im Jahr 1742 Stadtrechte verlieh. Fischfang und Export von Stockfisch waren viele Jahrzehnte die Lebensgrundlage Kristiansunds. Den Bombardements des Zweiten Weltkrieges fielen die alten Holzhäuser im Zentrum zum Opfer, die nach dem Krieg durch moderne Bauten ersetzt wurden. Heute ist Kristiansund das Erdöl- und Erdgaszentrum Mittelnorwegens für den Bohrbetrieb auf der Haltenbank.

Sehenswert ist die ungewöhnlich gestaltete **Kirkelandet Kirke** (Langveien 41, Tel. 71674977, Mo–Fr 9–15 Uhr) von 1964, deren 30 m hohe Chorwand eine interessante Komposition aus 345 farbigen Glasfenstern darstellt. Nordwestlich der Kirche erhebt sich der schöne alte, 78 m hohe Wachturm **Vardetårnet** mit Aussicht über Stadt und Hafeneinfahrt bis zur gegenüberliegenden Insel Grip.

Wer sich für archäologische Funde aus der Steinzeit oder für Wohnkultur vergangener Tage interessiert, sollte das **Nordmøre Museum** (Storgata 19, Tel. 71587000, www.nordmore.museum.no, Di–Fr 10–14 Uhr) besuchen. Eine Abteilung des Museums informiert als Klippfischmuseum im *Hjelkrembrygga*, einem Lagerhaus von 1835, über die Geschichte der traditionellen Fischkonservierung.

Ein sehr beliebter Ausflug führt zur Inselgruppe **Grip** etwa 14 km nördlich im Atlantik. Der Archipel besteht aus rund 80 Inseln und Schären, aber nur eine der Inseln ist heute noch im Sommer bewohnt. Einfache Fischerhäuser gruppieren sich hier um eine *Stabkirche* aus dem 15. Jh., deren hübscher Altarschrein 1515 gefertigt wurde.

i Praktische Hinweise

Information

Destinasjon Ålesund & Sunnmøre, Skateflukaia, Ålesund, Tel. 70 15 76 00, www.visitalesund.com

Destinasjon Kristiansund og Nordmøre, Kongens plass 1, Kristiansund, Tel. 71 58 54 54, www.visitkristiansund.com

Helikopter-Rundflüge

62°Nord AS, Skansekaia, Ålesund, Tel. 70 11 44 30, 62nord.net

Fjord Helikopter, Stryn Miljø oder Ålesund Flatholmen, Tel. 97 48 40 40, fjordhelikopter.no

Hotels

Clarion Collection Hotel Bryggen, Apotekergata 1–3, Ålesund, Tel. 70 10 33 00, www.choicehotels.no. Zentral gelegenes Hotel in den schön restaurierten Speicherhäusern direkt am Wasser.

Hotell Kristiansund, Storgata 17, Kristiansund, Tel. 71 57 03 00, www.hotell-kristiansund.no. Sympathisches Mittelklassehotel in Hafennähe.

Quality Hotel Grand Kristiansund, Bernstorffstredet 1, Kristiansund, Tel. 71 57 13 00, www.choicehotels.no. Großes Hotel mit freundlich möblierten Zimmern und Restaurant in der Innenstadt.

Restaurant

Sjøbua, Brunholmgata 1, Ålesund, Tel. 70 12 71 00, www.sjoebua.no. Sehr gutes Fischrestaurant in einem alten Haus direkt am Kai.

19 Trondheim

Die historische Hauptstadt, Krönungsstadt der Könige und Bischofssitz.

Trondheim, Norwegens drittgrößte Stadt (175 000 Einw.), mit ihrer mehr als 1000-jährigen Geschichte liegt an der Mündung des Nidelv in den Trondheimfjord. Mit der zweitgrößten Universität des Landes, Forschungseinrichtungen, interessanten Museen und einer lebhaften Einkaufszone ist Trondheim eine attraktive Stadt.

Geschichte Trondheim wurde unter dem Namen *Nidaros* um 997 von *Olav Tryggvason* gegründet, der an dem Handelsplatz der Wikinger eine Kirche und den Königshof Nidarnes errichten ließ und die Christianisierung mit großer Härte durchführte. Nach seinem Tod brachen Machtkämpfe unter den Wikinger-Häuptlingen aus, die erst *Olav Haraldsson*, bekannter als Olav der Heilige, beendete. An seinem Grab sollen sich Wunder ereignet haben, die dem Ort einen regen Zulauf an Pilgern, Händlern und Handwerkern brachte. Die Stadt konnte ihre Machtposition in Norwegen seit der Errichtung eines Erzbischofssitzes im Jahr 1152 vergrößern. Sie wurde zu Beginn des 13. Jh. **Krönungsstadt** und wichtigste Residenz der Könige.

Im Spätmittelalter (1350–1536) folgte der *Niedergang* Trondheims. Pestepidemien rafften zwei Drittel der Bevölkerung dahin, Höfe wurden nicht mehr bewirtschaftet, Kirchen und Klöster verfielen. Das Stadtgebiet schrumpfte damals auf einen schmalen Bereich am Flussufer zusammen. Die Einführung der *Reformation* 1537 in Norwegen beschleunigte den Machtverlust der Stadt, die als Erzbistum floriert hatte. Doch blieb Trondheim ein **Handelszentrum** mit einer wohlhabenden Bürgerschaft, die von Fisch- und Holzhandel sowie dem Zulieferbetrieb für die Kupferbergwerke in Røros und Løkken lebte. In den folgenden 230 Jahren wuchs die Bevölkerungszahl auf 7500 Einwohner an.

Einen jähen Einschnitt brachte der **Brand von 1681**, der fast die ganze Stadt in Schutt und Asche legte. Stadtkommandant General *Johan Caspar von Cicignon* ließ das Zentrum über schachbrettartigem Grundriss mit breiten Straßen neu aufbauen, die noch heute die Innenstadt prägen. Aus dieser Zeit stammen auch die Festungen *Kristiansten* und *Munkholmen*. Bis weit ins 18. Jh. hinein war Trondheim der einzige Ort im Norden, der Stadtrechte besaß.

Besichtigung Der kleine vom Nidelv umflossene Stadtkern kann bequem zu Fuß besichtigt werden. Nähert man sich Trondheim von Süden, so bietet sich von der *Elgeseter Brücke* ein schöner Blick auf TOP TIPP Nordeuropas prächtigstes gotisches Bauwerk, die **Nidaros Domkirke** 1 (Bispegata 11, www.nidarosdomen.no, Jan.–April Mo–Sa 9–14, So 9–17, Mai–Mitte Juni Mo–Fr 9–15, Sa 9–14,

Filigran und imponierend: die üppig skulpierte Westfassade des Nidarosdoms

So 9–17, Mitte Juni–Mitte Aug. Mo–Fr, So 9–18, Sa 9–15, Mitte Aug.–Dez. Mo–Sa 9–15, So 9–17 Uhr; Führungen auf Deutsch: Mai–Mitte Sept.; Musikgottesdienste: Mitte Juni–Mitte Aug. Mo–Fr 17.40, Orgelmusik: Mitte Juni–Juli Mo/Di, Fr/Sa 13 Uhr). Der berühmte Dom wurde 1070 über dem Grab des norwegischen Schutzpatrons Olav Haraldsson, genannt *Olav der Heilige*, errichtet. Doch diese erste Steinkirche musste schon bald einem repräsentativeren Gotteshaus für den Erzbischof weichen. Um 1290 war die gotische *Kathedrale* weitgehend vollendet, wohl in ähnlicher Gestalt wie sich die Kirche heute darbietet. Doch eine verheerende Feuersbrunst zerstörte 1328 das Bauwerk, weitere vier Brände folgten. Mit der Reformation, welche eine Heiligenverehrung verbot, versiegten auch jene Pilgerströme, die rund 500 Jahre lang zur Verehrung Olavs des Heiligen nach Trondheim gekommen waren. Was noch vom Dom übrig war, wurde 1585 als *Gemeindekirche* in Dienst genommen. Im 18. Jh. erhielt der Bau eine üppige Barockausschmückung. Erst 1869 begannen dann umfangreiche Restaurierungsarbeiten, die dem Dom sein mittelalterliches Aussehen wiedergaben.

Von der üppig geschmückten **Westfassade** waren damals nur die beiden unteren Geschosse mit fünf originalen Figuren erhalten. Seit der Wiederherstellung dieser Schauwand ab 1909 zeigen wieder 76 *Skulpturen* Heilige, Bischöfe und norwegische Könige. Die Figur von Olav Tryggvason, dem Gründer Trondheims, steht ganz links in der ersten Reihe, Olav der Heilige füllt die vierte Nische von links in der dritten Reihe.

Der **Innernraum** des Doms beeindruckt durch seine Dimensionen von 102 m Länge und 50 m Breite sowie durch das angenehme Licht, das durch die *Glasfenster* von Gabriel Kielland (1907–1934) fällt. Vielfältig sind die Reminiszenzen an den hl. Olav: Hinter dem Hochaltar illustriert ein *Antemensale* aus dem 14. Jh. die Lebensgeschichte des Heiligen. Im Süden des Oktogons liegt der 12 m tiefe *Olavsbrunnen*, aus dem die Pilger im Mittelalter ›heiliges‹ Wasser erhielten. Der Überlieferung gemäß begann eine Quelle an der Stelle zu sprudeln, an welcher der König zuerst begraben wurde. Durch die beiden Vertiefungen vor dem Brunnen konnte das Wasser gleich wieder in den Brunnen zurückfließen. Der *Hochaltar* stammt von 1892, das moderne *Taufbecken* schuf Gustav Vigeland. Die große *Fensterrose*, die 8 m im Durchmesser misst, ist ein Geschenk der norwegischen Frauen von 1930. Vom südlichen Querschiff, dem ältesten Teil der Kirche, gelngt man auf den **Turm**, von dem man einen weiten Blick über die Stadt genießt.

Neben dem Dom steht das einstige Erzbischöfliche Palais **Erkebispegården** 2 (www.nidarosdomen.no) aus dem 12./13. Jh. Im Sommer finden Führungen durch die historischen Räume statt. Im Südflügel zeigt das *Museum des Erzbischöflichen Palastes* (Kongsgårdsgata 1, Mitte Juni–Mitte Aug. Mo–Fr 10–17, Sa 10–15, So 12–16, Mai–Mitte Juni und Mitte Aug.–Mitte Sept. Mo–Sa 10–15, So 12–16, Mitte Sept.–April Di–Fr 11–14, Sa 11–15, So 12–16 Uhr) *Skulpturen* der Kathedrale aus dem 11.–17. Jh. und Funde von den archäologischen Grabungen, die nach einem Brand von 1983 stattfanden. Damals entdeckte man z. B. die *Erzbischöfliche Münzwerkstatt* aus der Zeit um 1500. Im Westflügel werden die norwegischen *Reichsinsignien* ausgestellt, darunter gold- und edelsteinverzierte Königskronen sowie

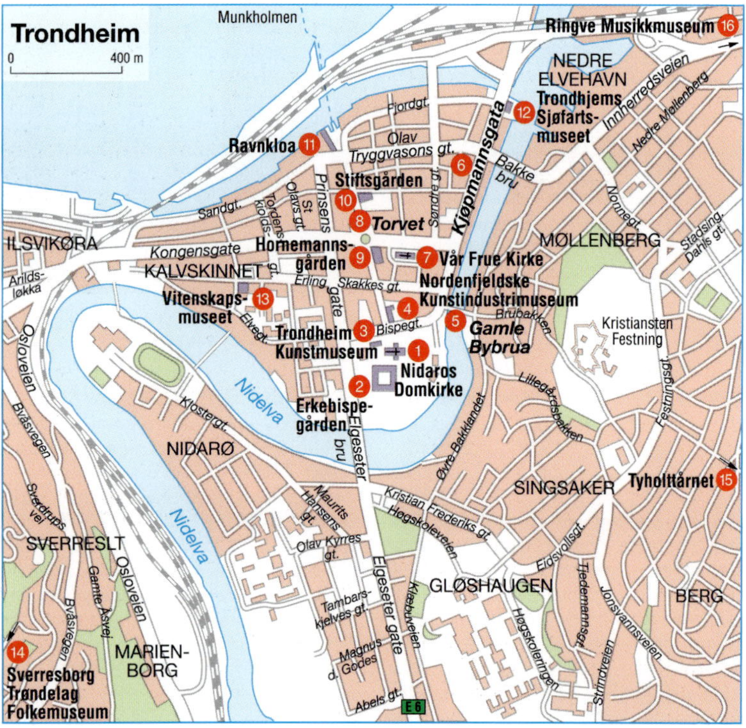

Die alten Speicherhäuser am Nidelv erinnern an die 1000-jährige Geschichte Trondheims: Olav Tryggvason gründete 997 das erste Handelszentrum an dieser Stelle

prächtige Zepter. In der *Rüstkammer* (Juni–Aug. Mo–Fr 9–15, Sa/So 11–16 Uhr) wird zudem die Geschichte des 1628 gegründeten norwegischen Heeres und der Widerstand gegen die Nazis dokumentiert.

Einige Schritte weiter nördlich lädt das **Trondheim Kunstmuseum** 3 (Bispegata 7 b, 73 53 81 80, www.tkm.museum.no, Juli– Mitte Aug. tgl. 9–16, sonst Di–So 11–16 Uhr) zum Streifzug durch die Kunstgeschichte Norwegens ein. Die Sammlung umfasst Werke des 19.–21. Jh., darunter Arbeiten von Edvard Munch. Außerdem wird dänische Kunst aus dem frühen 19. Jh. präsentiert.

Etwa 200 m entfernt davon zeigt das Museum der angewandten Künste, das **Nordenfjeldske Kunstindustrimuseum** 4 (Munkegata 5, Tel. 73 80 89 50, www.nkim.no, Juni–Mitte Aug. Mo–Sa 10–17, So 12–17, sonst Di/Mi, Fr/Sa 10–15, Do 10–17, So 12–16 Uhr), seine vom 15. Jh. bis heute in Europa und Japan zusammengetragenen Schätze – Kunsthandwerk, Mobiliar, Kleidung, Schmuck, Silber, Gläser und Tapisserien sowie eine einzigartige Sammlung origineller Bildteppiche von *Hannah Ryggen* (1894–1970). Im Erdgeschoss kann man noch das 1907 vom Belgier *Henry van de Velde* (1863–1957) entworfene Museumsinterieur bewundern.

Über die Bispegata erreicht man die **Gamle Bybrua** 5 (Alte Stadtbrücke), von der man eine schöne Sicht auf die alten Speicherhäuser am Nidelv und die kleine weiße Festung *Kristiansten* (1676–82) auf dem Hügel Brobakken im Osten hat. Die **Kjøpmannsgate** 6 am westlichen Flussufer säumen hübsch restaurierte *Lagerhäuser*, in die Geschäfte, Büros sowie eine Reihe guter und gemütlicher Restaurants eingezogen sind. Von der Kjøpmannsgate zweigt die West-Ost-Achse Kongensgate ab. Hier steht die Liebfrauenkirche **Vår Frue Kirke** 7. Sie stammt aus dem 13. Jh., wurde aber im 18. Jh. umgebaut. Das barocke *Altarbild* zierte ursprünglich den Dom. An der Kreuzung von Kongensgate und Munkegata öffnet sich der große **Torvet** 8, auf dem vormittags ein *Obst- und Gemüsemarkt* stattfindet. In der Platzmitte erhebt sich eine Granitsäule mit der Statue des Stadtgründers *Olav Tryggvason*, ein Werk des Bildhauers Wilhelm Rasmussen von 1921.

Die breite *Munkegata* (Mönchsstraße) führt vom Dom zum Fjord. Im 18. Jh. wetteiferten wohlhabende Bürger hier mit dem Bau prestigeträchtiger Holzpaläste wie dem **Hornemannsgården** 9, der 1865–1974 Sitz des Trondheimer Polizeiamtes war und heute das *Touristenbüro* beherbergt. Das größte Holzgebäude ist der **Stiftsgården** ⑩ (Munkegata 23, Tel. 73842889, www.nkim.no, Juni–20. Aug. Mo–Sa 10–17, So 12–17 Uhr, Führungen jew. zur vollen Stunde). Er wurde 1774–78 als Wohnsitz für Cecilie Christine Schøller, Witwe eines Geheimrats, im Rokokostil erbaut und verfügt über 140 Räume. Das Gebäude wurde 1800 an den Staat verkauft und dient seit 1818 als *Königliche Residenz*, komplett mit Thronsaal.

Die Munkegata endet an der Fischhalle **Ravnkloa** ⑪, in der alle Köstlichkeiten des Meeres, frisch, geräuchert und in der Suppe angeboten werden. Am Kai legen Schiffe zur Insel Munkholmen (s. u.) ab.

Die nach Bränden im 19. Jh. stark verbreiterte Fjordgata führt in Richtung Osten zum **Trondhjems Sjøfartsmuseet** ⑫ (Kjøpmannsgata 25, Tel. 73890100, www.sverresborg.no, Mitte Juni–Mitte Aug. tgl. 12–16 Uhr). Das Seefahrtsmuseum ist in der alten *Slaveriet*, dem 1725 erbauten Zuchthaus, beheimatet. Es veranschaulicht die Bedeutung, die Dampf- und Segelschifffahr für Trondheim einst hatten.

Westlich des Zentrums lohnt ein Besuch des **Vitenskapsmuseet** ⑬ (Erling Skakkes gate 47, Tel. 73592145, www.ntnu.no/vmuseet, Di–Fr 10–16, Sa/So 11–16 Uhr), mit seinen *archäologischen* Exponaten, u. a. aus der Wikingerzeit, der *ethnographischen* Sammlung zur Kultur der Südsamen und der Ausstellung *Natur und Umweltg* zum Pflanzen- und Tierleben Mittelnorwegens. Im angegliederten *Vitensenteret* (Kongens gate 1, Tel. 73596123, www.viten.ntnu.no, Mitte Juni–Mitte Aug. Mo–Fr 10–17, Sa/So 11–17, sonst Mo–Fr 10–16, Sa/So 11–17 Uhr) können kleine wie große Besucher selbst Experimente durchführen.

Da läuft einem das Wasser im Munde zusammen: Hummer und andere Delikatessen in der Fischhalle Ravnkloa

Über die *Sverresborg Allé* erreicht man das **Sverresborg Trøndelag Folkemuseum** ⑭ (Sverresborg Allé 13, Tel. 73890110, www.sverresborg.no, Juni–Aug. tgl. 11–18, sonst Mo–Fr 11–15, Sa/So 12–16 Uhr), das in einem schönen Naturpark über 60 historische Bauten vereint, darunter Bürgerhäuser und einfache Fischerhütten. Die *Stabkirche* von Haltdalen (1170), die nördlichste des Landes, kann hier ebenso besichtigt werden wie die Ruine der Festung *Sverresborg* (1182). Zum Komplex gehören ferner ein Skimuseum, eine alte Druckerei, eine Zahnarztpraxis und verschiedene Werkstätten.

Östlich vom Zentrum sind zwei Ziele interessant. Zunächst der 120 m hohe Aussichtsturm **Tyholttårnet** ⑮, Trondheims Wahrzeichen mit dem Drehrestaurant *Egon Tårnet* (Otto Nielsens vei 4, Tel. 73873500, www.egon.no, Mo–Do 11–23, Fr/Sa 11–23.30, So 11–22 Uhr) in 74 m Höhe, das sich in einer Stunde einmal um die eigene Achse dreht und den Gästen einen unvergleichlichen Panoramablick über Trondheim und seine Umgebung bietet. Unbedingt sehenswert ist auch das **Ringve Musikkmuseum** ⑯ (Lade Allé 60, Tel. 73870280, www.ringve.no, Mitte Juni–MItte Aug. tgl. 11–17, Mitte April–Mitte Juni und Mitte Aug.–Mitte Sept. tgl. 11–16, Mitte Sept.–Mitte April So 11–16 Uhr) 4 km nordöstlich vom Zentrum. Norwegens einziges Spezialmuseum für Musikinstrumente ist im Ringve Gård aus dem 17. Jh. untergebracht, in dem der Seeheld *Peder Wessel Tordenskjold* (1691–1720) seine Kindheit verbrachte. Ein Spaziergang im *Botanischen Garten* und eine Pause im hübschen kleinen *Café* runden den Abstecher ab.

Ausflüge

Die kleine Insel **Munkholmen** (www.munkholmen.no; Fähre ab Ravnkloa, Juni–Mitte Aug. tgl. 10–18 Uhr) im Trondheimfjord gehört zu den beliebtesten Ausflugszielen. Ursprünglich stand hier ein Benediktinerkloster, das kurz vor der Reformation abbrannte. 1658 wurde eine Festung als *Staatsgefängnis* erbaut, in dem auch der dänische Staatsmann *Graf Peder Griffenfeld* 1680–98 einsaß. Im Zweiten Weltkrieg errichteten die Deutschen hier Bunker und militärische Anlagen. Heute kommt man zum Sonnenbaden

Ein besonderes Kleinod ist der reich verzierte Kirchenstuhl der Værnes Kirke

und Spazierengehen hierher, ein Restaurant ist auch vorhanden.

Ein Ausflug nach Norden (ca. 30 km) führt in Flughafennähe zur **Værnes Kirke** (Kirkevegen, Stjørda, Führungen Mitte Juni–Mitte Aug. Di–Sa 11–16, So 12–16 Uhr). Die um 1085 erbaute, wehrhafte romanische Kirche ist original erhalten. Im Innern sehenswert ist der offene *Dachstuhl*, der auf 40 unterschiedlich gestalteten Dämonenfiguren ruht. Hauptattraktion ist aber der *Værnes Stuhl* (1685) an der Nordseite des Langhauses. Die üppig mit Holzschnitzereien und Malereien verzierte Logenempore war der Familie des Stifters und hiesigen Gutsherren General Schultz vorbehalten.

i Praktische Hinweise

Information

Turistinformasjonen, Munkegata 19, Trondheim, Tel. 73 80 76 60, www.trondheim.com

Hotels

Clarion Collection Hotel Bakeriet, Brattørgata 2, Trondheim, Tel. 73 99 10 00, www.choicehotels.no. Ruhig und dennoch zentral gelegenes Haus mit freundlich möblierten Zimmern. Um 1900 hatte hier die Halseths Bakeri, eine der größten Bäckereien des Nordens, ihren Sitz.

Radisson Blu Royal Garden Hotel, Kjøpmannsgata 73, Trondheim, Tel. 73 80 30 00, www.radissonblu.com. Großes Hotel am Nidelv mit Blick auf den Fluss.

Thon Hotel Gildevangen, Søndre gate 22 B, Trondheim, Tel. 73 87 01 30, www.thonhotels.no. Komfortables Hotel in zentraler Lage, geschmackvoll eingerichtet.

Restaurants

Chablis Brasserie & Bar, Øvre Bakklandet 66, Trondheim, Tel. 73 87 42 50, www.chablis-brasseriogbar.com. Gutes Restaurant an der Alten Stadtbrücke (Mo–Sa 17–23 Uhr, So geschl.).

TOP TIPP **Havfruen**, Kjøpmannsgata 7, Trondheim, Tel. 73 87 40 70, www.havfruen.no. Exzellentes Fischrestaurant in einem stimmungsvollen früheren Speicherhaus (Mo–Sa 17–24 Uhr, So geschl.).

Palmehaven, Britannia Hotel, Dronningensgate 5, Trondheim, Tel. 73 80 08 00, www.britannia.no. Eine kleine Oase im maurischen Stil, exotische Gewächse, sehr gute Küche.

Ost- und Zentralnorwegen – stille Täler, tiefe Wälder und majestätische Berge

Tiefe Täler, in denen seit Jahrhunderten Menschen siedeln, durchschneiden Zentral- und Ostnorwegen, eine von eiszeitlichen Gletschermassen geformte Landschaft. Die berühmte Europastraße 6, die Oslo mit Trondheim verbindet und weiter bis ans Nordkap führt, durchzieht Norwegen wie eine Wirbelsäule. Sie erschließt bequem den nördlich von Oslo gelegenen Mjøsa-See mit der Olympiastadt **Lillehammer**. Hier beginnt das **Gudbrandsdal**, durch das jahrhundertelang die norwegischen Könige übers Dovrefjell nach Trondheim zogen, um sich im dortigen Dom krönen zu lassen. Östlich vom Gudbrandsdal erstreckt sich das **Østerdal**, dessen ausgedehnte Wälder sich in der breiten Glomma spiegeln. Die Bewohner der Region haben von jeher die Naturschätze genutzt: Die Stadt **Røros** entstand durch den Kupferabbau, Elverum durch die Holzwirtschaft. Westlich des Gudbrandsdals liegen das stille **Numedal**, in dem besonders schöne alte Gehöfte und Stabkirchen erhalten sind, und das **Hallingdal**, das gerne von Wanderern und Skiläufern aufgesucht wird. Auch auf dem sich westlich anschließenden Gebirgsplateau **Hardangervidda** bieten sich traumhafte Wandermöglichkeiten. Gen Norden über das liebliche Tal **Valdres** erreicht man das **Jotunheimen**, ein gewaltiges gletscherreiches Hochgebirge.

20 Østerdal

Himmlische Ruhe und idyllische Natur auf dem Weg zur Kupferstadt.

Kongsvinger – Elverum – Røros – Femunden

Abseits der Touristenströme liegt das waldreiche **Østerdal** parallel zum bekannteren Gudbrandsdal. Den östlichsten der großen, Richtung Nord-Süd ausgerichteten Talzüge schuf die träge dahinfließende *Glomma*, die hier und da glatt wie ein Spiegel ist. Früher wurde auf Norwegens längstem Fluss Holz geflößt, heute stehen die Fliegenangler hüfttief im Wasser und versuchen ihr Glück. Was der isländische Historiker *Snorri Sturluson* im 13. Jh. über das Østerdal schrieb, gilt heute fast unverändert: »Die Menschen dort leben weit verstreut am Wasser oder in Waldrodungen, aber wenige Stellen sind zusammenhängend besiedelt.« Eingangspforte ins Østerdal ist die strategisch günstig an der Glommabiegung errichtete alte Grenzfestung **Kongs-**

vinger. Sie entstand 1681–90 und wird heute noch militärisch genutzt.
Das 100 km nördlich gelegene **Elverum**, ›Waldhauptstadt‹ und ebenfalls Garnisonsstandort, wurde im Krieg von den Deutschen stark zerstört. Unbedingt lohnend ist ein Besuch des **Norsk Skogmuseum** (Solørveien 151, Tel. 62 40 90 00, www.skogmus.no, Ende Juni–Mitte Aug. tgl. 10–17, sonst tgl. 10–16 Uhr), das als Norwegens einziges Museum die seit Jahrhunderten in der Umgebung Elverums betriebene *Forstwirtschaft* zum Thema hat. Zudem gibt es Interessantes über die traditionelle Elchjagd und den Fischfang zu erfahren. Elverum sollte man nicht verlassen, ohne die vorzüglichen Elchspezialitäten im Hotel-Restaurant *Elgstua* (Trondheimsveien 9, Tel. 62 43 10 10, www.elgstua.no) probiert zu haben.

Auf der gut ausgebauten RV 3 und RV 30 erreicht man rund 250 km weiter nördlich die alte Kupferminenstadt **Røros**, die mit ihrer Bergbausiedlung aus dem 18. Jh. seit 1980 UNESCO Weltkulturerbe ist. Am besten lässt man die Atmosphäre der Grubenstadt, die rund um das 1644 von König Christian IV. gegründete Kupferbergwerk entstand und die der aus Røros stammende Dichter *Johan Falkberget* (1879–1967) in seinen Werken beschrieben hat, bei einem Bummel auf sich wirken. Deutlich sichtbar ist noch die einstige soziale Schichtung in den Wohnvierteln: Bei den Schlackehügeln lagen die winzigen, mit Gras bewachsenen Arbeiterwohnungen, während das Bürgertum im Bereich der Hauptstraße Bergmannsgate lebte. Hier steht auch der repräsentative **Bergskrivergården**, einst Verwaltungsgebäude und Wohnung des Bergwerksdirektors.

Das älteste Gebäude der Stadt ist der **Aasengård**, der dem Entdecker der Kupfervorkommen, *Hans Olsen Aasen*, gehörte und bis heute in Familienbesitz ist.

Das Bergwerksmuseum **Smelthytta** (Tel. 72 40 61 70, www.rorosmuseet.no, 20. Juni–15. Aug. tgl. 10–18, sonst Mo–Fr 11–15, Sa/So 11–14 Uhr) in der einstigen Schmelzhütte am Malmplassen erklärt sehr anschaulich den Prozess der Kupfergewinnung.

Prunkstück der Stadt ist die große achteckige, 1780–84 errichtete **Røros Kirke** (Kjerkgata, Mitte Juni–Mitte Aug. Mo–Sa 10–16, So 12.30–14.30, Anf.–Mitte Juni und Mitte Aug.–Mitte Sept. Mo–Sa 11–13, Mitte Sept.–Mai Sa 11–13 Uhr), wohl das einzige steinerne Bauwerk im alten Røros. Ihr 49 m hoher *Glockenturm* trägt noch das Firmensymbol der Kupferwerke, die den Bau finanzierten. Im Inneren bil-

Im waldreichen Østerdal leben noch viele Bewohner von der Forstwirtschaft

Über der alten Kupferminenstadt Røros mit ihrer einstigen Bergbausiedlung erhebt sich der imposante Glockenturm der Røros Kirke aus dem 18. Jh. als pittoreskes Wahrzeichen

den Kanzel und Orgel über dem Altar eine prächtige barocke Wand. Mit 1640 Sitzplätzen ist die Kirche nach denen von Kongsberg und Trondheim die drittgrößte Norwegens.

In der 13 km östlich der Stadt liegenden **Olavsgruva** (Tel. 72 40 61 70, www.rorosmuseet.no, Führungen 1.–19. Juni Mo–Sa 13 und 15, So 12, 20. Juni–15. Aug. tgl. 10.30, 12, 14, 15.30 und 17, 16. Aug.–10. Sept. Mo–Sa 13 und 15, So 12, 11. Sept.–31. Mai Sa 15 Uhr) wurden ein kleines *Grubenmuseum* und der große originelle Konzert- und Theatersaal *Bergmannshallen* eingerichtet. Zur Besichtigung sollte man unbedingt warme Kleidung mitbringen, da es im Bergwerk bei 5 °C frostig wird!

Ein sehr schöner Ausflug führt von Røros südostwärts an die Ufer des **Femunden** im gleichnamigen Nationalpark. Der Femunden ist mit 204 km^2 Wasserfläche der drittgrößte See Norwegens. Wer weitgehend unberührte Natur, Kiefernwälder, Bäche und kleine Seen, wilde und zahme Rentiere, gute Angel- und Wandermöglichkeiten sucht, wird sich hier wohlfühlen. Der See eignet sich auch ganz ausgezeichnet für Kanutouren. Besonders stimmungsvoll aber ist eine *Dampferfahrt* von Sørvika nach Elgå (30 km). An manchen Tagen verkehrt das Boot auch bis Femundsenden.

i Praktische Hinweise

Information

Turistkontor, Peder Hiortsgate 2, Røros, Tel. 72 41 00 00, www.rorosinfo.com. Im Sommer werden Führungen durch die Altstadt angeboten.

Hotels

Røros Hotell, An-Magrittsvei, Røros, Tel. 72 40 80 00, www.roroshotell.no. Solides Hotel in der Stadtmitte.

Vertshuset Røros, Kjerkgata 34, Røros, Tel. 72 41 93 50, www.vertshusetroros.no. Kleines Hotel mit Restaurant in einem der Altstadthäuser an der Fußgängerzone.

21 Mjøsa-See

Olympisches Winterparadies an Norwegens größtem See.

Eidsvoll – Hamar – Gjøvik – Lillehammer

Eingebettet in eine fruchtbare Landschaft liegt der 117 km lange Mjøsa-See. Goldgelbe Felder, Wiesen und Wälder prägen die Szenerie. Die Region gilt von alters her als Vorratskammer Norwegens. Große Bauernhöfe mit hübschen alten Wohngebäuden zeugen von Wohlstand.

Heute trägt neben der Landwirtschaft die Industrie in den Städten *Lillehammer*, *Hamar* und *Gjøvik* zur Wirtschaftsblüte bei. Eine starke Aufwertung erlebte das Gebiet durch die *Olympischen Winterspiele 1994*.

Am Südende des Sees findet sich in der kleinen Industriestadt **Eidsvoll** eine der Nationalen Gedenkstätten. Im Herrenhaus **Eidsvollbygningen** (Carsten Ankers vei, Tel. 63922210, www.eidsvoll1814.no, Mai–Aug. tgl. 10–17, April, Sept. Di–Fr 10–15, Sa/So 12–17, Okt.–März Mi–Fr 10–15, Sa/So 12–17 Uhr) wurde Norwegens Verfassung ausgearbeitet und 1814, am 17. Mai (heute Nationalfeiertag), verabschiedet. Das Grundgesetz etablierte die Gewaltenteilung zwischen Storting (Parlament) und Königshaus. Das im Empirestil möblierte ehrwürdige Gebäude mit dem *Reichssaal* ist heute als Museum eingerichtet.

Hamar am Ostufer des Mjøsa-Sees ist eine lebhafte Stadt, die auf eine lange Vergangenheit zurückblickt. Seit 1152 Bischofssitz, entwickelte sich Hamar zu einem kulturellen Zentrum, bis die Reformation den Aufschwung bremste. Im Siebenjährigen Krieg (1563–70) wurden Stadt, Bischofssitz und Dom von den Schweden stark zerstört. An das alte Hamar erinnern heute nur noch die knapp 3 km vom Zentrum entfernten *Domruinen*, die mit einer imposanten Konstruktion aus Glas und Stahl überdacht sind und zum **Hedmarksmuseet** (Strandvegen 100, Tel. 62542700, www.hedmarksmuseet.no, Mitte Juni–Mitte Aug. tgl. 10–17, Mitte Mai–Mitte Juni und Mitte Aug.–Mitte Sept. Di–So 10–16 Uhr) gehören. Ferner umfasst die Sammlung des Mittelalter- und Heimatmuseums etwa 65 historische Gebäude. Ein Anziehungspunkt für Eisenbahnfreunde ist das benachbarte **Norsk Jernbanemuseum** (Strandvegen 163, Tel.

Mit einem Oldtimer übers Wasser

TOP TIPP Ein alter Transportweg ist der **Mjøsa-See**, der anfangs mit Segelschiffen, später mit Dampfschiffen befahren wurde. 1856 setzte man erstmals den **Schaufelraddampfer ›Skibladner‹** ein, der Anschluss an die kurz vorher in Betrieb genommene Eisenbahnlinie Christiania (Oslo) – Eidsvoll bot. Der mittlerweile restaurierte Oldtimer verkehrt heute noch im Sommer zwischen Eidsvoll und Lillehammer Eine Fahrt auf dem ›Skibladner‹ zählt zu den schönsten Arten, die Region zu entdecken (Reservierung bei Skibladnerkontoret, Jernbanegate 2, Gjøvik, Tel. 61144080, www.skibladner.no).

Friedvolle Ruhe strahlt der Mjøsa-See in der Morgendämmerung aus

Kulturgeschichte hautnah für jung und alt im Freilichtmuseum Maihaugen

62513160, www.norsk-jernbanemuseum.no, Juli–Mitte Aug. tgl. 10–17, Juni und Mitte–Ende Aug. Mo–Sa 11–15, So 11–16, Sept.–Mai Di–Sa 11–15, So 11–16 Uhr) mit einem historischen Zug der Veteranen und Modelleisenbahnen.

Erinnerungen an die Olympischen Winterspiele 1994 wecken die **Nordlyshallen** für die Eiskunstlauf- und Shorttrack-Wettkämpfe und die Olympiahalle **Vikingskipet**. Wie ein umgedrehtes Wikingerschiff konstruierten die Architekten die große Eisschnelllaufhalle, die ihre spektakuläre Wirkung vor allem im Scheinwerferlicht entfaltet. Beide Hallen werden heute für Sportveranstaltungen, Konzerte und Ausstellungen genutzt.

Gjøvik am gegenüberliegenden Ufer erhielt für die Olympischen Winterspiele 1994 ein 120 m tief in den Fels gesprengtes *Eishockey-Stadion*. Bekannt war Gjøvik, das auf eine lange Tradition als Glashüttenstadt zurückblickt, besonders für sein **blaues Glas**. Eine Dauerausstellung im Rathaus präsentiert Originale aus der Glashüttenzeit (1807–1943).

Lillehammer, die Stadt der Winterolympiade 1994, liegt am Nordufer des Mjøsa-Sees, am Eingang ins Gudbrandsdal. Ihren Charme verdankt die Kleinstadt der schönen Lage am Wasser und dem gemütlichen Zentrum.

TOP TIPP Das im Südosten der Stadt liegende **Maihaugen Museum** (Maihaugvegen 1, Tel. 61288900, www.maihaugen.no, Juni–Aug. tgl. 10–17, Sept.–Mai Di–So 11–16 Uhr, im Sommer deutschsprachige Führungen) ist eines der größten und bedeutendsten Freilichtmuseen Norwegens. Sein Begründer, der Zahnarzt Anders Sandvig, ließ auf dem Maihaugen 150 historische Gebäude aus allen Teilen des Landes wiederaufrichten: Bauernhäuser, Vorratsspeicher, Almhütten, Schulen und die Stabkirche (um 1200) von Garmo bei Lom. Interessant sind auch die etwa 30 alten *Handwerksbetriebe*, in denen einst u.a. Schreiner, Silberschmiede und Buchbinder ihren Beruf ausübten.

In einem exzentrischen Bau von 1992 zeigt das **Lillehammer Kunstmuseum** (Stortorget 2, Tel. 61054460, www.lillehammerartmuseum.com, Juli–Aug. tgl. 11–17, sonst Di–So 11–16 Uhr) norwegische Malerei des 19.–20. Jh. mit Werken u.a. von J.C. Dahl, Adolph Tidemand und Edvard Munch sowie interessante Ausstel-

Skisport wird hier groß geschrieben: Seit den Olympischen Winterspielen 1994 sind die beiden Sprungschanzen Lillehammers in aller Welt bekannt

Auch im Sommer ist das von waldbedeckten Hängen umgebene Lillehammer am Mjøsa-See Ziel zahlreicher Besucher

lungen norwegischer und internationaler Kunst.

Eine Attraktion anderer Art ist das **Norsk Kjøretøyhistorisk Museum** (Lilletorget 1, Tel. 61256165, Mitte Juni–Mitte Aug. tgl. 10–18, sonst Mo–Fr 11–15, Sa/So 11–16 Uhr) im *Mesnasenter*. Es besitzt eine in Norwegen einzigartige Sammlung von Fahrzeugen: von Schlitten über Pferdewagen bis zu Oldtimern, darunter ein elektrisches Auto aus den 1920er-Jahren.

Wer sich für die 17. Olympischen Winterspiele interessiert, sollte das **Norges Olympiske Museum** (Tel. 61252100, www.ol.museum.no, Juni–Aug. tgl. 10–17, sonst Di–So 11–16 Uhr) besichtigen. Das Olympische Museum in der *Håkons Hall*, der Hauptarena für die Eishockey-Wettkämpfe, ist das einzige seiner Art in Nordeuropa. Die modern präsentierte Ausstellung erläutert die Geschichte der Olympischen Spiele von der Antike bis zur Gegenwart. Die Skisprunganlage **Lysgårdsbakkene** (Tel 61054200, www.olympiaparken.no) mit Groß- und Normalschanze bietet von der Terrasse einen weiten Blick über die Stadt.

Ausflüge

Die umliegenden Bergregionen **Øyer**, **Nordseter** und **Sjusjøen** sind beliebte Ferienziele mit großem Übernachtungsangebot und vielen Möglichkeiten zum Wandern und Skilaufen.

Birkebeiner – Retter des Throns

Die beiden Birkebeiner, die königlichen Gefolgsleute Torstein Skjelva und Skjevald Skrukka, brachten den zwei jahre alten Thronerben **Håkon Håkonsson** in einer tief verschneiten Winternacht 1205 auf Skiern über das

Birkebeiner-Denkmal in Lillehammer

Gebirge ins Østerdal in Sicherheit vor dem Osloer Bischof und retteten so den norwegischen Thron. Birkebeiner wurden damals die Anhänger **König Sverres** (1184–1202) verächtlich von ihren Gegnern genannt. Sie waren meist arm und trugen daher nur Beinharnische aus Birkenrinde. Heute aber ziert ein Birkebeiner das Wappen von Lillehammer und steht als Statue im Zentrum der Stadt.

Einen schönen Ausflug aufs Fjell bietet der **Birkebeinerveien**, der hinüber ins Østerdal [Nr. 20] führt. Die mautpflichtige Straße klettert bis auf 1090 m und ermöglicht bei klarem Wetter schöne Ausblicke aufs *Rondane-* und *Jotunheimen-Gebirge*. Im Winter findet hier das berühmte **Birkebeinerrennen** (www.birkebeiner.no) statt. Der Skilanglauf-Wettbewerb erinnert an ein bedeutendes Ereignis des Jahres 1205, einer Zeit des Machtkampfs zwischen König und Bischof.

i Praktische Hinweise

Information

Lillehammer Turist, Jernbanetorget 2 (Bahnhof), Lillehammer, Tel. 61 28 98 00, www.lillehammer.com

Hotels

Clarion Collection Hotel Hammer, Storgata 108 b, Lillehammer, Tel. 61 26 73 73, www.choicehotels.no. Modernes Hotel in einer unter Denkmalschutz stehenden Straße mitten im Zentrum.

Mølla Hotel, Elvegate 12, Lillehammer, Tel. 61 05 70 80, www.mollahotell.no. Zentrumsnahes Hotel in einem alten Mühlenkomplex. Einen schönen Blick auf die Stadt genießt man von der Toppen Bar im einstigen Getreidesilo.

Restaurant

Bryggerikjelleren, Elvegata 19, Lillehammer, Tel. 61 27 06 60, www.bryggerikjellerenrestaurant.no. Qualitätvolles und beliebtes Restaurant.

22 Gudbrandsdal

Das Tal der Nobelpreisträger.

Aulestad – Stavkirke Ringebu – Otta – Rondane – Sel – Dombås – Dovrefjell

Das **Gudbrandsdal** ist wohl das bekannteste Tal Norwegens. Die landschaftliche Schönheit, die abwechslungsreiche Natur und die vielen historischen Spuren haben ihm den Beinamen *Tal der Täler* eingebracht. Rund 200 km erstreckt sich das Gudbrandsdal vom Mjøsa-See im Süden bis zur Wasserscheide bei Lesja südlich des Dovrefjells. Behäbig breite Partien mit Wäldern, Feldern und bunt gestrichenen Bauernhöfen wechseln mit unwirtlichen, fast düsteren Abschnitten, wo nur Fluss, Eisenbahn und Straße Platz haben.

Wer im Sommer den Trubel meiden möchte und stille Natur schätzt, wählt den westlich parallel verlaufenden **Peer Gynt Vegen** (www.peergyntvegen.no, mautpflichtig) zwischen Fåberg und Vinstra. Die Strecke wurde nach der Märchenfigur *Peer Gynt* benannt, deren Schelmengeschichten in dieser Gegend spielen. Henrik Ibsen formte das Märchen 1867 zum Gedicht und später zum Bühnenstück um, für welches Edvard Grieg 26 Musikstücke schrieb. Die Route führt durch **Aulestad**, wo der Dichter, Politiker und Dramatiker *Bjørnstjerne Bjørnson* (1832–1910) von 1875 bis zu seinem Tod lebte. Bjørnson erhielt 1903 den Nobelpreis für Literatur und schrieb Norwegens Nationalhymne. Vom höchsten Punkt der Strecke (Listulhøgda, 1053 m) bietet sich eine herrliche **Aussicht** auf das *Jotunheimen-Gebirge* mit Nordeuropas höchsten Gipfeln im Nordwesten und das *Rondane-Gebirge* im Norden.

Folgt man der E 6, so erreicht man 60 km nördlich von Lillehammer die bekannte **Stavkirke Ringebu** (www.stavechurch.no, Mitte Mai–Mitte Aug. tgl. 9–17, Juli tgl. 8–18 Uhr) aus dem 13. Jh. Wie viele der mittelalterlichen Holzkirchen erfuhr sie Umbauten und Erweiterungen, so z. B. wurden Querschiff und Turm im 17. Jh. hinzugefügt.

In **Otta** zweigt die Route zum Nordfjord [Nr. 16] und Sognefjord [Nr. 15] ab. Sehr alte und schöne Höfe sind in den umliegenden Tälern erhalten, z. B. in *Bjølstad* und im *Heidal*. Auf dem Fluss Sjoa werden *Rafting-Touren* angeboten.

Das **Rondane-Gebirge** nordöstlich von Otta ist als Ausflugsziel wegen seiner ausgezeichneten Wandermöglichkeiten und bequemen Zufahrtswege sehr beliebt. Die sanft gerundeten Gipfel und Bergketten lassen fast vergessen, dass man sich im Hochgebirge befindet: Immerhin erreichen zehn Gipfel mehr als 2000 m Höhe. Zu Füßen des *Rondslottet*, der mit 2178 m höchsten Erhebung, erstreckt sich der **Rondane Nasjonalpark** auf einer Fläche von 572 km². Mit etwas Glück lassen sich hier neben Schneehühnern und Vielfraßen auch Rentiere und Füchse beobachten.

Im Ort **Sel** verbrachte die Schriftstellerin *Sigrid Undset* (1882–1949) mehrmals ihre Ferien. Sie erhielt nach Bjørnstjerne Bjørnson und Knut Hamsun (1859–1952, Nobelpreis 1920) als dritte den norwegischen Nobelpreis für Literatur: 1928 wurde sie für ihre beiden Romane ›Olav

Herbe Schönheit – das Dovrefjell entfaltet seinen ganzen Reiz im Herbst

Audunssohn‹ und ›Kristin Lavranstochter‹ ausgezeichnet, die im mittelalterlichen Sel spielen und unter der Regie von Liv Ullmann verfilmt wurden. Der für die Dreharbeiten in alter Blockbautechnik errichtete Hof **Jørundgård** (Tel. 61233700, www.jorundgard.no, Mitte Juni–Mitte Aug. tgl. 10–16 Uhr) steht noch heute und lockt viele Touristen an.

Nahe dem Ort *Dovre* liegt der Hof **Toftegård**, der jahrhundertelang den norwegischen Königen bei ihren Reisen durchs Land Quartier bot. Das Anwesen ist seit 1688 in Familienbesitz und kann nicht besichtigt werden. Den Spuren des alten Königsweges folgt ein mit Königskrone markierter **Wanderweg**. Er führt vorbei an den hübschen alten Häusern von *Toftemo* über Hardbakken nach *Fokstua*.

Dombås ist ein bekannter Touristenort am Abzweig ins herrliche Romsdal zum Romsdalsfjord [Nr. 17]. Schöne Wandergebiete wie Rondane, Reinheimen oder Dovrefjell sind von Dombås aus gleichermaßen zu erreichen. Ein Erlebnis besonderer Art ist ein Ausflug auf TOP TIPP das *Dovrefjell* zur **Moschusochsensafari** (Moskus Safari Dovrefjell, Tel. 46420102, www.moskus-safari.no, Start am Turistkontor Dombås um 9 Uhr). Die Tiere wurden in den 1930er-Jahren aus Grönland importiert und hier angesiedelt.

Hinter Dombås wird die Landschaft zunehmend rauer. Bei Hjerkinn erreicht die Straße mit 1026 m den höchsten Punkt, von wo sich ein schöner Blick auf die *Snøhetta* (2286 m) bietet, den höchsten Gipfel im **Dovrefjell Nasjonalpark**. Die traditionsreiche *Kongsvold Fjellstue* liegt inmitten dieser herben und reizvollen Naturkulisse. Von hier aus kann man lange *Wanderungen* unternehmen, bei denen man gute Chancen hat, einigen Moschusochsen zu begegnen. Diese friedlichen Tiere werden nur gefährlich, wenn sie sich angegriffen fühlen. Daher

Auf den Pfaden der Könige

Das Gudbrandsdal ist eine uralte **Süd-Nord-Verbindung** von Oslo über Dombås nach Trondheim. Wo heute die sehr gut ausgebaute Europastraße 6 verläuft, reisten jahrhundertelang die norwegischen Könige durch das Tal nach **Trondheim**, um sich in der Nidaros Domkirke krönen zu lassen. Pilgerscharen zogen am Lågenfluss entlang zum Schrein des hl. Olav in der Krönungskirche. Inzwischen sind es die Urlauber auf dem Weg nach Norden, die das ›Tal der Täler‹ durchqueren.

ist es ratsam, ihnen nicht allzusehr auf den Pelz zu rücken.

Ein sehr schöner, leichter Wanderweg ist der mit der Königskrone markierte **Vårstigen**, der auf dem alten Königsweg durchs Drivdal führt.

i Praktische Hinweise

Information

Turistkontor, Frichgården, Dombås, Tel. 61 24 14 44, www.rondane-dovrefjell.no. Hier erhält man auch Informationen zu Rafting-Touren am Romsdalsfjord.

Turistkontor, Ola Dahls gate 1, Otta, Tel. 61 24 14 44, www.rondane-dovrefjell.no.

Hotel

Kongsvold Fjellstue,
Dovrefjell, Oppdal, Tel. 72 40 43 40, www.kongsvold.no. Historische Etappenstation auf dem alten Königsweg. Geschmackvolle Zimmer in gemütlichem Ambiente. Restaurant.

23 Lom

Das Tor zum Jotunheimen-Gebirge.

Lom eignet sich gut als Standquartier, um das Jotunheimen-Gebirge zu erkunden. Die schöne Lage am *Ottavatn* und an der wichtigen Verbindungsstraße von Otta über Grotli an den Geirangerfjord [Nr. 17] haben die touristische Entwicklung begünstigt.

Die malerisch gelegene **Stavkirke** (Tel. 97 07 53 97, Mitte Juni–Mitte Aug. tgl. 9–20, Mitte Mai–Mitte Juni und Mitte Aug.–Mitte Sept. 10–16 Uhr), die sich dunkel vor den grünen Bergwänden abhebt, geht in ihren Anfängen auf das Jahr 1170 zurück. Größe und Ausstattung spiegeln den einstigen Wohlstand im Gudbrands- und Ottadal wider. *Drachenköpfe* zieren die Giebel des Mittelschiffs und die Dachreiter zum Schutz des Gotteshauses vor bösen Geistern. Wie so viele Stabkirchen wurde auch diese in nachreformatorischer Zeit verändert und erhielt Querschiff, Fenster, zusätzliche Decken sowie Dachreiter. Bemerkenswert sind besonders der *Innenraum* und das reich mit Schnitzereien versehene *Nordportal*, das einst Haupteingang der Kirche war.

Das **Norsk Fjellmuseum** (Tel. 61 21 16 00, www.fjell.museum.no, Juli–Mitte Aug. Mo–Sa 9–19, So 9–17, Mitte Mai–Juni und Mitte Aug.–Mitte Sept. Mo–Fr 9–16, Sa 10–16, So 10–15, sonst Mo–Fr 10–15 Uhr) schildert die Siedlungsgeschichte in der norwegischen Bergwelt von der Frühzeit bis heute. Fotoshows und Filme ergänzen die Dokumentation.

Gleichermaßen interessant ist das **Fossheim Steinsenter** (Tel. 61 21 14 60, www.fossheimsteinsenter.no, Mai–Sept. 10–19 Uhr) mit einer umfassenden Mineraliensammlung und einem Laden, in dem man Steine und Schmuck erwerben kann. Das Heimatmuseum **Lom Bygdemuseum** (Tel. 61 21 19 33, www.gbdmuseum.no, Juli–Mitte Aug. tgl. 11–16 Uhr, sonst auf Anfrage) präsentiert Holzgebäude aus dem Ottadal, darunter den größten Speicher des Landes aus dem 16. Jh. Eine Ausstellung veranschaulicht die altbewährte Bewässerungstechnik im Ottatal, das mit 270 mm Niederschlag pro Jahr als die ›Sahara des Nordens‹ gilt.

Ausflüge

Im 13 km östlich gelegenen **Garmo** wurde 1859 der Dichter und Nobelpreisträger *Knut Hamsun* geboren. Er verbrachte hier seine ersten Lebensjahre, bis die Familie nach Hamarøy ins Nordland zog. Hamsuns Geburtsstätte, ein kleines Blockhaus, dient heute während der Saison als *Museum*.

Im Ort **Vågåmo** am Ostende des Vågåvatn ist neben einem Heimatmuseum die *Vågå Kirke* aus dem 17. Jh. einen Besuch wert, die an der Stelle einer alten Stabkirche entstand: Mittelalterlich sind Taufstein und Kruzifix, Kanzel und Altartafel stammen aus dem 17. Jh.

Eine mautpflichtige Straße führt auf den Aussichtsberg **Blåhø** (1618 m), von dem man weit übers Dovrefjell, Rondane- und Jotunheimen-Gebirge blickt.

i Praktische Hinweise

Information

Jotunheimen Reiseliv, Norsk Fjellmuseum, Lom, Tel. 61 21 29 90, www.visitjotunheimen.com

Restaurant

TOP TIPP **Fossheim Turisthotell**,
Lom, Tel. 61 21 95 00, www.fossheimhotel.no. Ausgezeichnetes Restaurant: Qualität und Einfallsreichtum der Küche sind über Norwegen hinaus bekannt. Anbei gemütliches Hotel, dessen Tradition bis 1897 zurückreicht.

Kein Spaziergang: Gute Ausrüstung und ein kundiger Führer sind hier angesagt

Berge und Gletscher auf Schusters Rappen

Beschilderte Wanderwege führen direkt von Lom auf die umliegenden Höhen. Empfehlenswert ist der Weg auf den 1289 m hohen Hausberg **Lomseggi**, von dessen Gipfel man eine weite Sicht über das Otta- und Bøverdal hat. Wer geführte Gletscher- oder Bergtouren unternehmen möchte, setzt sich am besten mit **Naturopplevingar** (Norsk Fjellmuseum, Lom, Tel. 61211155, www.naturopplevingar.no) in Verbindung. Im Sommer werden täglich Ausflüge auf den **Svellnosbreen** und **Smørstabbreen** veranstaltet, ebenso Besteigungen der beiden höchsten Gipfel Norwegens, **Galdhøpiggen** und **Glittertind**. Im *Galdhøpiggen Sommerskisenter* (Tel. 61211750, www.gpss.no) auf dem Gletscher in 1850–2200 m Höhe trainieren viele Nationalmannschaften. Sommerskilaufen ist möglich, es wird auch Ausrüstungsverleih geboten.

24 Jotunheimen

Faszination Hochgebirge.

Røysheim – Galdesand – Elveseter – Turtagrø – Øvre Årdal – Tyin – Vang – Beitostølen – Bygdin – Gjendesheim

›Heim der Riesen‹ heißt dieses mächtige Gebirge im Herzen Norwegens. Romantische Täler durchschneiden den Gebirgsstock, in dem die höchsten Gipfel des Landes, rund 60 Gletscher und mehrere große Seen liegen. 1980 wurde ein 1150 km² großes Areal zum **Jotunheimen Nasjonalpark** erklärt. Die Gebirgslandschaft ist ein Paradies für Naturfans. Hier ist fast alles möglich: Ruhiger Urlaub vor hinreißender Bergkulisse, gemütliche Familienwanderungen oder sportliche Hochgebirgstouren, Gletscherüberquerungen, Riverrafting, Kajaktouren, Gleitschirmfliegen, Sommerskilaufen, im Winter Skitouren oder Fahrten mit dem Hundeschlittengespann.

Für die im Folgenden beschriebene **Rundtour** durchs Jotunheimen sollte man sich mindestens zwei Tage Zeit nehmen und außerhalb der Hochsaison die Wetter- und Straßenbedingungen beachten!

Bei Lom zweigt die eindrucksvolle Straße RV 55 (Nov. bis Mai gesperrt) durchs **Bøverdal** ab. Sie schlängelt sich in die Gletscherregion des *Sognefjell* hinauf, um anschließend in steilen Serpentinen den *Lustrafjord*, einen Seitenarm des grandiosen Sognefjords, zu erreichen. Die Strecke folgt einem alten Verbindungsweg vom Gudbrandsdal im Osten bis ins Sogn-Gebiet im Westen. Auf Pferden transportierten die Menschen Butter, Käse, Felle und Wolle nach Westen und Salz, Eisen und Schmuck nach Osten. Der norwegische Dichter *Henrik Wergeland* fasste seine Eindrücke 1832 so zusammen: »Hier geht der furchtbare Weg der Leute aus Lom zu denen aus Sogn über die Alpenwüste des Sognefjells.«

Beim Weiler **Røysheim** mit dem *Røisheim Hotell* (Tel. 61 21 20 31, www.roisheim.no) in einer alten Postkutschenstation zweigt das *Visdal* südwärts ab. Früher verlief hier zu Füßen der höchsten Berge Norwegens, **Galdhøpiggen** (2469 m) und **Glittertind** (2452 m), ein Verbindungsweg ins Valdres [Nr. 25]. In einer anstrengenden Tagestour erreicht man vom Berghotel *Spiterstulen* [S. S. 90] auf 1100 m, zu dem eine Mautstraße hinaufführt, den Gipfel des Galdhøpiggen. Das Hotel bietet auch geführte Gletscherwanderungen auf den *Svellnosbreen* an.

Galdesand mit seiner achteckigen Kirche von 1864 ist das Zentrum des Bøverdal. Hier biegt eine 15 km lange, mautpflichtige Straße ab in den Nationalpark zum *Galdhøpiggen Sommerskigebiet* und zur **Juvasshytta** (1841 m, Tel. 61 21 15 50, www.juvasshytta.no). Die Pension liegt in grandioser, aber steiniger Hochgebirgslandschaft und bietet geführte Gletschertouren auf den *Styggebreen* mit 3 Std. dauerndem Aufstieg auf den Galdhøpiggen an. Der Abstieg lässt sich in etwa 2 Std. bewältigen.

Neben dem westlich von Galdesand gelegenen **Elveseter Hotel** (Tel. 61 21 99 00, www.elveseter.no), einem traditionellen Gutshof, wurde 1992 eine 40 m hohe *Sagasøyla* errichtet, einer Bildsäule mit der Geschichte Norwegens.

Einige Kilometer weiter zweigt die dritte gebührenpflichtige Route in den Jotunheimen Nasjonalpark zur Bergpension **Leirvassbu** (Tel. 61 21 12 10, www.leirvassbu.no) ab. Nach 17 km erreicht man die Pension auf 1405 m Höhe, einen beliebten Ausgangspunkt für Wandertouren z. B. hinüber zum Berghotel Spiterstulen. Auch von hier werden Gletschertouren mit Führer angeboten.

Hinter Elveseter steigt die Straße an. Die Landschaft wird zunehmend rauer, immer wieder bieten sich herrliche Ausblicke auf vergletscherte Höhenzüge, Kuppen, Gipfel und eisbedeckte Seen. Die Dauerschneereste und hohen Markierungspfosten entlang der Straße lassen die winterlichen Verhältnisse ahnen. Bei der **Sognefjell Turisthytte** (Tel. 61 21 29 34, www.sognefjellet.no) in 1440 m erreicht die Straße ihren höchsten Punkt. Östlich der Hütte erinnert der *Fantesteinen* (fant = Landstreicher) an die zwielichtigen Elemente, die früher die Sognefjell-Strecke zu einem gefährlichen Passübergang machten.

Bei der Weiterfahrt bietet sich ein herrliches Panorama auf das ›Dach‹ Norwegens, auf die Gletscherwelt des *Fannaråki* (2069 m) im Süden und den *Smørstabbreen* im Osten. Der *Oscarshaugen* (an der Straße beschildert) verdankt seinen Namen König Oscar II., der hier 1860 durchritt, und eröffnet einen grandiosen Blick über das Jotunheimen.

Auf 884 m liegt das bei Klettersportlern beliebte **Turtagrø Høyfjellshotell**

Das historische Nebengebäude des Turtagrø Hotells

(Tel. 57680800, www.turtagro.no). Anschließend windet sich die Straße in engen Serpentinen steil hinunter an den Sognefjord, an dem die älteste Stabkirche Norwegens steht, die Urnes Kirke [s. S. 63].

Die Jotunheimen-Rundfahrt führt bei Turtagrø über die mautpflichtige Strecke auf 1315 m nach **Øvre Årdal**. Für Wohnwagen-Gespanne und sehr große Wohnmobile ist die Straße jedoch nicht geeignet. Von dem Industrieort aus lohnt der **Vettisfossen** einen Abstecher. Mit 275 m ist er der höchste Wasserfall in Nordeuropa. Man erreicht ihn ab *Hjelle* über den Vettis Gård in einer abwechslungsreichen 2-stündigen Wanderung.

Weiter fährt man dann auf der RV 53 nach **Tyin** am gleichnamigen schönen See in 1083 m Höhe. Ein Ausflug auf der nur im Sommer befahrbaren Straße 252 folgt dem Ostufer des Sees und endet in **Eidsbugarden** am benachbarten 1058 m hoch gelegenen Bygdin-See. Der Ort ist Ausgangspunkt für Wandertouren ins Gebirge, z. B. zum berühmten Bergsee Gjende, und Startpunkt für eine *Dampferfahrt* auf dem Bygdin-See. Seit 1912 verkehrt die ›Bitihorn‹ zur Hochsaison täglich nach Bygdin.

Bei *Tyinkrysset* erreicht man die E 16, die Oslo mit Bergen verbindet. Die Stabkirche von **Vang** am sehr schönen Vang-See wurde im 19. Jh. an den Preußenkönig Friedrich Wilhelm IV. verkauft und auf dem Brückenberg im Riesengebirge bei Krummhübel, dem heute polnischen Karpacz, wiederaufgebaut. Bemerkenswert ist ein 2,15 m hoher *Runenstein* aus der Zeit um 1000 bei der Pfarrkirche in Vang, der den Übergang vom Heiden- zum Christentum markiert.

Übers *Slettefjell* führt eine 31 km lange mautpflichtige Panoramastraße nach **Beitostølen** (www.beitostolen.com), dem Ferienort, der sich insbesondere als Wintersport- und Sportzentrum für Körperbehinderte einen Namen gemacht hat. Zudem lockt im Ortszentrum der 2010 eröffnete Themenpark **Trollenes Kongerike** (Königreich der Trolle, Tel. 94005555 www.trolleneskongerike.no, Mitte Juni–Mitte Aug. tgl. 12–18, sonst Sa/So 12–17 Uhr), eine fantasievolle, von Trollen und Zwergen bevölkerte Märchenwelt. Das Jotunheimen-Gebirge gilt als Geburtsort dieser Geisterwesen der altnordischen Mythologie.

Die Straße klettert dann wieder in unwirtlichere Regionen über der Baumgrenze. Lange hat man die markante

Die Sognefjell-Straße führt über einen der schönsten Pässe Norwegens

Felskulisse des *Bitihorns* (1608 m) im Blick, welches in einem relativ leichten, erst zum Schluss steilen Anstieg erklommen werden kann und vom Gipfel ein herrliches Panorama über die Gletscher des Jotunheimen bietet.

Der Weiler **Bygdin** am gleichnamigen See ist wegen der guten Wandermöglichkeiten ein beliebter Etappenort. Anschließend passiert man die *Valdresflya* (1389 m), eine baumlose bizarre Ebene, auf der man oft große *Rentierherden* beobachten kann.

Bei *Maurvangen* lohnt ein Abstecher von 2 km nach **Gjendesheim** am smaragdgrünen *Gjende-See* (984 m). Das malerisch von hohen Bergen gerahmte Gewässer zählt zu den reizvollsten des Landes. Eine der schönsten *Bergtouren* Norwegens ist die Überschreitung des

TOP TIPP

berühmten **Besseggen-Grats** am Nordufer. Henrik Ibsen hat den Weg im ›Peer Gynt‹ [s. S. 84] beschrieben. Der Tagesausflug startet morgens in Gjendesheim. Zunächst geht es mit dem Boot zur *Memurubuhütte*. Dort beginnt der

Eine Wanderung über den Besseggen-Grat führt zu spektakulären Aussichtspunkten

markierte Aufstieg auf den mächtigen Bergrücken, der den tiefgrünen Gjende-See vom blauschwarzen Bessvatn trennt. Die Strecke ist sehr steinig, anstrengend und nicht geeignet für Leute mit Höhenangst – aber von landschaftlich kaum zu übertreffender Schönheit. Für die Wanderung sollte man je nach Gehtempo 6–8 Stunden einkalkulieren

Durch eine lieblicher werdende Gegend mit mehreren Campingplätzen erreicht man gut 1 km abseits der Straße **Ridderspranget**, eine klammartige Engstelle der Sjoa, die der Legende nach Ritter Sigvat Leirhol aus Valdres mit seiner geraubten Braut im Arm kühn zu Pferd übersprang. Die Sjoa zählt zu Norwegens beliebtesten *Rafting-* und *Kajak-Flüssen*. Über **Randsverk** und den außergewöhnlich klaren See *Lemonsjø* gelangt man wieder zum Ausgangspunkt Lom.

Praktische Hinweise

Rafting- und Kajaktouren

Sjoa Rafting, Heidal, Tel. 90 07 10 00, www.sjoarafting.no

Hotels

Bygdin Fjellhotel, Bygdin, Tel. 61 34 14 00, www.bygdin.com. Ungewöhnliche Höhenlage am Bygdin-See.

Gjendesheim Turisthytte, Gjendesheim, Tel. 61 23 89 10, www.gjendesheim.no. Bergpension des Norwegischen Touristenvereins DNT am Gjende-See. Schlafsaal, 2- und 4-Bett-Zimmer

Spiterstulen Turisthytte, Lom, Tel. 61 21 94 00, www.spiterstulen.no. Schöne Lage auf 1100 m, guter Ausgangspunkt für Berg- und Gletschertouren.

25 Valdres

Das liebliche Tal der Stabkirchen.

Fagernes – Heggenes – Reinli – Hedalen – Lomen – Høre

Das Valdres im Herzen Südnorwegens ist der Inbegriff eines norwegischen Tals ohne größere Städte oder Industrie. Viele Zeugnisse der alten Bauernkultur sind im Valdres erhalten und werden in den örtlichen Heimatmuseen bewahrt. Allein fünf der rund 30 Stabkirchen, die in Norwegen die Jahrhunderte überstanden haben, findet man hier. Das trockene, sonnige Klima und die verkehrsmäßig günstige Lage zwischen Ost- und Westnorwegen tragen zur Beliebtheit des Valdres als Urlaubsregion bei.

Zentrum ist **Fagernes** am Schnittpunkt der Zugangswege ins Jotunheimen-Gebirge, nach Lillehammer, zum

Sognefjord und ins Hallingdal. Seit Fertigstellung der **Valdresbanen** (Tel. 99448711, www.valdresbanen.no) 1906 blüht der Tourismus. Sehenswert ist das idyllisch auf einer Halbinsel im See gelegene **Valdres Folkemuseum** (Tel. 61359900, www.valdres.museum.no, Juni/Aug. tgl. 10–16, Juli tgl. 10–17, sonst Mo–Fr 10–15 Uhr), ein großes Freilichtmuseum, in dem Handwerker nach traditioneller Art arbeiten und norwegische Hausmannskost angeboten wird.

Früher war Fagernes eine Station am Bergener Königsweg, dem **Gamle Kongeveien**, der um 1790 übers Fillefjell nach Lærdal am Sognefjord gebaut wurde. An verschiedenen Stellen hat man diesen alten Pfad als Wanderweg wieder zugänglich gemacht (Infos beim Tourismusbüro).

Die sehr schöne Lage am *Strandefjord* macht Fagernes zu einem idealen Ausgangspunkt für **Ausflüge** zu Gräberfeldern aus der Eisen- und Bronzezeit, zu alten Höfen, Stabkirchen oder fischreichen Seen und Flüssen (Infos beim Tourismusbüro).

Lohnend ist eine Fahrt auf der Straße RV 51 ins liebliche Østre Slidre zum *Herang Tunet* in **Heggenes**. In einem idyllischen Ensemble alter Gebäude im Kiefernwald arbeiten Künstler und Kunsthandwerker und verkaufen Andenken. In **Hegge** steht die kleine *Stabkirche* von 1180. Sie wurde später einmal umgebaut und ist für ihre geschnitzten Kapitelle und ausdrucksvollen Holzmasken im Inneren berühmt.

Ein Ausflug nach Südosten ins waldreiche Begnatal führt zu zwei Stabkirchen: **Reinli**, 4 km von Bagn entfernt, ist eine einschiffige Holzkirche aus dem 13. Jh. mit einem Söller, dessen schmale Öffnungen an Schießscharten erinnern. Weiter flussabwärts liegt die kleine **Stabkirke Hedalen** mit sehenswerten Schnitzereien aus der Mitte des 12. Jh. am Westportal.

Sehr schön ist eine Fahrt um den lang gezogenen *Slidrefjord*, der bei Fagernes Strandafjord heißt, zum **Einangstein**: Er ist der älteste Runenstein, der noch an seinem ursprünglichen Platz steht, und stammt aus dem 4. Jh. Sehenswert ist die Stabkirche von **Lomen** aus dem 12./13. Jh., die man durch ein schön geschnitztes Portal betritt. Eine Seitenstraße führt zur Stabkirche von **Høre** (auch Hurum genannt). Im schönen *Innenraum* sieht man Kapitellen mit kunstvollen Schnitzereien. Eine Runeninschrift auf dem Pfeiler, welcher die Kanzel trägt, datiert die Kirche auf das Jahr 1180.

Praktische Hinweise

Information

Valdres Turistkontor, Jernbanegata 7, Fagernes, Tel. 61359410, www.visitvaldres.no

Hotels

Furulund Pensjonat, Røn, Tel. 61423339, www.furulundpensjonat.com. 15 km nordwestlich von Fagernes an der E 16. Pension mit hellen und freundlichen Zimmern.

Quality Hotel & Resort Fagernes, Jernbanevegen 2, Fagernes, Tel. 61358000, www.choicehotels.no. Schön am See gelegenes Hotel mit Restaurant.

26 Hallingdal

Kobaltblau und viel Natur.

Åmot – Krøderen – Nesbyen – Gol – Torpo – Geilo

Durch das bekannte Hallingdal führt die schnellste Verbindung von Oslo nach Bergen. Etwas abseits dieser Strecke, westlich von Oslo am Drammenselva,

Wildwasserabenteuer garantiert: im Paddelteam über die Stromschnellen der Sjoa

liegt beim Ort **Åmot** das **Blaafarveværket** (Tel. 32786700, www.blaa.no, Mitte Mai–Mitte Sept. Di–Sa 11–17, So 11–18, Mitte Juni–Mitte Aug. tgl. 11–18 Uhr), in dem im 19. Jh. 80% des Weltbedarfs an Kobaltblau hergestellt wurde. Um die Glashütte von 1770 entstand der interessante *Museumspark* am Wasserfall Haugfossen. Hier erfährt man, wie aus dem Erz der 8 km entfernten Gruben durch Schmelz- und Flotationsvorgänge das tiefblaue Farbpigment gewonnen wurde. Die Produkte aus kobaltblauem Glas und Porzellan werden im Museum verkauft. Sehenswert ist auch die Sommerausstellung mit Werken skandinavischer Künstler.

Weiter nördlich erreicht man das schöne bewaldete **Hallingdal** mit anfangs sanft ansteigenden Hängen. Der meist breite Hallingdalselva durchfließt das Tal, welches bei Krøderen beginnt, sich bis an die Ausläufer der Hardangervidda zieht und einige Städtchen mit guter touristischer Infrastruktur aufweist. Wer Naturrurlaub mit sportlichen Aktivitäten wie Wandern, Radeln, Reiten, Angeln oder Kanu-Paddeln verbinden möchte, findet hier gute Möglichkeiten.

Kunstvoll verschlungenes Rankenwerk ziert die Portale der Stabkirche von Torpo

In **Krøderen** am Ende des 41 km langen und schmalen gleichnamigen Sees endete einst die Bahnlinie aus Oslo, hier wurden Güter aufs Schiff verladen. Im Sommer fährt sonntags die *Krøderbanen* (Tel. 32147644, www.kroderbanen.museum.no), eine alte Dampflok mit Holzwaggons, auf der 26 km langen Strecke zwischen Krøderen und Vikersund.

Auf der RV 7 nordwärts erreicht man das Industriestädtchen **Nesbyen**. Hier findet Anfang Juli das Festival *Hallingmarken* (Tel. 32070300, www.hallingmarken.no) statt, mit großem Markt, Kirmes und Konzerten.

Weiter talaufwärts passiert man den Sommer- und Wintersportort **Gol**, in dem die schöne Strecke nach Fagernes und ins Jotunheimen-Gebirge und die Route durchs Hemsedal an den Sognefjord abzweigen. Die Stabkirche am Fluss ist ein Nachbau von 1994, das Original befindet sich im Norsk Folkemuseum in Oslo [s. S. 24].

10 km weiter westlich, in **Torpo**, steht eine *Stabkirche* (Juni–Aug. tgl. 9–18 Uhr) aus dem 12. Jh. Sie birgt seltene Malereien im Tonnengewölbe und prunkt mit kunstvollen Drachenornamenten an den Portalen der West- und Südseite.

Das westwärts an der RV 7 gelegene **Geilo** ist als Tor zur Hardangervidda und als Wintersportort bekannt. Es verfügt über sehr gut ausgebaute Skianlagen für Abfahrt und Langlauf. Und auch im Sommer gibt es hier viele **Sportmöglichkeiten**: Rafting, Wanderreiten auf dem Fjell, Berg- und Gletschertouren auf dem Hallingskarvet und Hardangerjøkulen, Kanutouren, Fahrradfahren und Angeln.

Von Geilo aus lassen sich einige abwechslungsreiche Ausflüge unternehmen, z. B. zum **Ustevatn**, an dem sich im Herbst eine wahre Farbsinfonie darbietet. Der tiefgrüne See ist dann eingebettet in einen Teppich gelb-orange gefärbter Birken. Eine andere Tour geht hinauf in die karger werdende Fjellandschaft der Hardangervidda. Der Weiler **Haugastøl** auf knapp 1000 m Höhe am Westende des Ustevatn wird vom Massiv des Hallingsskarvet überragt und ist ein beliebter Ausgangspunkt für Bergtouren zur Krækkjahytta oder per Mountainbike über den alten **Rallarvegen** [s. S. 61], auf den Spuren der Eisenbahnarbeiter.

Bei schönem Wetter führt eine wunderbare Tour mit der Bergenbahn nach **Finse** (1222 m), Norwegens höchstgelegener Bahnstation mit dem Hotel *Finse*

Nur eine Kopie: Die echte Stabkirche von Gol ließ König Oskar II. 1894 auf der jetzigen Osloer Museumsinsel Bygdøy wieder aufbauen

1222 (Tel. 56 52 71 00, www.finse1222.no) in grandioser Berglandschaft. Hier kann man Wanderungen oder Trekkingtouren auf der Hardangervidda oder im Bereich des Hardangerjøkulen unternehmen.

i Praktische Hinweise

Information

Geilo Turistinformasjon, Vesleslåttvn. 13, Geilo, Tel. 32 09 59 00, www.geilo.no

Hotels

Dr. Holms Hotel, Timrehaugvn. 2, Geilo, Tel. 32 09 57 00, www.drholms.no. Tradiotionsreiches, stilvolles Hotel im Zentrum.

Norlandia Geilo Hotell, Gamlevegen 2, Geilo, Tel. 32 09 05 11, www.geilohotel.no. Großes Hotel mit freundlich möblierten Zimmern.

Restaurant

Hallingstuene, Geiloveien 56, Geilo, Tel. 32 09 12 50, www.hallingstuene.no. Empfehlenswertes Restaurant im Zentrum (Mai und Mo. geschl.).

27 Hardangervidda Nasjonalpark

TOP TIPP *Unberührte Natur: arktische Flora und Fauna in Südnorwegen.*

Europas größtes Gebirgsplateau, die **Hardangervidda** liegt auf 1100–1400 m Höhe. Dank der zentralen Lage ist die Hardangervidda gut erreichbar. Die Straßen RV 7 (Geilo–Eidfjord) und E 134 (Haukelifjell) bieten gute Zufahrtsmöglichkeiten ins Gebirge. Die *Bergenbanen*, die seit 1909 Oslo mit Bergen verbindet, quert die Vidda im nördlichen Bereich. Die unberührte Natur ist großartig und leicht zugänglich. Breite Bergrücken, Moore und Wasserläufe machen den Reiz der Vidda aus. Gipfel wie **Hårteigen** und **Hallingskarvet** (www.hallingskarvet.com) überragen als weit sichtbare Landmarken die Hochfläche, die von niedriger Tundravegetation bedeckt ist. Schneefelder sind auch im Hochsommer keine Seltenheit.

Etwa die Hälfte der Hardangervidda (3430 km^2) wurde 1981 zum **Nationalpark** erklärt. Trotz der langen unwirtlichen Käl-

Kaum ein Baum, aber seltene Pflanzen wie die federleichten, weiß leuchtenden Wollgräser sind Bewohner jener einsamen Weiten des Nationalparks

teperioden zwischen den kurzen Sommern ist die Vidda ein beliebtes Urlaubsgebiet. Norweger und ausländische Touristen kommen zum Wandern, Angeln und Jagen, zur Natur- und Tierbeobachtung. Etwa 100 Vogel- und 20 Säugetierarten leben hier, darunter die südlichste *Wildrenpopulation* Europas. Die Vidda stellt für viele **arktische Pflanzen** die südliche Verbreitungsgrenze dar. *Lapplandweiden* säumen die Flussufer, *Zwergsträucher* wie Preiselbeere, Heidelbeere, Heidekraut und Krähenbeere wachsen in Fülle. Große Teile der Vidda sind sumpfig, mit *Moosen* und den weiß leuchtenden *Wollgräsern* bewachsen. Eine Spezialität

Die arktische Tundralandschaft der Hardangervidda ist einzigartig in der Welt und besitzt die größte Population wild lebender Rentiere

ist die **Moltebeere**, die orangefarbige arktische Brombeere, die viel Vitamin C enthält und seit dem 16. Jh. als Arznei gegen Skorbut verwendet wurde. Unterhalb der Baumgrenze findet man *Moorbirken*, die im Herbst die Landschaft in flammendes Rot tauchen. In den hoch gelegenen Regionen wachsen *Flechten*.

Die weite, offene Landschaft mit geringen Höhenunterschieden bietet bei bequemen **Wanderungen** herrliche Naturerlebnisse. Die Hardangervidda ist von einem Netz markierter Wanderwege durchzogen. Jeweils im Abstand von 5–6 Wegstunden erreicht man eine der zahlreichen bewirtschafteten oder unbewirtschafteten **Hütten**, die in der Regel im Sommer und an Ostern zur Langlaufsaison geöffnet sind.

i Praktische Hinweise

Information

Den Norske Turistforening, Storgata 3, Oslo, Tel. 22 82 28 22, www.dntoslo.no. Auskunft über Wanderungen, Hüttenöffnungszeiten etc.

28 Numedal

Zurück zur Natur – die Silberstraße.

Kongsberg – Flesberg – Rollag – Nore – Rødberg – Uvdal – Dagali

Von der Silbergrubenstadt **Kongsberg** bis hinauf zur Hardangervidda erstreckt sich das stille waldreiche Numedal. Holzkirchen und verzierte Stabburer (Vorratsspeicher) stehen wie Symbole der Unerschütterlichkeit und Erdverbundenheit in der Landschaft. Im Bereich *Nore* und *Uvdal* werden in den Sommermonaten Seter (Almen) bewirtschaftet, die auch Urlauber beköstigen.

Kongsberg am Eingang ins Numedal verdankt seine Entstehung den Silbergruben, die der Dänenkönig Christian IV. im 17. Jh. mithilfe deutscher Bergleute erschließen ließ. Um das Bergwerk entstand eine Stadt. Um 1750 war sie mit 10 000 Einwohnern die zweitgrößte des Landes. Alles drehte sich hier um das Silberbergwerk, es gab eine eigene Jurisdiktion und eine strenge soziale Hierarchie, die sich auch in der Sitzordnung der barocken **Kongsberg Kirke** (Mitte Mai–Mitte Aug. Mo–Fr 10–16, Sa/So 12–14, 15.–31. Aug. Mo–Fr 10–12, sonst Di–Do 10–12 Uhr) widerspiegelte. Sie ist eine der größten Kirchen

Ein Farbenspiel der Natur: Kräftig leuchtet das Orange der Moltebeere

des Landes und stammt von dem Oberberghauptmann *Joachim Andreas von Stukenbrock*. Altar, Kanzel und Orgel bilden ein prachtvolles barockes Ensemble.

Die Entwicklung des Silberbergbaus dokumentiert das **Norsk Bergverksmuseum** (Hyttegata 3, Tel. 91 91 32 00, www.norsk-bergverksmuseum.no, Mitte Mai–Aug. tgl. 10–17, sonst Di–So 12–16 Uhr) in der einstigen Schmelzhütte von 1844 in Flussnähe. Beeindruckend sind die zentnerschweren *Silberfunde*, die hier zu sehen sind. Zum Museum gehören auch *Den Kongelige Mynts Museum*, das einen Überblick über die Geschichte der Münzprägung gibt, ein *Skimuseum* und das *Kongsberg Våpenfabriks Museum*, das daran erinnert, dass Kongsberg einst eine bedeutende Waffenschmiede war.

Silberbergbau ›zum Anfassen‹ gibt es in der **Kongensgruve** (Führungen: Juli–Mitte Aug. tgl. 11–16, Mitte Mai–Juni und Mitte–Ende Aug. tgl. 10, 12, 14, Sept. Sa/So 12, 14, Okt. So 12 und 14 Uhr), etwa 8 km südwestlich in *Saggrenda*. Ein Grubenzug fährt die Besucher 2,3 km weit in die Mine hinein. Man erreicht eine Tiefe von 1070 m, der Grund der Grube liegt 460 m unter dem Meeresspiegel. Die Temperaturen liegen bei etwa 6 °C.

Flussaufwärts steht die *Stabkirche* von **Flesberg**, die ihren Ursprung Ende des

12. Jh. hat. Westlich davon erstreckt sich der Höhenrücken *Blefjell* mit dem 1341 m hohen **Bletoppen**, einem beliebten Wander- und Wintersportgebiet.

Am Westufer des Lågen führt die Straße weiter Richtung Veggli an alten Speichern und Hofgebäuden vorbei zur *Stabkirche* von **Rollag**, die vermutlich um 1200 errichtet wurde. Sehenswert sind Chor und Hauptschiff, welche später im Renaissance- und Barockstil modernisiert wurden. In unmittelbarer Nähe laden auch der Pfarrhof und das Heimatmuseum *Rollag Bygdetun* zur Besichtigung ein. Bei der Sunde-Brücke wechselt die Straße auf das Ostufer des hier zum See werdenden Flusses und erreicht die *Stabkirche* von **Nore**, ursprünglich eine Einmastkirche aus dem 12. Jh., die später zur Kreuzkirche erweitert wurde. Den Innenraum schmücken bunte *Wandmalereien* des 17. Jh.

Knapp 20 km nördlich liegt **Rødberg**, das Zentrum der Gemeinde Nore und Uvdal, mit einem der großen Wasserkraftwerke des Landes und einem imposanten, neoklassizistischen *Kraftwerksgebäude* aus den 1920er-Jahren. Eine Nebenstraße führt zur **Stavkirke Uvdal**, einer Mittelmastkirche aus der zweiten Hälfte des 12. Jh., die im 17. Jh. stark verändert und innen reich verziert wurde.

Weiter geht es durch das enge, von steil aufragenden Felswänden gesäumte **Uvdal** zur Passhöhe auf 1100 m. Bald darauf ist die kahle Hochebene erreicht, die landschaftlich und klimatisch die Hardangervidda [s. Nr. 27] ankündigt. Über **Dagali**, das ein Freilichtmuseum (Tel. 32 07 14 85, www.hallingdal-museum.no, Juli–Mitte Aug. Di–So 11–16 Uhr) und Rafting-Touren zu bieten hat, und die **Kikut Fjellstue** (Tel. 32 08 94 94, www.kikut.com), von der sich ein herrliches Panorama eröffnet, erreicht man schließlich *Geilo* [s. S. 92], ein ideales Standquartier für Touren im Bereich der Hardangervidda und des Hallingskarvet.

Oben: *In leuchtenden Gelb- und Rottönen zeigt sich die Hardangervidda im Herbst*
Rechts: *Wandmalereien mit floralen Motiven schmücken die Stabkirche von Nore*

Praktische Hinweise

Information

Kongsberg Turistservice, Schwabesgate 2 (Jernbanestasjonen), Kongsberg, Tel. 32 29 90 50, www.visitkongsberg.no

Turistkontoret for Nore og Uvdal, Rødberg, Tel. 32 74 13 90, www.uvdal.no

Hotels

Best Western Gyldenløve Hotell, Hermann Fossgate 1, Kongsberg, Tel. 32 86 58 00, www.gyldenlove.no. Solides, am Bahnhof gelegenes Haus.

Quality Hotel Grand, Christian Augustsgate 2, Kongsberg, Tel. 32 77 28 00, www.choicehotels.no. Großes Hotel mit gutem Restaurant im Stadtzentrum.

Nordnorwegen – Natur pur im Land der Mitternachtssonne

Nördlich von Trondheim beginnt Nordnorwegen, dessen Küste der Golfstrom auch im Winter eisfrei hält. Besonders imposant mit senkrecht aus dem Meer aufsteigenden Gebirgen und eisbedeckten Zacken sind die faszinierend-schönen **Lofoten**, die zur Provinz Nordland gehören. Jahreszeitlich starke Kontraste bietet die Natur nördlich des **Polarkreises**: *Polarnacht* und *Nordlicht*, sternklarer Himmel oder Schneestürme im Winter, weiße Nächte und *Mitternachtssonne* im kurzen Sommer. In grandioser Natur liegen **Narvik, Tromsø** oder im rauen Norden **Hammerfest**, die letzte größere Stadt vor dem **Nordkap**. Ein stabileres, sonnigeres Klima als an der Küste bietet die innere **Finnmark**, Heimat der Rentiere und Dorado für Wanderer und Skiläufer.

29 Durchs Namdal nach Mo i Rana

Lachsflüsse, Industriestadt und Gletscher unter dem Polarkreis.

Steinvikholm – Stiklestad – Fiskumfossen – Trones – Laksfors – Mosjøen – Mo i Rana – Svartisen

Ausgedehnte Nadelwälder, die zu den besten Jagdrevieren Norwegens gehören, und unzählige Seen in der allmählich karger werdenden Vegetation des Nordlands begleiten die gut ausgebaute E6, auf der man das Namdal Richtung Mo i Rana durchquert. Knapp 40 km hinter Trondheim passiert man *Stjørdal* und erreicht kurz darauf die Ruinen der Burg **Steinvikholm**, die sich links der Straße auf einer Insel im Meer erheben. Die Festung wurde als quadratische Anlage mit zwei mächtigen Rundtürmen vom letzten norwegischen Erzbischof Olav Engelbrektsson 1525–32 erbaut, der in den turbulenten Reformationsjahren mit dem Schrein des hl. Olav aus der Nidaros Domkirke hierher geflüchtet war.

In **Stiklestad**, das man über Verdalsøra erreicht, fiel am 29. Juli 1030 König Olav der Heilige. In Erinnerung an dieses Ereignis wird Ende Juli von rund 700 Schauspielern und Laien das große *Freilicht-Schauspiel* ›Spelet om Heilag Olav‹ (Karten: Stiklestad Nasjonale Kultursenter, Verdal, Tel. 74 04 42 00, www.stiklestad.no) aufgeführt. Die *Steinkirche*, die 1180 an der Stelle entstand, wo er den Tod fand, birgt im Inneren spätmittelalterliche Fresken.

Ein Abstecher führt kurz hinter Steinkjer auf die Straße 763 zu einer der berühmtesten Felszeichnungen Norwegens: Das rund 5000 Jahre alte, lebensgroße **Rentier von Bøla** findet man bei **Stod** am Südufer des langen Snåsavatn. Es wurde zu einer Zeit geritzt, als der See noch ein Fjordarm war.

Weiter nordwärts stößt man wieder auf die E 6 und folgt dem Fluss *Namsen*: Englische Lords tauften ihn Ende des

Ausdruck magisch-ritueller Handlungen: Die Felszeichnungen bei Steinkjer zeigen Rentiere, Elche, Bären, Wale und Vögel

19. Jh. ›The Queen of Norway‹, denn er zählt zu den besten Lachsflüssen des Landes. Das größte bisher im Namsen geangelte Exemplar des Edelfischs wog 31,5 kg! Am **Fiskumfossen**, 13 km nördlich von Grong, ist dem Lachs in beeindruckender Landschaft – der Namsen stürzt hier 34,5 m in die Tiefe – das **Namsen Laksakvarium** (Tel. 74 31 27 00, www.namsenlaksakvarium.no, Juni–Mitte Aug. tgl. 10–17, Juli tgl. 10–18 Uhr) mit Museum gewidmet. Hier kann man sich stundenweise als Lachsangler versuchen. Im Preis sind Ausrüstung und alle Angelgenehmigungen enthalten. Im *Fossen Restaurant* (Tel. 74 31 27 00) werden zudem Lachsgerichte und ein hervorragendes kaltes Lachsbüffet serviert.

Rund 60 km weiter erreicht die E 6 bei **Trones** den **Namsskogan Familiepark** (Tel. 74 33 37 00, www.namsskogan-familiepark.no, Juni–Mitte Aug. tgl. 10–18 Uhr). Hier leben Elche, Rentiere, Bären, Dachse und Damwild.

Die weitere Strecke bis Mosjøen führt durch eine reizvolle einsame Gegend. Hinter *Smalåsen* passiert man die Grenze zwischen Nord-Trøndelag und dem Nordland, die durch die **Nord-Norge Porten**, ein stilisiertes, quer über die E 6 gespanntes Polarlicht, markiert ist. Ein einzigartiges Naturschauspiel bietet rund 90 km weiter der Wasserfall **Laksfors** 600 m abseits der E 6: 700 m³ Wasser stürzen pro Sekunde 17 m hinab. Wer etwas Geduld aufbringt, kann hier immer wieder Lachse springen sehen bei ihrem Versuch, die Felsbarriere gegen die Wassermassen zu überwinden. Vom Panoramacafé hat man einen herrlichen Blick auf den tosenden Wasserfall und auf die Angler, die am Ufer oder vom Boot aus ihr Glück versuchen.

In der Industriestadt **Mosjøen** am Vesfnfjord wurde das alte Viertel um die einstige Hauptstraße Sjøgata als größtes zusammenhängendes *Holzhäuser-Ensemble* Nordnorwegens unter Denkmalschutz gestellt. Die bunt gestrichenen Kaufmannshäuser aus dem 19. Jh. wurden ebenso restauriert wie die auf Stelzen stehenden Boots- und Lagerhäuser, die die Bauern aus der Umgebung während der Saisonfischerei benutzten.

Die weitere, schöne und flott befahrbare Strecke führt über das 550 m hohe **Korgfjell**, dessen Bergbäche, Moore und Fjellbirken im Sonnenlicht ihre ganze Fabenpracht entfalten. Jahrhundertelang war das raue Korgfjell eine natürliche

Ein gewaltiges Naturspektakel: Fast bis in den Holandsfjorden reichen die Eismassen der Gletscherzunge Engenbreen

Barriere. Die deutschen Besatzer ließen im Zweiten Weltkrieg Straße und Eisenbahntrasse übers Fjell nach Narvik von Kriegsgefangenen bauen. Von der Passhöhe Korgfjell hat man einen schönen Blick auf den *Okstinden-Gipfel* im Osten und den Svartisen-Gletscher im Norden.

Mo i Rana, die ›Industriestadt unter dem Polarkreis‹ am Ende des Ranfjords, geht auf ein kleines Handelszentrum einer Familie Meyer, die hier das Handelsprivileg hatte und den Ort 1860 erwarb, zurück. Ende des 19. Jh. wurde Mo i Rana durch den Abbau der Eisenerzvorkommen im Dunderlandsdal zur Bergwerksstadt.

Historisches Ambiente bietet das kleine Stadtviertel **Moholmen**, eine Idylle am Meer mit liebevoll restaurierten Wohnhäusern und dem *Naturhistorischen Museum* (Di–Fr 10–15, Mitte Juni–Mitte Aug. zusätzlich Do 18–21 und Sa 10–15 Uhr), in dem ausgestopfte Tiere gezeigt werden.

Die Hauptattraktion liegt 30 km weiter nördlich: Die Gletscherzunge *Engenbreen* von Norwegens zweitgrößtem Gletscher **Svartisen** (370 km^2, www.svartisen.com) wirft hier die merkwürdigsten Spalten und Risse auf. Der *Svartisen*, der seinen Namen, Schwarzes Eis, den Sand-, Staub- und Schmutzablagerungen verdankt, ist in den letzten Jahrzehnten stark abgeschmolzen und hier im östlichen Teil noch gefährlicher geworden. Vor Gletschertouren in eigener Regie wird daher dringend gewarnt.

Auf dem Weg zum Gletscher, der 10 km hinter Mo i Rana zum Svartisvatnet abzweigt, liegt die **Grønligrotta** (Tel. 75 13 25 86, www.gronligrotta.no, Führungen: Mitte Juni–Mitte Aug. tgl. 10–18 Uhr zu jeder vollen Stunde, auch für Kinder geeignet), die bekannteste der Höhlen im kalkhaltigen Rana-Gebiet, mit glitschigem Fels, Höhlenbach, verwinkelten Gängen, spannenden Gletschermühlen und elektrischem Licht.

Saltstraumen – ein Paradies für Sportangler

Einer der größten Mahlströme der Welt liegt 33 km südlich von **Bodø**. Ein 150 m schmaler und 3 km langer Sund verursacht dieses Naturschauspiel, das bei Voll- und Neumond besonders eindrucksvoll ist. Die Wassermassen, die auf den Ausgleich zwischen Ebbe und Flut drängen, werden alle sechs Stunden mit einer Geschwindigkeit von 30–40 km/h durch die Meerenge gepresst. Das Meer wird zu einem brodelnden Strom mit enormen **Strudeln** und schäumenden Wirbeln, der gefährlich für die Schifffahrt ist. Große Mengen Plankton und kleinere Fische werden mit dem auflaufenden Wasser in den Fjord geschwemmt, gefolgt von Schwärmen von Dorschen, Seelachsen, Steinbeißern und anderen Fischen. Ergiebige und bequeme **Angelplätze** findet man am Ufer im Bereich der Brücke.

Praktische Hinweise

Information

Polarsirkelen Reiseliv, Olsensgate 3, Mo i Rana, Tel. 75 13 92 00, www.arctic-circle.no

Hotel

Meyergården Hotell, Fridtjof Nansen Gate 28, Moi i Rana, Tel. 75 13 40 00, www.meyergarden.no. Sehr stilvolles Traditionshaus mit Restaurant. Wunderschöne Zimmer im alten Teil und moderner Komfort im neuen Flügel.

30 Über den Polarkreis nach Bodø

Ins Land der Mitternachtssonne.

Polarkreis – Rognan – Fauske – Bodø

Die E6 und die Nordlandsbanen, die Eisenbahnlinie von Trondheim nach Bodø, führen von Mo i Rana durch das liebliche, bewaldete Dunderlandsdal auf das karge Saltfjell, eine grandiose, einsame und steinige Hochfläche in 700 m Höhe, in der bis in den Sommer hinein große Schneefelder liegenbleiben. In dieser unendlichen Weite markieren Steinsäulen mit Globus den **Polarkreis**. Er ist eine imaginäre Linie auf dem 66° 33' Breitengrad: Hier bleibt die Sonne vom 23. auf den 24. Juni exakt für 24 Stunden am Himmel. Genau auf dem Polarkreis wurde das **Polarsirkelsenteret** (Tel. 75 12 96 96, www.polarsirkelsenteret.no, Mitte Mai–Aug. tgl. 8–22 Uhr) erbaut, in dem eine Ton-Bild-Schau und eine Ausstellung über Nordnorwegen informieren. Besucher erhalten den beliebten Polarsirkel-Stempel.

Immer wieder erinnern Gedenksteine entlang der E6 an die Kriegsgefangenen, die hier 1942–45 beim Bau der Straße und Eisenbahnlinie eingesetzt wurden. ›Blutweg‹ nannten die Gefangenen selbst diese Strecke. Etwa 2 km nördlich von *Rognan* widmet sich das **Blodveimuseet** (Tel. 75 68 22 90, www.saltenmuseum.no, Mitte Juni–Mitte Aug. tgl. 11–17 Uhr) diesem düsteren Kapitel der deutschen Besatzungszeit gewidmet.

In **Fauske** steigen Bahnreisende, die weiter nach Norden fahren, in den Nordnorwegen-Bus um, der in Kirkenes endet, der Stadt an der russischen Grenze. Die Marmorbrüche liefern hier einen besonders schönen rötlichen Stein, aus dem

Auf der Grenzlinie zwischen der gemäßigten Zone der Erde und der nördlichen Polarzone steht das Informationszentrum Polarsirkelsenteret

der *Marmorplatz* im Zentrum von Fauske sowie das UN-Hauptquartier in New York gestaltet wurden.

Bodø, das Sprungbrett zu den Lofoten, liegt landschaftlich schön am Saltenfjord. Im Hafen tummeln sich Fischkutter, Handelsschiffe, Fähren und Motorjachten. Bevor die Heringsfischerei im 19. Jh. einen Aufschwung brachte, lebten hier nur etwa 200 Menschen. Am 27. Mai 1940 wurde die Hauptstadt des Nordlands von deutschen Bombern zerstört, nach dem Krieg entstand das heutige, nüchterne Ortsbild mit dem großen, 1956 erbauten *Dom* (Torvgata 12, Tel. 75 51 95 30, Mitte Juni–Aug. Di–Fr 12–15 Uhr). Gegenüber befindet sich das **Nordlandsmuseet** (Prinsensgate 116, Tel. 75 50 35 00, www.salten museum.no, Mai–Aug. Mo–Fr 9–16, Sa/So 11–16, sonst Mo–Fr 9–15 Uhr), zu dem auch das *Bodøsjøen Friluftsmuseum* 2 km südöstlich vom Zentrum mit Wohn- und Bootshäusern und einer interessanten Bootssammlung gehört. Die nahe gelegene **Bodin Kirke** (Gamle Riksvei 68, Tel. 75 56 54 20, Juli–Mitte Aug. Mo–Fr 10–15 Uhr) geht auf das 13. Jh. zurück und besitzt ein hübsches barockes Altarbild sowie eine eindrucksvolle Renaissance-Kanzel.

Im Süden der Stadt befindet sich das **Norsk Luftfartsmuseum** (Olav V. gate, Tel. 75 50 78 50, www.luftfart.museum.no, Mitte Juni–Mitte Aug. tgl. 10–18, sonst Mo–Fr 10–16, Sa/So 11–17 Uhr), das in Form eines riesigen Propellers gestaltet ist. Hier kann man sich über die Entwicklung der zivilen und militärischen Luftfahrt informieren, den einstigen Flughafen-Kontrollturm besteigen oder mit dem *Flugsimulator* abheben.

Ausflüge

Bei gutem Wetter lohnt der Ausflug zum 3 km nordöstlich des Zentrums gelegenen Aussichtspunkt **Rønvikfjell** (164 m), der einen wunderschönen Blick über Stadt und Inselwelt bis zur spitz aufragenden Lofotenwand bietet. Bei klarem Himmel kann man hier die Mitternachtssonne beobachten oder schöne Spaziergänge auf dem Fjell unternehmen.

Ein Ausflug zum alten Handelsplatz **Kjerringøy** (Tel. 75 50 35 05, www.salten museum.no, Mitte Mai–Aug. tgl. 11–17 Uhr) führt über die Küstenstraße 834 etwa 40 km weit durch eine faszinierende Fjell-Landschaft mit kleinen Seen und rund geschliffenen Felsen (mit kurzer Fährüberfahrt). *Knut Hamsun* hat Kjerringøy

Mehrere Steinsockel mit Globus kennzeichnen den Verlauf des Polarkreises

Faszination Nordland: Zwischen Fauske und Narvik wirkt das Land einsam, gewaltig und unberührt

mit seinen Romanen ›Benoni‹ und ›Rosa‹ unter dem Namen Sirilund berühmt gemacht. Malerisch liegt das Ensemble alter *Holzhäuser* aus dem 19. Jh. am Meer vor bewaldeten Bergkuppen und spitzen Gipfeln.

Über weitere Ausflüge, z. B. zur Gletscherzunge *Engenbreen* des **Svartisen-Gletschers**, zum brausenden Gezeitenstrom **Saltstraumen** oder zu den Vogelinseln **Røst** und **Værøy** [s. S. 105] informiert das Tourismusbüro in Bodø.

i Praktische Hinweise

Information

Destinasjon Bodø, Sjøgata 3, Bodø, Tel. 75 54 80 00, www.visitbodo.com

Mitternachtssonne: 2. Juni–10. Juli

Hotels

Saltstraumen Hotel, Knaplund, Saltstraumen (33 km südlich von Bodø), Tel. 75 50 65 60, www.saltstraumen hotell.no. Hotel mit sehr guter Küche und Aussichten auf den stärksten Gezeitenstrom der Welt.

Skagen Hotel, Nyholmsgata 11, Bodø, Tel. 75 51 91 00, www.skagen-hotel.no. Modernes Hotel in zentraler Lage.

31 Auf der Küstenstraße nach Narvik

Knut Hamsuns Reich der Inspiration und die aufstrebende Erzstadt Narvik.

Kjelvik – Tømmernes – Hamarøy – Narvik

Wer nicht den Weg über die Lofoten [Nr. 32] nach Narvik wählt, sondern der E 6 folgt, erlebt das **Nordland** von seiner schönsten Seite. Meer und Gebirge scheinen fast nahtlos ineinander überzugehen. Gewaltige *Wasserfälle* stürzen von schroffen Steilwänden, *Schneefelder* und vergletscherte *Gipfel* blitzen in der Ferne, unzählige *Seen* locken zum Angeln und an warmen Sommertagen gehen die Norweger hier sogar zum Baden.

Nördlich von Fauske erreicht man in unmittelbarer Nähe der E 6 den **Husmannsplassen Kjelvik** (www.saltenmu seum.no, Mitte Juni–Mitte Aug. tgl. 11–17 Uhr), einen alten Häuslerhof. Dieser liebevoll restaurierte Hof lässt die Besucher ahnen, wie die Pachtbauern im Nordland

lebten: Fischfang, Holzverkauf, Jagd und ein paar Haustiere sicherten den Lebensunterhalt. 1967 verließ der letzte Bewohner Kjelvik. In den Sommermonaten werden Führungen veranstaltet und Kaffee, Waffeln oder der leckere Rahmbrei *Rømmegrøt* serviert. Ein schöner Spaziergang führt auf dem Fjordpfad hinunter ans Meer (ca. 30 Min.), wo früher ein Bootshaus stand.

Knut-Hamsun-Denkmal auf Hamarøy

Ein weiterer Halt lohnt sich bei **Tømmernes**, wo die Strecke nach Steigen abzweigt. Hier sind etwa 7000 Jahre alte *Felszeichnungen* von Rentieren bequem zugänglich (Park- und Picknickplatz).

Wenig später erreicht man über die Straße 81 die Insel **Hamarøy**, wo der Dichter *Knut Hamsun* seine Kindheit und Jugend verbrachte. Als er drei Jahre alt war, verließ seine Familie den Ort Garmo [s.S.86] im Gulbrandsdalen, um den Hof **Hamsund** (www.saltenmuseum.no, Mitte Juni–Mitte Aug. tgl. 11–18 Uhr) zu bewirtschaften. 1879 verließ er Hamarøy, doch 1911 kehrte er zurück, um den Hof **Skogheim** zu übernehmen. Die grandiose Natur des Nordlands bildet den Hintergrund für das literarische Werk Knut Hamsuns – überzeugend in Szene gesetzt im 2009 eröffneten **Hamsunsenteret** (Presteid, www. hamsunsenteret.no Mitte Juni–Mitte Aug. tgl 11–18, sonst Di–Fr 10–15.30, Sa/So 11–17 Uhr). Architektur, Literatur, Licht und Natur gehen in *Steven Holls* schlicht-modernem Holzturm am Flussufer des Gimmlas eine ebenso spannende wie informative Wechselbeziehung ein. Alle zwei Jahre (2012, 2014 etc.)

finden im August die *Hamsun-Tage* (www.knuthamsun.no) mit Ausstellungen, Konzerten und Vorträgen statt.

Die Hafenstadt **Narvik** ist eine Drehscheibe im Norden und im Sommer ein wichtiges Touristenzentrum. Hier zweigt die Strecke zu den Vesterålen und Lofoten ab. Ein Wegweiser im Zentrum informiert, dass man 739 km vom Nordkap, 1453 km von Oslo und 2007 km von Hamburg entfernt ist.

Narvik war um 1900 noch ein unbedeutendes Fischerdorf. Die Entwicklung zur Stadt begann erst 1903 mit der Eröffnung der Ofotbanen, die das Erz aus dem schwedischen Kiruna zum Hafen Narvik brachte. Dort konnte es ganzjährig verschifft werden. Den Eisenbahnarbeitern, den *Rallaren*, die in harter, gefährlicher Arbeit die Linie über das Hochfjell bauten, wurde in Narvik ein Denkmal gesetzt. Noch heute rollen auf der landschaftlich traumhaft schönen Strecke unzählige Waggons mit den kleinen Erz-Pellets und im Sommer mit Scharen von Urlaubern zum nördlichsten Bahnhof Norwegens.

Im Zweiten Weltkrieg wurde die Stadt bei schweren Gefechten zwischen Deutschen und Alliierten fast völlig zerstört. Nach dem Krieg erhielt sie ihr heutiges, nüchternes Erscheinungsbild, aber die schöne Lage am sich verzweigenden *Ofotfjord* und die herrliche Bergkulisse ringsum gleichen das aus.

Weit von Zuhause: Spätestens im Zentrum von Narvik wird man sich der Entfernung vom heimischen Herd bewusst

Vom 656 m hohen Hausberg **Fagernesfjell** (Gondelbahn im Sommer bis nach Mitternacht) hat man einen einmaligen Blick auf Stadt, Erzverladehafen, Ofot- und Nachbarfjorde, an klaren Tagen bis zu den Lofotbergen. Interessant ist eine Führung durch den modernen **Erzverladehafen** der Gesellschaft LKAB (Geführte Bustouren auf Anfrage, Mitte Juni–Mitte Aug., Tel. 76 96 56 00) oder ein Besuch des **Ofoten Museums** (Administrasjonsveien 3, Tel. 76 96 00 50, ofoten.museum.no, Mo–Fr 10–15 Uhr, Mitte Juni–Mitte Aug. auch Sa/So 11–16 Uhr) im ehemaligen Verwaltungsgebäude der *Norges Statsbaner* mit Gerätschaften des Fischereibetriebs.

Den Kriegsereignissen im Kampf um Narvik widmet sich das **Nordland Røde Kors Krigsminnemuseet** (Tel. 76 94 44 26, www.warmuseum.no, Mai–Mitte Juni Mo–Sa 10–16, Mitte Juni–Mitte Aug. Mo–Sa 10–21, So 12–18, , So 12–16, sonst Mo–Fr 11–15 Uhr) am Marktplatz im Zentrum.

Ein landschaftlich sehr schöner Ausflug führt mit der Ofotbanen hinauf aufs **Bjørnfjell** an der schwedischen Grenze (42 km). Langsam schnauft die Bahn entlang des Rombaksfjords durch unzählige Tunnel hinauf zur Hochfläche, die mit Seen und bunten Ferienhäuschen gespickt ist. Auf dem 514 m hohen Bjørnfjell lassen sich schöne lange Wanderungen unternehmen. Wer auf dem nördlichsten Golfplatz der Welt sein Handicap verbessern möchte, kann dies auf dem 18-Loch-Parcour im **Skjomen Golfpark** (Sandmoveien 1, Elvegard, www.narvikgolf.no) tun.

i Praktische Hinweise

Information

Narvik Turistkontor, Stasjonsveien 1 (Jernbanestasjonen), Narvik, Tel. 76 96 56 00, www.destinationnarvik.com

Mitternachtssonne: 25. Mai–18. Juli

Hotels

Quality Hotel Grand Royal, Kongensgate 64, Narvik, Tel. 76 97 70 00, www.choicehotels.no. Großes Hotel in zentraler Lage mit Restaurant und Nachtklub.

Norlandia Narvik Hotell, Skistuaveien 8, Narvik, Tel. 76 96 48 00, www.norlandia.no. Nahe der Talstation der Gondelbahn gelegenes Hotel mit Restaurant.

Ein malerischer Anblick: Den Hafen von Hamnøy auf Moskenesøy säumen traditionelle Fischerhütten, welche heute als Ferienhäuser äußerst beliebt sind

32 Lofoten

Spitze Gipfel im Meer und idyllische Fischerorte im ›Stockfisch-Archipel‹.

Å – Reine – Nusfjord – Borg – Henningsvær – Kabelvåg – Svolvær

Vor der Küste zwischen Bodø und Narvik liegen die Lofoten im Atlantik, eine etwa 170 km lange Inselkette, die zu den faszinierendsten Partien der norwegischen Küste gehört. Bis zu 1161 m erreichen Zacken und Tinde, von Graten, Schluchten und Karen durchzogen, manche bis in den Sommer schneebedeckt. Im Schutz der steilen **Lofotenwand** liegen pittoreske Fischerdörfer, in denen sich der Geruch von getrocknetem Dorsch mit dem von Meer und Tang vermischt. Bunte **Holzhäuser** scheinen sich an Schären und Küste festzukrallen, daneben unzählige Fischtrockengestelle. In den **Häfen** liegen Fischkutter vor blutrot gestrichenen Rorbuer. Die einfachen Fischerhütten stehen auf Stelzen im Wasser und die meisten von ihnen werden im Sommer an Urlauber vermietet. In sanft geschwungenen Buchten entdeckt man traumhaft weiße **Sandstrände**, türkisblaues, klares Wasser und Kolonien von **Möwen**, deren scharfer Schrei den Reisenden überall auf den Lofoten begleitet.

Ganz im Süden des Archipels, von den übrigen Inseln durch die Wasser des Moskenesstraumen getrennt, den schon Jules Verne und Edgar Allen Poe beschrieben, liegen die kleinen Inseln **Røst** und **Værøy**, die wegen ihrer Vogelkolonien (Papageientaucher) besonders von Ornithologen und Vogelfreuden gern besucht werden.

TOP TIPP

Wanderern, Kletterern, Surfern, Anglern und Fahrradfahrern bieten die Lofoten fast unbegrenzte Möglichkeiten – bei entsprechender Bekleidung. Denn auch im Hochsommer muss man hier mit raschem Wetterwechsel, Nebel, frischer Brise, viel Regen und kalten Tagen rechnen. Dafür sinken die Wintertemperaturen allerdings selten unter den Gefrierpunkt.

Am schönsten ist die Überfahrt zu den Lofoten mit der Fähre von Bodø nach *Moskenes*, bei gutem Wetter eine traumhafte, wenn auch bewegte Passage.

Å heißt das südlichste idyllische Fischerdorf der Lofoten. Es ist seit 1843 in Besitz der Familie Ellingsen und steht heute unter Denkmalschutz. In dem kleinen *Fiskeværsmuseum* (Tel. 76 09 14 88, www.lofoten-info.no, Mitte Juni–Mitte Aug. tgl. 10–17.30, sonst Mo–Fr 11–15.30 Uhr) mit Trankocherei, Schmiede und Bäckerei wird im Sommer köstliches Brot gebacken. Das *Lofoten Tørrfiskmuseum*

Faszinierende Reflektionen: Die Wasserfläche des Kirkefjords spiegelt die Rorbuer des Dorfes Reine und die imposanten Berge

(Tel. 76 09 12 11, www.lofoten-info.no, Mitte Juni–Mitte Aug. tgl. 10–17, 1. Juni- und 2. Augusthälfte tgl. 11–16 Uhr) das Trockenfischmuseum, ergänzt die Lofotkunde.

Die schönste Lage vor majestätischer Bergkulisse hat das Dorf **Reine** am Kirkefjord. Malerisch gruppieren sich die roten Rorbuer und Holzhäuser um das große runde Becken. Weithin bekannt sind die klassischen *Sommerkonzerte* in der Kirche. Leckere Fischgerichte werden in dem urig rustikalen Restaurant *Gammelbua* (Reine Rorbuer, Tel. 76 09 22 22, www.reinerorbuer.no, Mai–Aug.) serviert. Nebenan liegt das verträumte **Hamnøy**, wo neben der Straße eine *Dreizehenmöwenkolonie* brütet, und einige Kilometer weiter **Ramberg**, das einen schönen sichelförmig geschwungenen Sandstrand besitzt. Hier empfiehlt sich ein Abstecher nach **Nusfjord**. Nirgend sonst in Nordnorwegen hat sich die Atmosphäre eines Fischerdorfs so authentisch erhalten. Das Ensemble steht unter Denkmalschutz, im Lagerhaus am Kai wird noch Stockfisch gebündelt.

Die Lofot-Fischerei

Die Jagd galt und gilt dem **arktischen Dorsch** – jungem Kabeljau –, der zwischen Januar und April zum Laichen aus der Barentssee in den Vestfjord kommt, während der Küstendorsch das ganze Jahr über gefangen wird. Getrocknet, als **Stockfisch**, war der Dorsch lange wichtigster Exportartikel des Landes, der besonders in die Mittelmeerländer verkauft wurde. Im 19. Jh. erreichte die Lofot-Fischerei ihren Höhepunkt, doch während 1947 noch 20 000 Fischer aus ganz Nordnorwegen an der **Saison** im Winter teilnahmen, sank die Zahl Ende der 1980er-Jahre auf 2000. Heute hat neben der Kabeljau-Fischerei die Fischzucht an Bedeutung gewonnen.

Über die Hauptstraße E 10 erreicht man **Borg**, wo 1986–89 der bisher größte Häuptlingssitz Norwegens aus der Wikingerzeit ausgegraben und originalgetreu im **Lofotr Vikingmuseet på Borg** (Prestegårdsveien 59, Tel. 76 08 49 00, www.lofotr.no, Mai tgl. 10–16, Juni–Mitte Aug. tgl. 10–19, Mitte Aug.–Mitte Sept. tgl. 10–16, Dez./Jan. So 12–15, sonst Mi, So 12–15 Uhr) rekonstruiert wurde. Der 83 m lange und 9 m breite Hof wurde vermutlich um 500 erbaut und um 900 verlassen. In der liebevoll gestalteten *Ausstellung* erfährt man u.a., dass die Wikingerhäuptlinge zusammensteckbare Betten besaßen und auf Stroh und Daunen schliefen. Nach Wikingerart arbeiten hier *Handwerker* in authentischer Bekleidung. Ein Spaziergang führt hinunter ans Meer, wo

das Drachenschiff ›*Lofotr*‹ zu einer Bootsfahrt bereit liegt.

Bei schönem Wetter lohnt ein Abstecher zum Strand von **Haukland**, der sich mit zwei makellos weißen Sandbuchten präsentiert und ein idyllischer Aussichtspunkt für die Mitternachtssonne ist.

Das malerische **Henningsvær** wird auch ›Venedig des Nordens‹ genannt. Es ist seit 1983 durch zwei Brücken mit dem Festland verbunden und ist heute ein beliebtes Reiseziel. Im urigen *Fiskekrogen Henningsvær* direkt am Wasser wird längst kein Tran mehr gekocht, statt dessen serviert man Lofotspezialitäten wie Fischsuppe und das Stockfischgericht Bacalao.

Das benachbarte **Kabelvåg** war im 19. Jh. der bedeutendste Fischerort der Lofoten. Hier hat man König Øystein ein Denkmal gesetzt, der um 1120 die ersten Rorbuer (Fischerhütten) und 1103 eine Kirche in Vågan bauen ließ. Sehenswert ist das 1 km südlich vom Ort gelegene **Lofotakvariet** (Storvågan, Tel. 76 07 86 65, www.lofotakvariet.no, Feb.–April So–Fr 11–15, Mai–Nov. tgl. 11–15, Juni–Aug. tgl. 10–18 Uhr), in dem man die Fische des Nordatlantiks aus nächster Nähe beobachten kann. Faszinierend sind vor allem die Bewohner des *Großfischaquariums* wie der Heilbutt, der bis zu 300 kg schwer werden kann, der Steinbutt mit bis zu 25 kg oder der Dorsch mit bis zu 50 kg. Besonders drollig sind die *Seehunde* im Außenbecken. Das **Lofotenmuseum** (Storvågan, Tel. 76 06 97 90, www.lofotmuseet.no, Mai Mo–Fr 9–15, Sa/So 11–15, Juni–Aug. tgl. 10–18, Sept. Mo–Fr 9–15, So 11–15, sonst Mo–Fr 9–15 Uhr), ein Regionalmuseum im einstigen Wohnhaus des ›Dorfkönigs‹, gibt einen Überblick über den Lofot-Fischfang. Auch der Kontrast zwischen den einfachen Lebensverhältnissen der Fischer und dem Wohlstand eines Kaufmanns oder Fischerdorfbesitzers wird thematisiert.

Svolvær, die Hauptstadt der Lofoten, ist von Februar bis April das Zentrum der Lofot-Fischerei und auch Verkehrsdrehscheibe der Inselgruppe. Weniger das Stadtbild als die umgebenden Berge, wie die viel fotografierte *Svolværgeiß* (569 m), zwei Felsnadeln im Fløyfjell, machen den Reiz aus. Svolvær ist außerdem eine Stadt der Künstler: Im **Nordnorsk Kunstnersenter** (Svinøya, Tel. 76 06 67 70, www.nnks.no, Mitte Juni–Aug. tgl. 10–22, sonst Di–So 10–16 und 18–22 Uhr) und in anderen Galerien werden interessante Ausstellungen gezeigt.

Beliebt sind Ausflugsfahrten in den **Trollfjord**, einen 2 km langen und nur 80 m breiten Fjord im Raftsund. Er bildete den Rahmen für *Johan Bojers* Roman ›Der letzte Wikinger‹ (1921), in dem der Autor

Wikingermuseum Lofotr: Bunte Ausstellungsgebäude säumen das gigantische Haupthaus des einstigen Häuptlingssitzes in Borg

die Schlacht im Trollfjord vom 6. März 1890 beschreibt, ein Kampf um die Fischgründe zwischen den mächtigen Dampfschiffbesitzern und den alteingesessenen einfachen Fischern.

i Praktische Hinweise

Information

Destination Lofoten AS, Svolvær, Tel. 76 06 98 07, www.lofoten.info

Mitternachtssonne: 28. Mai–14. Juli

Schiff

Autofähren gibt es u.a. von Bodø nach Moskenes, von Skutvik nach Svolvær und von Bognes nach Lødingen. Außerdem gibt es **Schnellbootverbindungen** zwischen Bodø und Svolvær. Zudem laufen die Schiffe der **Hurtigruten** die Lofoten und Vesterålen an.

Hotels

Å-Hamna Rorbuer, Sørvågen, Tel. 76 09 12 11, www.lofotenferie.com. Rorbu-Unterkunft und freundliches Restaurant mit herrlichem Blick über die Bucht.

Henningsvær Bryggehotel, Henningsvær, Tel. 76 07 47 50, www.henningsvaer.no. Elegantes Hotel am Hafen von Henningsvær.

TOP TIPP **Nusfjord Rorbuanlegg**, Ramberg, Tel. 76 09 30 20, www.nusfjord.no. Rund um die gemütlich modernisierten Fischerhütten ist viel Abwechslung geboten: Bootsvermietung, Wanderwege und Hochseeangelfahrten.

Rica Hotel Svolvær, Lamholmen, Svolvær, Tel. 76 07 22 22, www.rica-lofoten.no. Modernes Hotel auf Stelzen im Meer in Zentrumsnähe.

Restaurant

Fiskekrogen, Dreyersgate. 29, Henningsvær, Tel. 76 07 46 52, www.fiskekrogen.net. Eines der besten Fischrestaurants der Lofoten (Okt.–Febr. nur Gruppen auf Voranmeldung).

33 Vesterålen

Fischerdörfer, Vogelfelsen und Walsafari.

Melbu – Stokmarknes – Langøya – Andøya

Die Inselgruppe Vesterålen schließt unmittelbar an die Lofoteninseln an. Sie ist weitläufiger, neben spitzen Tinden findet man rund geschliffene Kuppen, Moorgebiete, fruchtbare Ebenen und schöne Sandstrände. 32 500 Menschen leben auf den durch Brücken verbundenen Inseln noch immer vorwiegend von der Fisch verarbeitenden Industrie.

Von Süden kommend erreicht man zuerst die kleine *Hadseløya* mit den Orten **Melbu**, das durch seine Kulturwoche *Sommer Melbu* (www.sommermelbu.no) mit Konzerten und Ausstellungen im Juli Bekanntheit erlangt hat, und **Stokmarknes**, wo die Hurtigruten-Schifffahrt ihren Anfang nahm. Der alten Postschiffroute, die noch immer die norwegische Küste von Bergen bis nach Kirkenes im Linienverkehr bedient, ist das **Hurtigrutemuseet** (Richard Withs plass, Tel. 76118190, www.hurtigrutemuseet.no, 15. Juni–14. Aug. tgl. 10–18, 15. Mai–14. Juni und 15. Aug.–14. Sept. tgl. 12–16, sonst Mo–Fr, So 14–16 Uhr) gewidmet. Wer die Atmosphäre der ›schönsten Schiffsreise der Welt‹ schnuppern möchte, kann als Passagier die kurze Strecke von Stokmarknes südwärts nach Svolvær buchen, die es zudem ermöglicht, den berühmten Troll-fjord zu erleben. Die Rückreise erfolgt anschließend per Bus.

Über die 33 m hohe Hadselbrücke erreicht man die Nachbarinsel **Langøya**, auf welcher der alte Handelsplatz **Jennestad** (www.jennestad.no) 10 km nordwestlich von Sortland mit einem urigen alten Kramladen und das Fischerdorf **Nyksund** (www.nyksund.com) ganz im Norden einen Besuch lohnen. In den 1970er-Jahren wanderten die letzten Bewohner ab und Nyksund verfiel, bis in den 1980er-Jahren junge Leute den Charme des Ortes entdeckten und einige Häuser wieder instand setzten.

Ein markierter Wanderweg führt von Nyksund zum Fischerort **Stø**, in dem Bootsfahrten zur Wahlbeobachtung angeboten werden. Hübsch sind auch die kleinen Fischerdörfer **Hovden**, **Nykvåg** und **Steine** im Westen der Insel, wo man Rorbu-Ferien abseits von Hektik und Trubel verbringen kann.

TOP TIPP Die nördlichste Insel der Vesterålen, **Andøya**, ist landschaftlich sehr abwechslungsreich. Das gezackte Inselfjell bildet einen schönen Kontrast zu den ausgedehnten Mooren, wo große Mengen von Moltebeeren, die köstlichen orange-gelben arktischen Brombeeren, wachsen. Ornithologen kennen die Insel als Brutgebiete von *Basstölpeln* (nahe Nordmela) und *Papageientauchern*. Zum Vogelfelsen Bleiksøya vor Bleik werden Bootsfahrten veranstaltet. Die **Walsafari** jedoch ist die Hauptattraktion der Insel. Sie wird im nördlichsten Ort der Vesterålen veranstaltet. Das Meer vor **Andenes** ist ein guter Standort, um Pottwale zu beobachten. ›Moby Dick‹ ist der größte Vertreter der Zahnwale, er kann bis zu 20 m lang und 60 t schwer werden. Zwischen 25. Mai und 15. Sept. werden täglich vier- bis fünfstündige Fahrten angeboten, wenn es die Wetterverhältnisse erlauben. Warme Klei-

Nicht nur Ornithologen haben an ihnen ihre Freude: Papageientaucher auf Bleiksøya

TOP TIPP

Auf Walsafari mit Mitarbeitern des Walzentrums Andenes: nicht der Jagd wegen, sondern um die Riesensäuger besser kennen zu lernen

Aurora Borealis – Faszination Nordlicht

Die einzigartige Erscheinung des Nordlichts, grün-gelbe oder rötlich-violette, sich flackernd am Himmel bewegende Lichtbänder, erlebt man am besten in klaren Winternächten von Februar bis April. Das Nordlicht, auch **Polarlicht** genannt, entsteht, wenn positiv oder negativ geladene elektrische Partikel des Sonnenwinds in einer Höhe von 100–300 km auf neutrale Gaspartikel in der Erdatmosphäre treffen. Die frei gesetzte Energie erscheint als Licht. Je weiter man sich dem Pol nähert, desto intensiver werden diese Himmelsphänomene. Denn am Pol verläuft das Magnetfeld senkrecht zur Erdoberfläche.

dung ist ratsam und seefest sollte man auch sein. Die Wahrscheinlichkeit, Wale zu sehen, liegt bei 95%. Sollte wider Erwarten kein Pottwal auftauchen, darf man die Tour kostenlos wiederholen. **Det Norske Hvalsenter** (Hamnegata 1 c, Andenes, Juni–Mitte Sept. tgl. 8–16, Mitte Juni–Mitte Aug. tgl. 8–19.30, Walsafari-Buchung, Tel. 76115600, www.whalesafari.no), das die Touren organisiert, zeigt zudem eine interessante Ausstellung über Körperbau, Lebensweise, Sozialverhalten und Kommunikation der Riesensäuger.

Lohnend sind auch die Besteigung des 1859 errichteten Leuchtturms **Andenes Fyr** (www.fyr.no) und der Besuch des nahen **Nordlyssenteret** (Tel. 76144400, Mitte Juni–Mitte Aug. tgl. 12–14 Uhr), welches das physikalsiche Phänomen Nordlicht dokumentiert. Auch im unterhaltsam gestaltete Naturzentrum **Hisnakul** (Hamnegata 1, Tel. 76141203, www.hisnakul.no, Mitte Juni–Aug. tgl. 10–18, sonst tgl. 9–16 Uhr) erfährt man viel über das Nordlicht. Ferner sind Fischfang, Geologie und Ornithologie Themen der Sammlung. Das **Polarmuseet** (Richard Withs gate 9, Tel. 76115432, www.museumnord.no, Mitte Juni–Mitte Aug. tgl. 10–18 Uhr) im Zentrum von Andenes ging aus der Sammlung des Spitzbergen-Überwinterers *Hilmar Nøys* hervor. Hochseeangelfahrten, Tauchkurse, Fahrrad- und Bootsverleih sowie Reitmöglichkeiten runden das touristische Angebot ab.

i Praktische Hinweise

Information

Andøy Turistinformasjon, Hamnegata 1c, Fyrvika, Andenes, Tel. 76141203, www.andoyturist.no

Fähren

Senjafergene, www.senjafergene.no. Fähren von der Insel Andøy zur Insel Senja verkürzen die Strecke nach Tromsø erheblich.

Hotels

Norlandia Andrikken Hotell, Storgata 53, Andenes, Tel. 76141222, www.norlandia.no. Komforthotel in zentraler Lage mit Restaurant und Bar.

Norlandia Lankanholmen Apartments, Storgata 53, Andenes, Tel. 76141222, www.norlandia.no. Moderne Apartments direkt am Hafen.

34 Tromsø

Das ›Paris des Nordens‹.

Die Straße E6 von Narvik nach Tromsø, führt durch einsame Natur, vorbei an Bergseen, Lachsflüssen und Birkenwäldern: die richtige Szenerie für den **Polar Zoo** (Salangsdalen, Bardu, Tel. 77 18 66 30, www.polarzoo.no, Juni–Aug tgl. 9–18, sonst Mo–Fr 9–16, Sa/So 11–15 Uhr) nahe *Fossbakken*. In dem Wildtierpark leben die vier großen Polar-Raubtiere Wolf, Luchs, Braunbär und Vielfraß, ferner Moschusochsen, Rentiere und Rothirsche in riesigen Gehegen, welche die natürliche Umgebung nachahmen.

Die ›Pforte zum Eismeer‹ wird **Tromsø** auch genannt. Die Stadt hat sich in den letzten Jahrzehnten zu Nordnorwegens wichtigstem Zentrum entwickelt. Sie liegt auf einer Insel und ist über elegante Brücken mit dem Festland und der Insel Kvaløya verbunden.

Geschichte Schon seit Jahrtausenden leben hier Menschen, wie Siedlungsspuren und Felszeichnungen beweisen. 1252 wurde an der Küste eine kleine Kirche errichtet. 1794 erhielt Tromsø Stadtrechte. Den wirtschaftlichen Aufschwung bewirkten Heringsschwärme im 19. Jh. und der Walfang. Von Tromsø aus starteten zahlreiche **Polarexpeditionen** mit berühmten Forschern wie Nansen, Andrée und Amundsen, dem am Kai nahe der Anlegestelle der Hurtigruten ein Denkmal gesetzt wurde. Heute ist Tromsø eine junge, sehr lebendige Stadt mit einer Universität und zahlreichen Forschungseinrichtungen. Die Vielzahl von kulturellen Veranstaltungen, von Restaurants, Pubs und Discos ließen die Stadt zum ›Paris des Nordens‹ werden. Hier wird das nördlichste Bier Norwegens gebraut, das bekannte *Mackøl* (øl = Bier), dessen Markenzeichen der weiße Eisbär ist. Tromsø wäre nur unvollständig beschrieben, ohne die berühmte **Tromsøpalme** (*Heracleum tromsoensis*) erwähnt zu haben, eine bis zu 4 m hoch wachsende Pflanze, die hier trotz der Nähe zur Arktis erstaunlich gut gedeiht.

Besichtigung Als eine der wenigen Städte im Norden wurde Tromsø im Zweiten Weltkrieg nicht zerstört. Bei einem Stadtbummel entdeckt man daher hübsche

Geschäftig wie am helllichten Tage: In Tromsø dauert die sonnenlose Zeit der Polarnacht fast drei Monate, vom 25. November bis zum 21. Januar

Holzhäuser aus der Empirezeit und im Jugendstil, Kaufmannshäuser am Anfang der **Sjøgate** ❶ und in der **Skippergate** ❷. Ein paar Schritte weiter lohnt das **Polarmuseet** ❸ (Tollbodgata 11, Tel. 77 60 66 30, www.polarmuseum.no, März–Sept. tgl. 11–17, Mitte Juni–Mitte Aug. tgl. 10–19, Okt.–Febr. tgl. 11–16 Uhr) einen Besuch, das über die Geschichte des Walfangs, über Polartiere und Überwinterer auf Spitzbergen informiert. Eine eigene Abteilung ist dem bekanntesten norwegischen Polarforscher *Roald Amundsen* (1872–1928) gewidmet, der am 14. Dezember 1911 mit Hundeschlitten als erster Mensch den Südpol erreichte, 35 Tage vor seinem großen Kontrahenten, dem Engländer Robert F. Scott. Sehr zu empfehlen ist ferner ein Besuch des 4 km südlich des Stadtzentrums gelegenen **Tromsø Museum Universitetsmuseet** ❹ (Lars Thørings veg 10, Tel. 77 64 50 00, www.uit.no, Juni–Aug tgl. 9–18, sonst Mo–Fr 9–16.30, Sa 12–15, So 11–16 Uhr), das ausführlich über die Themenbereiche Geologie, Botanik, Zoologie, Archäologie, Meeresbiologie und samische Völkerkunde informiert. Hier erfährt man z. B. alles über die Erdölförderung in der Nordsee und lernt das Kreischen verschiedener Seevögel zu unterscheiden.

Dem Thema Polarwelt ist das arktische Erlebniszentrum **Polaria** ❺ (Hjalmar Johansens gate 12, Tel. 77 75 01 00, www.polaria.no, Mitte Mai–Aug. tgl. 10–19, sonst tgl. 12–17 Uhr; Training und Fütterung der Seehunde tgl. 12.30 und 15.30 Uhr) gewidmet. Es gibt einen Film über Svalbard (Spitzbergen) zu sehen, und vor allem Aquarien mit Fischen aus hiesigen Gewässern. Faszinierende Perspektiven auf die sich im Wasser tummelnden Bartrobben eröffnet ein Spaziergang im Glastunnel durch eines der Becken.

Die **Tromsøbrua** ❻ führt über den breiten Sund auf das Festland. Am Ende der langen Brücke steht die **Ishavskatedralen** ❼ (Hans Nilsens vei 41, Tromsdalen, Tel. 47 68 06 68, www.ishavskatedralen.no, Juni–Mitte Aug. Mo–Sa 10–19, So 13–19, Mitte Sept.–Mitte Mai tgl. 16–18, sonst tgl. 15–18 Uhr; Orgelkonzerte Juni/Juli tgl. 14 Uhr), die Eismeerkathedrale. Sie wurde 1965 von *Jan Inge Hovik* entworfen und symbolisiert Eis, Polarnacht und Nordlicht. Sehenswert ist das große *Glasmosaik* von Victor Sparre an der Fassade.

Südwärts erreicht man die Talstation der Gondelbahn **Fjellheisen** ❽ (Solliveien 12, Tromsdalen, Tel. 77 63 87 37, www.fjellheisen.no, Mitte Mai–Mitte Aug. tgl. 10–1, Mitte–Ende Aug. tgl. 10–22, Mitte April–Mitte Mai und Sept. tgl. 10–17, sonst tgl. 11–16 Uhr), die im Sommer bei gutem Wetter bis nach Mitternacht zum 420 m hohen Hausberg *Storsteinen* hinauffährt. Von oben hat man bei klarem Himmel einen fantastischen Blick über die Stadt, die Inselwelt und den Schiffsverkehr im Tromsøsund. Die hübsche Hochebene voller Birkenpilze und Heidelbeeren eignet sich für erholsame Spaziergänge und Wanderungen.

Ebenfalls auf dem Festland liegt das **Tromsø Forsvarsmuseum** ❾ (Solstrandveien, Kaldslett, Tel. 77 65 54 40, www.tromsoforsvarsmuseum.no, Juni–Mitte Aug. Mi–So 12–17, Mai und Mitte Aug.–Sept. So 12–17 Uhr). In der früheren deutsche Marinebatterie wird eine militärhistorische Ausstellung über das Schlachtschiff ›Tirpitz‹ gezeigt, das am 12. November 1944 westlich vor Tromsø versenkt wurde.

i Praktische Hinweise

Information

Turistinformasjonen, Kirkegata 2, Tromsø, Tel. 77 61 00 00, www.destinasjontromso.no

Die moderne Tromsdalen Kirke oder Eismeerkathedrale ist wegen ihrer auffälligen Architektur ein Wahrzeichen Tromsøs

Mitternachtssonne: 20. Mai–22. Juli

Hotels

Clarion Collection Hotel With, Sjøgata 35–37, Tromsø, Tel. 77 66 42 00, www.choicehotels.no. Modernes Hotel im Stil der historischen Lagerhäuser am Hafen.

ABC Hotell Nord, Parkgata 4, Tromsø, Tel. 77 66 83 00, www.hotellnord.no. Nette zentrumsnahe Pension.

Rica Ishavshotel Tromsø, Fr. Langesgate 2, Tromsø, Tel. 77 66 64 00, www.rica-hotels.com. Das komfortable Hotel am Wasser erinnert an eine Schiffsbrücke.

Restaurants

Compagniet Restauration, Sjøgata 12, Tromsø, Tel. 77 66 42 22, www.compagniet.no. Ausgezeichnetes Restaurant im 1837 erbauten Haus eines Kaufmanns, der durch Tran- und Trokkenfischhandel zu Wohlstand kam.

Peppermøllens Mat og Vinhus, Storgata 42, Tromsø, Tel. 77 68 62 60, www.utelivsbyen.no. Eines der ältesten Restaurants in Tromsø, das wegen seiner originellen Fischgerichten bekannt ist.

Skarven Kro, Strandtorget 1, Tromsø, Tel. 77 60 07 20, www.skarven.no. Das Restaurant in einer früheren Margarinefabrik bietet gute Küche, darunter Fisch- und Wildgerichte.

35 Alta

Gletscher und frühgeschichtliche Felszeichnungen im Land der Samen.

Zwischen Tromsø und Alta folgt ein Fjord dem anderen. Besonders schön ist der breite, von den Lyngsalpen dominierte **Lyngenfjord**. Bei dem alten Marktflecken *Skibotn* hat man einen fantastischen Blick auf den vergletscherten *Jiekkevarre* (1833 m), den ›Mont Blanc des Nordens‹, der 1899 zum erstenmal bestiegen wurde.

Alltagsmotive aus uralten Tagen: Felszeichnungsfeld Hjemmeluft in Alta

1596 m ragt der Gipfel des Store Jegervasstind aus den Lyngsalpen am Lyngenfjord empor

Gut 200 km nördlich lohnt ein Abstecher zum 46 km² großen **Øksfjordjøkelen**, dem einzigen Gletscher auf dem europäischen Festland, der ins Meer kalbt. Wer dieses Phänomen aus der Nähe beobachten möchte, zweigt 1 km hinter dem Weiler *Altaeidet* zum Jøkelfjord nach Saltnes ab. Dort besteht die Möglichkeit, sich per Motorboot in ca. 15 Min. in Gletschernähe fahren zu lassen.

Wenige Kilometer hinter dem Abzweig erreicht man die Provinzgrenze zwischen Troms und der Finnmark, dem Land der Samen. Hier, in Norwegens nördlichstem Regierungsbezirk, einem der am dünnsten besiedelten Gebiete Europas, treffen drei Kulturen aufeinander: Samen, Norweger und eingewanderte Finnen, auch Kvener genannt.

Landschaftlich schön an der Mündung des Altaelv, der zu den besten Lachsflüssen der Welt zählt, liegt das 8 km langgezogene **Alta**. Einst war der Ort ein kleiner Marktplatz, zu dem die Samen zweimal im Jahr kamen, heute ist er mit 18300 Einwohnern ein wichtiges Wirtschafts- und Verwaltungszentrum für die westliche Finnmark.

TOP TIPP Hauptattraktion ist das große Felszeichnungsfeld **Hjemmeluft**, das 1973 entdeckt wurde und über das **Alta Museum** (Altaveien 19, Tel. 78 45 63 30, www.alta.museum.no, Mitte Juni–Mitte Aug. tgl. 8–20, Mai–Mitte Juni und Mitte–Ende Aug. tgl. 8–17, sonst Mo–Fr 9–15, Sa/So 11–16 Uhr) im südlichen Stadtteil Bossekop zugänglich ist. Es wurden rund 3200 Felsbilder freigelegt, und seit 1985 sind sie als UNESCO Weltkulturerbe geschützt. Unzählige kleine Motive kann man auf einem schönen, ca. 5 km langen Spaziergang entdecken: Menschen, Jagd- und Fischfangszenen, Boote, Bären, Rentiere und Vögel.

Eine schöne Bootstoour führt in den **Alta Canyon** (Alta Friluftspark, Storelvdalen, Alta, Tel. 78 43 33 78, www.alta-friluftspark.no), Nordeuropas längste Schlucht. Bis zu 250 m tief hat sich der *Altaelva* in die Hochebene der *Finnmarksvidda* eingekerbt. Sicher gleiten die traditionellen, eleganten Langboote über die Stromschnellen und erreichen nach etwa 1 Std. den Eingang zum Canyon. Die Abfahrt richtet sich nach dem Wasserstand und den Wetterverhältnissen. Warme und Wasser abweisende Kleidung wird empfohlen.

Am Alta River Camping kann man eine Samische **Siida** (Wohnplatz, www.samisiida.no) besuchen, Rentiere aus nächster Nähe betrachten und an der Herstellung samischer Handwerksprodukte (*Doudji*) teilnehmen.

Praktische Hinweise

Information

Alta Turistinformasjon, Markveien23-25, Alta, Tel. 78 44 95 55, www.visitalta.no

Hotel

Gargia Fjellstue, 25 km südlich von Alta Richtung Kautokeino, Tel. 78 43 33 51, www.gargia-fjellstue.no. Gemütliche Hütten oder einfache Zimmer. Im Restaurant werden landestypische Gerichte wie Wild und Lachs köstlich zubereitet.

Weit herab reicht die Gletscherzunge des Øksfjordjøkelen an der Provinzgrenze zwischen Troms und der Finnmark

36 Hammerfest

Die nördlichste Stadt der Welt.

Nördlich von Alta wird die Landschaft einsam, Seen und kleine Birkenwälder begleiten die Straße, die allmählich auf die Hochfläche *Sennaland* (385 m) ansteigt, eine faszinierend karge Gegend mit kriechender, vom Wind gepeitschter Vegetation. Auf dem Fjell haben **Samen** ihre Sommerquartiere und Stände, an denen sie Rentierfelle, Geweihe und samisches Kunsthandwerk verkaufen. Einige malerische Hängebrücken überspannen den Fluss, an dem geangelt wird.

Nicht etwa wegen besonderer Kunstschätze zieht Hammerfest, die größte Stadt der Finnmark, jeden Sommer Zehntausende von Touristen an. Magnetwirkung hat der Umstand, dass man hier bei 70° 39' 48'' die nördlichste Stadt Europas betritt. In Hammerfest zu leben, bedeutet Abgeschiedenheit, sind es doch zu den beiden nächsten größeren Städten Tromsø oder Kirkenes mindestens 500 km durch unbesiedeltes Land.

1789 erhielt Hammerfest, das einen ideal geschützten, ganzjährig eisfreien **Hafen** besitzt, Stadtrechte. Russlandhandel und Fischerei brachten dann den Aufschwung. Der Eisbär im **Stadtwappen** erinnert an die Zeit, in der Hammerfest als Eismeer- und Walfangzentrum bekannt war. 1809 verwüsteten britische Schiffe während der Napoleonischen Kriege die Stadt, 1890 ein Brand, doch 1891 erhielt sie als erste Stadt Norwegens elektrische Straßenbeleuchtung. 1944/45 wurde Hammerfest beim Rückzug der deutschen Truppen vollkommen zerstört, erholte sich aber nach dem Wiederaufbau dank dem lebhaften Hafen und der Fisch verarbeitenden Industrie. Das hiesige **Gjenreisningsmuseet** (Wiederaufbaumuseum, Kirkegata 21, Tel. 78 40 29 30, www.gjenreisningsmuseet.no, Juni–Aug. tgl. 9–16, sonst tgl. 11–14 Uhr) informiert über den Zweiten Weltkrieg und seine Folgen. Vom Turm des Museums hat man einen weiten Blick über die Stadt.

Ein schönes *Panorama* bei Mitternachtssonne über der halbkreisförmigen Bucht bietet sich vom 80 m hohen Aussichtspunkt **Salen**, den man mit dem Auto oder zu Fuß über den *Zick-Zack-Weg* erreicht. Der Serpentinenpfad wurde 1891 angelegt. Hier oben wie bei der Stadt sieht man Rentiere, die den Sommer an der Küste verbringen.

Hammerfest um zwölf Uhr mittags: In der nördlichsten Stadt der Welt ist während der Polarnacht für zwei Monate kein Sonnenstrahl zu sehen

Im Rathaus residiert der **Königliche Eisbärenklub**, in dem man gegen eine Gebühr Mitglied werden und die kleine Sammlung zur Tierfanggeschichte im Eismeer anschauen kann. Im Nordwesten der Stadt steht auf der Halbinsel *Fuglenes* die berühmte Säule **Meridianstøtten**, die an die erste genaue Vermessung des Erdumfangs (1816–52) durch Wissenschaftler aus Schweden, Russland und Norwegen erinnert. An der Spitze der Halbinsel Fuglenes steht die rekonstruierte Verteidigungsanlage **Skansen** von 1810.

i Praktische Hinweise

Information

Hammerfest Turist, Sjøgata 6, Hammerfest, Tel. 78 41 21 85, www.hammerfest-turist.no. Neben Hochseeangeltouren werden Ausflüge zum Nordkap (mit Boot und Bustransfer) angeboten.

Mitternachtssonne: 16. Mai–27. Juli

Hotel

Rica Hotel Hammerfest, Sørøygata 15, Hammerfest, Tel. 78 42 57 00, www.rica-hotels.com. Modernes Hotel im Zentrum am Hafen mit Restaurant und Bar.

Restaurants

Odds Mat og Vinhus, Strandgaten 24, Hammerfest, Tel. 78 41 37 66. Gutes Restaurant im maritimen Stil.

Turistua, Salen, Hammerfest, Tel. 41 51 56 44, www.arcticcafe.no. Panoramarestaurant auf dem Aussichtshügel Salen. Sechs Zimmer (Sept.–Mitte Mai geschl.).

37 Nordkap

TOP TIPP *Zauber der Natur oder Ausverkauf? – Europas bekannteste Klippe*

Die letzten rund 215 km von Hammerfest bis zum Nordkap an der Spitze der Insel **Magerøya** führen in eine unwirtliche baumlose Landschaft, in der gelegentlich Rentiere und Verkaufsstände der Samen zu sehen sind. Hier im Küstenbereich liegen die ausgedehnten Sommerweiden der **Rentierzüchter** aus der inneren Finnmark. Hin und wieder hängt **Stockfisch** auf Trockengestellen, ab und zu taucht ein Farbfleck auf, der sich beim Näherkommen als ein Haus entpuppt. Der 1999 eröffnete mautpflichtige **Tunnel** zwischen Kåfjord und Honningsvåg bildet den Zugang zur Nordkapinsel.

Honningsvåg ist ein betriebsames Hafenstädtchen auf Magerøya, das von Fischverarbeitung und Tourismus lebt. Kreuzfahrtschiffe aus aller Welt und die *Hurtigruten-Schiffe* bringen im Sommer Zehntausende von Menschen zusätzlich zu den Autotouristen in den kleinen Ort. Touristeninformation, Souvenirladen und **Nordkappmuseet** (Tel. 78 47 72 00, www.nordkappmuseet.no, Juni–Mitte Aug. Mo–Sa 10–19, So 12–19, sonst Mo–Fr 12–16 Uhr) sind unter einem Dach am Hafen untergebracht: Das Museum zeigt Lokalgeschichte, überwiegend zur Fischerei, und veranschaulicht die harten Lebensbedingungen am nördlichsten Zipfel Europas, der immerhin seit über 10 000 Jahren bewohnt ist.

Die **Nordkapstraße** führt durch karge Vegetation, die überwiegend aus Moosen und Flechten besteht und Nahrungsgrundlage für die rund 4000 Rentiere bildet, die jedes Jahr von der Finnmarksvidda auf die Sommerweiden der Insel Magerøya getrieben werden.

Der magische Punkt, das Ziel aller Träume und tausender langer Kilometer ist das **Nordkap** bei 71°10'21" nördlicher Breite am Ende der Insel: eine 307 m hohe Klippe, die senkrecht aus dem Nordpolarmeer aufragt. Das Nordkap ist nicht mehr frei zugänglich, es wird eine kräftige ›Eintrittsgebühr‹ verlangt (April–Okt.). Im Winter werden *Schneescooter-Safaris* zum Nordkap veranstaltet. Erwischt man einen schönen Tag mit *Mitternachtssonne* (12. Mai–31. Juli), kann man den Sonnenball gemächlich am Horizont entlangziehen sehen. Der unglaubliche Touristenansturm auf dem Felsplateau nimmt jedoch einiges vom Zauber dieses wirklich bewegenden Naturschauspiels. Weil aber die Klippe häufig in dichten Nebel, peitschenden Regen oder Schneesturm gehüllt ist (Durchschnittstemperatur für Juli 10° C), hat man eine vierstöckige **Nordkapphallen** (Tel. 78 47 68 60) in den Fels sprengen lassen mit einem *Kinoraum*, in dem man die Mitternachtssonne im Supervideograph erleben kann.

Wer die Mitternachtssonne mit weniger Trubel erleben möchte, fährt in den kleinen Fischerort **Skarsvåg**, wo der Fußweg nach *Kirkeporten* (20 Min.) beginnt. Kurz nach Mitternacht scheint dort die Sonne durch das große Felsentor. Besonderen Charme besitzen auch die kleinen Fischerdörfer *Gjesvær* und *Kamøyvær*.

Zu Hunderten auf dem Weg zur Sommerweide: In den kargen Weiten der Finnmarksvidda trifft man mehr Rentiere als Menschen

Ein magischer Punkt – das Nordkap ist die bekannteste Steilklippe Europas

i Praktische Hinweise

Information

Nordkapp Reiseliv, Fiskeriveien 4, am Hafen, Honningsvåg, Tel. 78 47 70 30, www.nordkapp.no. Auch Vermittlung von Ferienwohnungen und Ferienhäusern.

Hotels

Da das Nordkap ein beliebtes Ziel von Gruppenreisen ist, sollte man für die Hauptsaison frühzeitig reservieren.

Rica Bryggen Hotel, Vågen 1, Honningsvåg, Tel. 78 47 72 50, www.rica-hotels.com. Nett gestaltetes Hotel am Hafen im Stil moderner Rorbuer.

Rica Hotel Nordkapp, Skipsfjorden, 7 km außerhalb von Honningsvåg, Tel. 78 47 72 60, www.rica-hotels.com. Schön gelegenes Hotel mit Restaurant, in warmen Holztönen ausgestattet.

38 Ostfinnmark

Tundra, Permafrostböden und die Stadt an der russischen Grenze.

Tana bru – Vardø – Hamningberg – Kirkenes

Vom Nordkap bis nach Kirkenes, dem Endpunkt der in Südschweden beginnenden E6, sind es noch einmal rund

500 km. An der Strecke liegt das **Stabbursnes Naturhus og Museum** (Indre Billefjord, Tel. 78 46 47 65, www.stabbursnes.no, Mitte Juni–Mitte Aug. tgl. 9–20, Anfang–MItte Juni und Mitte–Ende Aug. tgl. 11–18, Sept.–Mai Di, Do 12–15, Mi 12–18 Uhr). Man erfährt Interessantes über Geologie, Natur und Kultur der Finnmark, die Lebensweise der Rentiere, über die Plagegeister der Finnmark, die Mücken, und über den *Stabbursdalen Nationalpark*.

Durch abwechslungsreiche, weitgehend menschenleere Gegend, vorbei an sanften Fjorden und weiten Tundrahochebenen, kommt man nach **Tana bru**. Hier, im Zentrum der waldreichen Region, wird Norwegisch, Samisch und Finnisch gesprochen. Der Ort mit einer bekannten Silberschmiede liegt direkt am breiten Tana, Norwegens drittlängstem Fluss und einem der besten Lachsgewässer der Welt. Das kleine *Tana Museum* (Polmak, 78 92 90 18, Juni–Aug. tgl. 10–17 Uhr) erläutert die Lachsfischerei an dem berühmten Fluss. Über Angeltouren, Reitausflüge und Wanderungen in der Umgebung des Berges Rastigaissa informiert die schön gelegene **Levajok Fjellstue** (Tel. 78 92 87 14, www.levajok.no, mit Übernachtungsmöglichkeit).

Eine Stichstraße führt nach Vardø auf der großen **Varanger-Halbinsel**, die im Süden vom breiten Varangerfjord begrenzt wird. Kahle bis zu 400 m hohe Bergkuppen und *Tundralandschaft* mit Mooren, Moosen, Flechten und äsenden *Rentieren* prägen das Landschaftsbild. Bäume wachsen in diesem rauen Klima nicht mehr, die wenigen Orte, deren Einwohner fast ausschließlich von Fischfang und -verarbeitung leben, liegen an der Küste und wären ohne die Versorgung über die täglich befahrene *Hurtigruten* kaum lebensfähig.

Über **Vadsø** und die Vogelinsel **Ekkerøya**, auf der jedes Jahr Tausende von Dreizehenmöwen, Gryllteisten, Eiderenten und Sturmmöwen brüten, gelangt man nach **Vardø** – Ultima Thule. Die Festungsstadt an der Barentssee ist die östlichste Stadt Norwegens. Obwohl der Golfstrom für relativ warme Temperaturen sorgt, bleiben selbst die sommerlichen Grade sehr niedrig. Die Hauptsehenswürdigkeit ist die **Vardøhus Festning** (Festningsgaten 20, Tel. 91 68 85 58, Mitte April–Mitte Sept. tgl. 10–21, sonst tgl. 10–18 Uhr) mit sternförmigen Wallanlagen, die 1734–38 von Christian VI. erbaut wurde. Kanonenschüsse begrüßen hier nach der fast zweimonatigen Dunkelzeit die Sonne.

Das **Lushaugen Museum** (Per Larssens gate 32, Tel. 78 98 80 75, www.varangermuseum.no, Mo–Fr 9–15 Uhr) präsentiert eine Sammlung zur Stadtgeschichte, die Themen wie Fischerei, Handel und die Rolle Vardøs während der Hexenverfolgung reflektiert. Auch die Polargeschichte und andere naturhistorische Wissensgebiete werden beleuchtet.

Auf den vorgelagerten Inseln **Reinøy** und **Hornøy** brüten unzählige Seevögel, auch auf dem Vogelfelsen *Syltefjordstauran*, einem der wenigen Brutplätze der großen Basstölpel.

Ein beliebter Ausflug führt zum einsamen Fischerort **Hamningberg** knapp 40 km nördlich von Vardø. Er liegt in bizarrer mondähnlicher Landschaft mit scharfkantigen Felsen und idyllischen Sandstränden, wird allerdings noch im Sommer bewohnt.

Kirkenes ist Endpunkt der E 6, der Hurtigruten sowie des Nordnorwegen-Busses. Erst die Entdeckung des großen Eisenerzfelds am Bjørnevatn 1906 führte zur Gründung des kleinen Kirchorts. Im

Werdegang einer steinernen Berühmtheit

Auf der Suche nach der Nordost-Passage nach China taufte der englische Entdeckungsreisende Richard Chancellor 1553 das **Nordkap** auf seinen Namen, und 1875 arrangierte das Reisebüro Thomas Cook in London die erste **Gruppenreise** zu dem imposanten Felsplateau. Anfangs kamen die Wagemutigen übers Meer, ankerten östlich des Kaps in Hornvika und mussten einen 11 km langen und steilen Weg zur Klippe zurücklegen. Mit Eröffnung der **Postschiffroute** zum Nordkap 1893 begann die eigentliche Erschließung für den Tourismus. 1956 wurde die **Straße** fertig gestellt. Heute rollen jedes Jahr etwa 250 000 Besucher auf dem riesigen Parkplatz ein. Inzwischen findet man am Nordkap alles, was das **Touristenherz** begehrt: Postkarten mit dem Sonderstempel, ein Nordkap-Zertifikat, lappländische und norwegische Souvenirs, Restaurants, Cafeterien und eine Champagner-Bar.

Er hat es in sich: Der Tana-Fluss birgt bares Gold und ist reich an Lachsen

Zweiten Weltkrieg sollte die Stadt nach deutschen Plänen zur *Festung Kirkenes* ausgebaut werden: als Basis für den Angriff auf Murmansk, den wichtigsten Versorgungshafen Russlands. Trotz langen Stellungskriegs entlang der Litsa 100 km östlich von Kirkenes wurde Murmansk jedoch nie eingenommen. Kirkenes war neben Malta das meist bombardierte Ziel im Zweiten Weltkrieg. Die russische Großoffensive im Oktober 1944 zwang die Deutschen zum Rückzug. Die Bevölkerung von Kirkenes flüchtete oder harrte wochenlang in den Bergwerksstollen aus. Das modern gestaltete **Grenselandmuseet** (Førstevannslia, Tel. 78 99 48 80, www.varangermuseum.no, Mo–Fr 10–14, Sa/So 10–15.30 Uhr) erläutert diese Epoche und zeigt interessante Ausstellungen zu den Themengebieten Natur, Kultur und Geschichte im Grenzland Norwegen, Russland, Finnland.

Durch felsiges, hügeliges Gelände erreicht man nach 60 km den kleinen Grenzfluss **Jakobselv**, an dem Norweger und Russen in friedlicher Nachbarschaft leben. Insgesamt haben die beiden Staaten 196 km gemeinsame Grenze. Im letzten Winkel Norwegens steht die kleine, schmucklose *König-Oscar-II.-Kapelle* von 1869. Die Straße endet in einer hübschen Bucht am Eismeer, von der aus man bei gutem Wetter die Mitternachtssonne sehen kann und – wenn man Glück hat – große Schulen von **Weißwalen**.

Ausflug

In der Saison werden Tagestouren per Bus in die russichen Nachbarstädte *Nikel* und *Zapolyarnyj* sowie Wochenendausflüge nach **Murmansk** angeboten (das gebührenpflichtiges Visum muss mindestens 2–3 Wochen vor Abfahrt beantragt werden, der Pass muss bei Ankunft in Russland noch mindestens 6 Monate gültig sein). Die mit 360 000 Einwohnern größte Stadt der Welt nördlich des Polarkreises liegt in einer fast lieblich anmutenden Fjordlandschaft, doch hier ballt sich auch ein Großteil des nuklearen Rüstungspotenzials Russlands zusammen.

i Praktische Hinweise

Information

Turistinformasjonen, Havnepromenaden Vardø, Tel. 78 98 69 07, www.varanger.com

Turistinformasjon, Presteveien 1, Kirkenes, Tel. 78 97 76 00, www.kirkenesinfo.no

Touren

Pasvikturist, Dr. Wesselsgate 9, Kirkenes, Tel. 78 99 50 80, www.pasvikturist.no. Ausflüge über die russische Grenze, nach Murmansk etc.

Hotel

Rica Arctic Hotel, Kongensgate 1–3, Kirkenes, Tel. 78 99 59 00, www.rica-hotels.com. Hotel im Zentrum mit komfortablen Zimmern und Restaurant.

39 Finnmark

Weite Natur und sehr freundliche Menschen im Land der rentierzüchtenden Samen.

Kautokeino – Karasjok

Hier im Land der Samen offenbaren sich die wahren Dimensionen Nordnorwegens. Grün überzogene Hügel soweit das Auge reicht, Birken und Nadelbäume, dazwischen ausgedehnte Seen und silbrig glitzernde Flüsse. In den kurzen aber intensiven Sommern entfaltet die Natur ihre ganze üppige Pracht. Bezaubernd ist Lappland auch im Herbst (Ende August/ Anfang September), wenn die Landschaft in die herrlichsten Rottöne getaucht ist. Immer wieder trifft man auf Verkaufsstände, an denen **Samen** Rentierfelle, Geweihe und handgenähte Schnabelstiefel aus Renleder anbieten.

Eine gute Straße verbindet die beiden samischen Zentren Kautokeino und Karasjok. **Kautokeino** ist flächenmäßig die größte Kommune Norwegens und zugleich eine der am dünnsten besiedelten. Da ein Drittel der Bevölkerung mit der Zucht von Rentieren zu tun hat, wird Kautokeino auch ›Rentierstadt‹ genannt. Im Sommer jedoch weiden die großen Herden fern von hier unweit der Küste.

Kautokeino ist außerdem ein Zentrum für *samisches Kunsthandwerk*. Das **Kautokeino Bygdetun og Museum** (Boaronjárga 23, 78487194, www.kautokeino.nu, Mitte Juni–Mitte Aug. Mo–Sa 9–19, So 12–19, sonst Mo–Fr 9–15 Uhr) führt anhand von Trachten und Fotos in die samische Kulturgeschichte ein. Das dazugehörige Freilichtmuseum zeigt Gebäude im traditionellen samischen Baustil. Im Sommer werden *Ausflüge* mit Flusskähnen, Angeltouren, Wanderungen, samische Mahlzeiten und Übernachtungen im *Lavvu*, dem traditionellen Samenzelt, angeboten.

Karasjok, was auf samisch ›sich biegender Fluss‹ bedeutet, liegt rund 130 km nordöstlich weit verstreut auf beiden Ufern des Karasjohka. Es ist die Hauptstadt der Samen mit Sitz des *Samenparlaments*, das seit 1989 besteht und im Jahr 2000 in einen spektakulären Neubau umzog. Hier wird auch eine der beiden samischen Zeitungen herausgegeben und das samische Rundfunk- und Fernsehprogramm produziert.

Die Holzkirche **Gamle Kirke** aus dem Jahr 1807 ist eines der wenigen Gebäude, das die ›Politik der verbrannten Erde‹ beim Rückzug der deutschen Truppen überstand. Einen guten Einblick in samische Kultur, Geschichte und Religion gibt das Museum **RiddoDuottarMuseat** (Mari Boine geaidnu 17, Tel. 78469950, www.rdm.no, Mitte Juni–Mitte Aug. tgl. 9–18, sonst Di–Fr 9–15 Uhr). Interessant ist auch das dazugehörige *Freilichtmuseum* mit samischen Zelten und Häusern. Am Ortsrand befindet sich der samische Kulturpark **Sápmi** (Leavnnjageaidnu 1, Tel. 78468800, www.sapmi.no, Mitte Juni–Juli tgl. 9–19, Anfang–Mitte Aug. tgl. 9–17, Anfang–Mitte Juni und Mitte–Ende Aug. sonst Mo–Fr 9–16, Sa/So 10–16, Januar–Mai Mo–Fr 10–14 Uhr), der die samische Kultur, Geschichte und Mythologie dokumentiert. Man kann samische Wohnplätze besichtigen und Rentiere beobachten. Ferner gibt es eine Silberschmiede, Geschäfte und das Restaurant *Storgammen* (s.u.) mit samischen Spezialitäten.

Sehr zu empfehlen ist ein Ausflug zum **Goldwaschen** im *Helligskogen* (Mitte Juni–Mitte Sept.). Um 1900 wurde am Ufer des Karasjohka kommerziell Gold gewaschen. Die unendlich weite Natur und die Ruhe am Fluss sind bei dieser Unternehmung ebenso wohltuend wie die Freude, einige Goldplättchen in der Pfanne zu entdecken.

Zum Sommerprogramm gehören ein Abend in Zelten, bei dem man Interessantes über die Geschichte der *Schamanen* erfährt, ein Besuch im *Samenlager* mit Informationen über die Rentiere, *Kanuexkursionen* und Ausflüge in Flusskähnen mit Mittagessen im Lavvu. Im

TOP TIPP

Winter kann man eine **Hundeschlittentour** mit Huskyführer Sven Engholm unternehmen [s. S. 132]. Ferner werden *Schneescooter-Safaris* und *Langlauftouren* über die herrliche Finnmarksvidda angeboten.

i Praktische Hinweise

Information

Touristeninformation, Porsangerveien 1 (Sápmi Park), Karasjok, Tel. 78468802, www.karasjok.kommune.no

Hotels

Rica Hotel Karasjok, Leavnnjageaidnu 1, Karasjok, Tel. 78468860, www.rica-hotels.com. Modernes, im Zentrum gelegenes Hotel mit freundlich möblierten Zimmern.

Sápmi Motell Karasjok, Deanugeaidnu 40, Karasjok, Tel. 78466432,

Die Samen in Lappland

Vor einiger Zeit ist es den Samen gelungen, die Bezeichnung Lappen, die sie als diskriminierend und abwertend empfinden, aus dem Sprachgebrauch zu verbannen. Die Samen sind die **Urbevölkerung** und eine ethnische Minderheit in Norwegen, Schweden und Finnland sowie auf der russischen Halbinsel Kola. Schätzungsweise 50 000 Samen leben in Norwegen, allein die Hälfte davon in der Finnmark.

Die Zuordnung dieser ethnischen Gruppe definiert sich im Wesentlichen über den Gebrauch des **Samischen**, das als finnisch-ugrische Sprache dem Finnischen und Estnischen nahe verwandt ist. So bedeutete es für die Samen eine starke Bedrohung ihrer Identität, als Ende des 19. Jh. eine Welle der **Norwegisierung** durch das Land zog und der Gebrauch ihrer Sprache an den Schulen verboten wurde. Wenig später wurde sogar der Landverkauf an all jene untersagt, die sich nicht auf Norwegisch verständigten.

Erst nach dem Zweiten Weltkrieg setzte eine liberalere Politik ein. Einen starken Aufschwung erhielt die Samenbewegung schließlich durch den **Widerstand** gegen das Alta-Kraftwerk-Projekt Anfang der 1980er-Jahre, dem zwar nur ein Teilerfolg beschieden war, der aber letztendlich half, den Rechtsstatus der Samen zu verbessern. 1989 wurde dann das samische Parlament eröffnet.

Die samische **Kultur** war früher eine Jäger- und Fischerkultur, erst ab dem 16. Jh. lebten die Samen als Nomaden mit eigenen Herden. Heute arbeiten in Norwegen die Mehrheit der Samen in Verwaltung, Dienstleistungsbereich, Fischerei, Landwirtschaft, Handel und Tourismus.

Die **Rentierhaltung**, die einst das wichtigste Element zur Bewahrung der samischen Kultur war, macht heute lediglich 20 % aus und hat sich enorm verändert. Sie wurde modernisiert, ist aber zugleich sehr kapitalintensiv und krisenanfällig. Schneescooter, Helikopter und Funk sind die heutigen Arbeitsgeräte – ganz anders als zur Zeit der Nomaden, von denen *Carl von Linné* (1707–1778) in seiner ›Lappländischen Reise‹ berichtete.

Ein wichtiges Element der samischen Kultur ist der **Joik**, ein rhythmisch gesungenes Gedicht, das heutzutage in traditioneller Weise z. B. von **Ingor Ánte Áilu Gaup** gesungen wird, während **Mari Boine Persen** samische Melodien mit modernen Elementen und Rhythmen mischt. Damit ist die Musikerin zu einem Star der samischen Kulturszene avanciert.

www.lapland-lodging.com. Übernachtung in Motelzimmern und Hütten. Ohne Restaurant.

Restaurant

TOP TIPP **Storgammen**, Leavnnjageaidnu 1, Karasjok, Tel. 78 46 88 60, www.sapmi.no. Im Stil traditioneller Gammen unter einem Torfhügel versteckt, im Halbdunkel knistern die Lagerfeuer. In samischer Tracht serviert die Bedienung z. B. Bidos, einen deftigen Eintopf mit Rentierfleisch, oder Lachs, nach alten Rezepten zubereitet (Mitte Juni–Mitte Aug., sonst auf Voranmeldung).

40 Spitzbergen
Svalbard

Siedlungsvorposten in der Arktis.

Nur 1300 km vom Nordpol und 980 km von Tromsø entfernt liegt der Archipel Svalbard, eine faszinierende Inselgruppe mit gewaltigen Gletschern, schroffen Gebirgen, enormen Flussläufen und tief eingekerbten Tälern wie aus einem geologischen Bilderbuch. Die vier großen Inseln **Spitzbergen**, **Nordaustland**, **Edgeøya** und **Barentsøya** sowie mehrere kleine Inseln gehören zum Archipel.

Mit dem Hundeschlitten in die weiße Unendlichkeit der Finnmarksvidda: ein einzigartiges Erlebnis

Nirgends sonst auf der Welt leben und arbeiten so weit im Norden ganzjährig Menschen. Steuervergünstigungen sind sicher nicht die alleinige Ursache für die Nachfrage nach Arbeitsplätzen auf der arktischen Insel Spitzbergen, es muss wohl eine Art Svalbard-Bazillus sein, der die Menschen hier oben befällt und sie gerne in der viermonatigen **Polarnacht** (26. Okt.–16. Febr.) und mit **Mitternachtssonne** im Sommer leben lässt.

Die Inseln im Barentsmeer sind etwa anderthalbmal so groß wie Dänemark und zu 60 % mit einer dicken Eisschicht überzogen. Ihrer Lage entsprechend sollte man polare **Klimaverhältnisse** erwarten, doch der Wärmerekord (von 1979) liegt bei 21,3 °C, der Kälterekord aus dem Jahr 1986 bei -46,3 °C. Die Durchschnittstemperatur beträgt im Sommer 6 °C und im Winter -12 °C. Entlang der Westküste entfaltet sich dank des Golfstroms ein für die Polnähe vielfältiges **Vogel-** und **Pflanzenleben**, im Osten sind **Walrosse** zu Hause, **Eisbären** können sich überall auf der Inselgruppe aufhalten. Deswegen erfordern Wandertouren in dieser Region besondere Umsicht und die Mitnahme eines Gewehrs. Der Eisbärenbestand ist seit 1973 geschützt und wird heute auf etwa 3000 Tiere geschätzt. Immer wieder begegnet man bei Wanderungen und Ausflügen auch dem **Svalbard-Rentier**, einer eher kurzbeinigen Rasse, die ideal an die arktischen Bedingungen angepasst ist. Weiß in Weiß präsentiert sich der **Polarfuchs**, das kleinste der hiesigen Tierarten.

Longyearbyen auf Spitzbergen, das um die Kohlegruben entstand, ist das Zentrum der Inseln. In einer wüstenartig anmutenden, kargen Landschaft sehen die *bunten Holzgebäude* wie Spielzeughäuser aus. Mit Eröffnung des Flughafens 1975 veränderten sich die Lebensverhältnisse der Arbeiter, denn vorher war die Siedlung im Winterhalbjahr von der Außenwelt abgeschnitten. Longyearbyen hat sich seitdem zu einem ›normalen‹ Ort entwickelt mit Einkaufsmöglichkeiten, Hotels, Restaurants und einem schönen in Meernähe gelegenen Campingplatz. An der nördlichsten Universität der Welt, dem **UNIS** (University Centre in Svalbard), studieren heute etwa 400 Studenten Fächer wie Arktische Biologie, Arktische Geologie und Arktische Technik.

Sehenswert sind die *Svalbard Kirche* (Tel. 79 02 55 60, www.svalbardkirke.no), eine Langkirche aus Holz von 1958, und das

Geschichten aus dem Eismeer

Svalbard ist in den letzen 600 Mio. Jahren weit gereist. Mit einer Durchschnittsgeschwindigkeit von 2,5 cm pro Jahr driftete es von der Südpolregion 15 000 km bis in die hiesige Nordpolarregion. Die **Wikinger** landeten vermutlich im 12. Jh. als erste auf dem Archipel und gaben ihm den Namen **Svalbard**, Land der kalten Küste. 1596 streifte der holländische Seefahrer **Willem Barents** die Inseln auf der Suche nach der Nordost-Passage Richtung China und benannte sie nach ihren charakteristischen Gebirgsformationen **Spitzbergen**. Die Heimkehrer der Expedition – Barents selbst überlebte nicht – berichteten von den unermesslichen Reichtümern im Meer, den Walrossen, Walen und Eisbären, und lösten damit ein regelrechtes **Eismeerfieber** aus: Holländer, Engländer, Deutsche, Franzosen und Dänen machten sich zum arktischen **Walfang** auf. Inselnamen wie Amsterdamøya oder Danskøya, wo die Dänen Trankochereien unterhielten, erinnern an diese Epoche.

Den Walfängern folgten die Überwinterer, die Jagd auf Walrosse und Pelztiere machten. Zugleich begann die wissenschaftliche Erforschung Svalbards im Hinblick auf die Rohstoffnutzung. Besonderes Interesse erregten die **Kohlevorkommen**. Verschiedene Nationen begannen mit dem Abbau, kapitulierten aber bald vor den schwierigen klimatischen Bedingungen. Im **Svalbard-Vertrag** von 1920 erhielt Norwegen die politische Souveränität über die 565 km vom Festland entfernten Inseln mit der Auflage, dass der Archipel im Barentsmeer nie militarisiert werden dürfe und dass alle Unterzeichner-Nationen stets freien Zutritt sowie das Recht auf die Nutzung seiner Rohstoffe haben.

Heute gilt Svalbard als das ›größte Labor der Welt‹ für **Arktisforschung**, zu dem auch ein Startplatz für Forschungsraketen gehört.

Ein spektakulärer Fund sorgte im Jahr 2006 für internationales Aufsehen: Forscher der Universität Oslo entdeckten auf Svalbard einen 150 Mio. Jahren alten **Dinosaurier-Friedhof** mit Skeletten von Plesiosauriern und Ichthyosauriern.

2008 eröffnete auf Spitzbergen die u. a. von Deutschland finanziell unterstützte Samenbank **Svalbard Global Seed Vault**. Der 120 m tief im ewigen Eis liegende Bunker birgt bei -18 °C Lagertemperatur Platz für bis zu 4,5 Mio. Samen. Ziel ist es, alle weltweit vorkommenden Nutzpflanzen in ihren zahllosen Arten und Varianten zu sammeln und zu bewahren. Dadurch soll für die Zukunft die Ernährung der Weltbevölkerung gesichert werden.

Svalbard Museum, (Tel. 79 02 64 92, www.svalbardmuseum.no, Mai–Sept. tgl. 10–17, sonst 12–17 Uhr), das über die Geschichte der Inseln, ihre Flora und Fauna, über die Arbeit der Trapper und über berühmte Arktisexpeditionen informiert.

Auch das touristische **Ausflugsangebot** kann sich sehen lassen: Man kann sich einer *Grubenbesichtigung* anschließen, Reit- oder Kajaktouren buchen und im Winter Ausflüge mit dem Schneescooter oder geführte Wandertouren durch die arktische Natur unternehmen. Von Ausflügen in eigener Regie wird aus Sicherheitsgründen unbedingt abgeraten.

TOP TIPP Eine Bootsfahrt entlang der **Westküste Spitzbergens** (Spitsbergen Travel, Longyearbyen, Tel. 79 02 61 00, www.spitsbergentravel.com) ist sehr zu empfehlen. Vorbei an kalbenden Gletschern und Seehunden, die sich auf Eisschollen räkeln, geht es zur russischen Kohlestadt *Barentsburg* jenseits der Grenze und zur Forschungsstation *Ny Ålesund*. Unterwegs werden einstige Walfängerstationen, Trapperhütten und Gräberfelder besichtigt.

Praktische Hinweise

Information

Svalbard Reiseliv, Longyearbyen, Tel. 79 02 55 50, www.svalbard.net

Mitternachtssonne: 19. April–23. Aug.

Hotel

Radisson Blu Polar Hotel, Longyearbyen, Tel. 79 02 34 50, www.radissonblu.com. Gemütliches, komfortables Hotel in zentraler Lage mit gutem Restaurant und Gletscherblick.

Norwegen aktuell A bis Z

Vor Reiseantritt

ADAC Info-Service:
Tel. 018 05/10 11 12 (0,14 €/Min.)

Unter dieser Telefonnummer können ADAC-Mitglieder auch kostenloses **Informations- und Kartenmaterial** anfordern

ADAC im Internet:
www.adac.de
www.adac.de/reisefuehrer

Norwegen im Internet:
www.visitnorway.com

Innovation Norway, Norwegisches Fremdenverkehrsamt, Caffamacherreihe 5, 20355 Hamburg, Tel. 018 05/00 15 48 (0,14 €/Min.), www.visitnorway.com

Königlich Norwegische Botschaft, Rauchstr. 1, 10787 Berlin, Tel. 030/50 50 50, www.norwegen.no

Allgemeine Informationen

Reisedokumente

Für einen Aufenthalt von bis zu drei Monaten Reisepass oder Personalausweis. Unter 16 Jahren Kinderreisepass, Kinderausweis oder Eintrag im Elternpass. Alle Dokumente müssen 3 Monate ab Ausreisetag gültig sein.

Kfz-Papiere

Führerschein und Zulassungsbescheinigung Teil 1 (vormals Fahrzeugschein). Die Mitnahme der Grünen Versicherungskarte wird empfohlen. Da die Mindestdeckungssumme für Sachschäden deutlich unter den deutschen Standards liegt, ist der Versicherungsschutz mit der eigenen Versicherung zu klären.

Krankenversicherung

Die *Europäische Krankenversicherungskarte*, die in die übliche Versicherungskarte integriert ist, wird in Norwegen anerkannt und garantiert die medizinische Versorgung. Allerdings muss der zahnärztliche Notdienst vor Ort bezahlt werden.Sicherheitshalber empfiehlt sich der Abschluss einer zusätzlichen *Reisekranken- und Rückholversicherung*..

Hund und Katze

Im EU-Heimtierausweis müssen die Kennzeichnung des Tieres (Mikrochip oder Tätowierung), eine gültige Tollwutimpfung, die Bandwurmbehandlungen und die Tollwut-Antikörperwerte eingetragen sein. Letztere werden durch eine Blutprobe, zwischen 120 und 365 Tage nach der letzten Tollwutimpfung entnommen, nachgewiesen. Die Behandlung gegen Bandwurmbefall erfolgt 10 Tage vor der Einreise und wird innerhalb der ersten 7 Tage nach Einfuhr wiederholt (Infos: www.mattilsynet.no).

Zollbestimmungen

Der Reisebedarf für den persönlichen Gebrauch ist zollfrei, muss aber wieder ausgeführt werden. Waffen dürfen nur mit Sondergenehmigung mitgenommen werden. Ansonsten: 1 l Spirituosen und 1,5 l Wein oder 3 l Wein und 2 l Bier (Alkoholische Getränke dürfen nur von Personen ab 18 Jahren eingeführt werden, Alkoholika über 22 % nur von Personen ab 20 Jahren). 200 Zigaretten oder 250 g andere Tabakwaren, 200 Blatt Zigarettenpapier (Tabakwaren dürfen nur von Personen ab 18 Jahren eingeführt werden). Pro Person ab 13 Jahren dürfen insgesamt bis zu 10 kg Fleisch und Fleischwaren, Käse und Nahrungsmittel mitgeführt werden. Die Einfuhr von Kartoffeln ist verboten. Kinder unter 12 Jahren dürfen mit Ausnahme von Schokolade, Süßigkeiten und Erfrischungsgetränken keine Lebensmittel einführen. Insgesamt sind Waren bis zu einem Wert von 6000 NOK abgabenfrei. Der Wert der Lebensmittel ist bei der Berechnung dieser Grenze zu berücksichtigen (Infos: www.toll.no).

Geld

Die nationale Währung ist die *Norwegische Krone* (NOK), unterteilt in 100 Øre. Die Ein- und Ausfuhr von Landes- und Fremdwährung ist unbegrenzt erlaubt.

Bei Ein- und Ausfuhr von Norwegischen Kronen und Devisen mit einem Gesamtwert von über 25 000 NOK ist eine Devisenerklärung notwendig.

Geldautomaten, die EC/Maestro-Karten akzeptieren, sind fast überall vorhanden. Die gängigen Kreditkarten werden von Banken und größeren Hotels akzeptiert.

Tourismusämter im Land

Innovation Norway, Norges Turistråd, Akersgata 13, Oslo, Tel. 22 00 25 00, www.visitnorway.com

Visit Oslo, Head Office, Grev Wedels plass 4, Oslo, Tel. 23 10 62 00, www.visitoslo.com

Notrufnummern

Polizei: Tel. 112

Krankenwagen: Tel. 113

Feuerwehr: Tel. 110

Pannenhilfe: Norges Automobil-Forbund (NAF), Tel. 085 05 (24 Std.)

ADAC-Notrufzentrale München: Tel. 00 49/89/22 22 22 (24 Std.)

ADAC-Ambulanzdienst München: Tel. 00 49/89/76 76 76 (24 Std.)

ÖAMTC Schutzbrief-Nothilfe: Tel. 00 43/1/251 20 00, www.oeamtc.at

TCS Zentrale Hilfsstelle: Tel. 00 41/22/417 22 20, www.tcs.ch

Diplomatische Vertretungen

Botschaft der Bundesrepublik Deutschland, Oscars gate 45, 0244 Oslo, Tel. 23 27 54 00, www.oslo.diplo.de

Botschaft der Republik Österreich, Thomas Heftyes gate 19–21, 0244 Oslo, Tel. 22 54 02 00, www.bmeia.gv.at/botschaft/oslo

Botschaft der Schweiz, Bygdøy Allé 78, 0268 Oslo, Tel. 22 54 23 90, www.eda.admin.ch/oslo

Besondere Verkehrsbestimmungen

Tempolimits in km/h: Innerhalb geschlossener Ortschaften gilt Tempo 50 km/h. Außerhalb geschlossener Ortschaften 80 km/h, auf einigen Schnellstraßen und Autobahnen 90 km/h, für Kfz über 3,5 t immer 80 km/h. Pkw mit gebremstem Anhänger dürfen maximal 80 km/h, mit ungebremstem Anhänger maximal 60 km/h fahren.

Promillegrenze: 0,2

In Norwegen muss man auch tagsüber mit **Abblendlicht** fahren. Straßenbahnen haben stets Vorfahrt. Die Bußgelder insbesondere für Geschwindigkeits- und Alkoholdelikte sind in Norwegen ausgesprochen hoch. Unbedingt die **Wildwechsel-Warnschilder** beachten, denn Rentiere oder Elche queren häufig die Straßen. Im Falle eines Wildunfalls ist die

Haarnadeln und schwindelnde Höhen: Der berühmte Trollstigvegen bei Geiranger windet sich mit durchschnittlich 12 % Steigung den Berg hinauf

nächste Polizeidienststelle zu benachrichtigen.

In jedem Wagen muss eine reflektierende **Warnweste** tragen griffbereit mitgeführt werden.

Für Fahrzeuge mit einem zulässigen Gesamtgewicht von über 3,5 t ist zwischen 15. Oktober und dem 1. Sonntag nach Ostern das Mitführen von **Schneeketten** vorgeschrieben. Ansonsten sind **Winterreifen** in den Wintermonaten Pflicht.

Das **Übernachten** in Wohnmobilen oder Wohnanhängern auf nicht gekennzeichneten Rastplätzen ist verboten.

Anreise

Auto

Die Anreise nach Norwegen ist in der Regel mit einer Fährfahrt ab Deutschland oder Dänemark nach Schweden oder Norwegen verbunden. Am schönsten und bequemsten ist die *Direktfähre* von Deutschland (Kiel) nach Norwegen (Oslo) mit der **Color Line** (www.colorline.de). Wer kürzere Überfahrten bevorzugt, wählt eine der Fähren zwischen Nordjütland und Südnorwegen. Die mit 18km kürzeste Fährverbindung ist die *Vogelfluglinie* (Puttgarden – Rødby) über den Fehmarnbelt bietet **Scandlines** (www.scandlines.de).

Weitere Fährlinien: *Stena Line* (www.stenaline.de, Frederikshavn–Oslo), *Fjord Line* (www.fjordline.de, Hirtshals–Stavanger–Bergen, April–Sept. auch Hirtshals–Kristiansand), *DFDS Seaways* (www.dfdsseaways.de, Kopenhagen–Oslo).

Die Norweger sind Weltmeister im Straßen-, Brücken- und Tunnelbau. Zur Finanzierung der kostspieligen Projekte wird auf vielen Strecken eine **Maut** *(Bompenger)* erhoben. Die meisten Mautstationen funktionieren automatisch, d.h. das Autokennzeichen wird erfasst, man zahlt an der nächsten Tankstelle mit ›Kr-Sevice‹ oder nachdem man die Rechnung per Post erhalten hat. Oder man lässt Auto und Kreditkarte online registrieren und passiert dann gegen Belastung der Kreditkarte auch Stationen mit manueller Bezahlung auf der AutoPASS-Spur ohne anzuhalten (www.autopass.no).

Auch wer im Frühjahr oder Herbst in Norwegen reist, sollte sich über noch/schon bestehende **Wintersperren** informieren. So sind z.B. Verkehrsbehinderungen bis Ende Mai möglich. Dies gilt auch für die Hauptzufahrten in die Fjordgebiete und die Bergregionen Westnorwegens. Infos:

Norges Automobil Forbund (NAF), Østensjøveien 14, Oslo, Tel. 020 30 (in Norwegen), Tel. 00 47 91 50 20 30 (vom Ausland), www.naf.no

Statens Vegvesen (NPRA), Brynsengfaret 6 A, Oslo Tel. 085 05 (in Norwegen), Tel. 00 47 92 60 85 05 (vom Ausland), www.vegvesen.no

Bahn

Es bestehen zahlreiche Zugverbindungen (Schlafwagen bzw. Kurswagen) von deutschen, österreichischen oder Schweizer Großstädten über Hamburg und Kopenhagen (umsteigen) nach Oslo.

Deutsche Bahn, Tel. 018 05/99 66 33 (persönliche Auskunft, gebührenpflichtig), Tel. 08 00/1 50 70 90 (sprachgesteuert, kostenlos), www.bahn.de

Österreichische Bundesbahn, Tel. 05 17 17, www.oebb.at

Schweizerische Bundesbahnen, Tel. 09 00 30 03 00, www.sbb.ch

Bus

Es besteht eine ganzjährige direkte Busverbindung von Deutschland aus nach Moss, Oslo, Sarpsborg und Svinesund.

Deutsche Touring GmbH, Am Römerhof 17, 60486 Frankfurt/Main, Tel. 069/790 35 01, www.touring.de

Flugzeug

Der *Oslo Lufthavn AS* (Gardermoen, Tel. 064 00, www.osl.no) wird direkt von allen großen Flughäfen angeflogen. Lufthansa und SAS bieten in der Sommerzeit (Mitte Juni–Mitte Aug.) günstige Direktflüge. Günstige Charterflüge werden auch nach Bergen, Stavanger sowie Sandefjord angeboten.

Bank, Post, Telefon

Bank

Öffnungszeiten: Mo–Fr 9–15.30 Uhr, Do häufig bis 17 Uhr

Geldwechsel ist bei Banken, in Wechselstuben an Flughäfen und in manchen Hotels oder Tourismusbüros möglich.

Post

Öffnungszeiten: Mo–Fr 8.30–16 Uhr, Sa 8–13 Uhr

Briefmarken erhält man im Postamt, in Kiosken und Schreibwarenläden.

Telefon

Internationale Vorwahlen
Norwegen 00 47
Deutschland 00 49
Österreich 00 43
Schweiz 00 41

Es folgt die Teilnehmernummmer bzw. die Vorwahl ohne die Null.

Die Benutzung handelsüblicher **Mobiltelefone** ist in ganz Norwegen möglich. Man sollte sich jedoch vor Reiseantritt über das günstigste Netz vor Ort informieren und das eigene Mobiltelefon entsprechend programmieren.

Öffentliche Telefone funktionieren seit 2008 nur noch mit Kreditkarten, Telefonkarten wurden abgeschafft.

Einkaufen

Öffnungszeiten: in der Regel Mo–Fr 10–20, Sa 10–18 Uhr. In kleineren Ortschaften sind die Öffnungszeiten oft kürzer.

Die klassischen Mitbringsel aus Norwegen sind die schönen *Norwegerpullover* oder *Norwegerstrickjacken* aus reiner Wolle. Neben den traditionellen Mustern und Farben werden auch Pullover in modernem Design und aktuellen Modefarben angeboten.

Schöne Gegenstände aus Holz, Glas, Keramik sowie Web- und Strickarbeiten werden in den Kunstgewerbeläden *Husfliden* verkauft. Bekannt sind das Porzellan aus der Porzellanfabrik *Porsgrund* und Glaswaren des *Hadeland Glassverks*. Ein sehr schönes Mitbringsel ist Silberschmuck aus einer der zahlreichen Silberschmieden, die neben dem kunstvollen Trachtenschmuck aparte und ausgefallene *Stücke* anbieten. Gut gemacht sind die Kopien von Wikingerschmuck und von Felszeichnungsbildern.

Souvenir par excellence: Rentierfelle

Rentierfelle werden nicht nur im Land der Samen, sondern auch in Souvenirgeschäften im Süden angeboten. Aus Lappland bringen viele Touristen ein Rentiergeweih oder eines der praktischen *Samenmesser* mit.

Geschäfte mit dem **Tax Free Shopping** Logo stellen bei einem Einkauf im Wert von mindestens 315 NOK (Lebensmittel 285 NOK) eine Tax Free Quittung aus, mit der man an Flughäfen, auf Fähren und an größeren Grenzübergängen die bezahlte Mehrwertsteuer abzüglich einer Gebühr zurückvergütet erhält. Die Ware darf nicht vor der Ausreise in Gebrauch genommen worden sein und muss spätestens nach vier Wochen außer Landes sein. Infos:

Global Refund Norge, Grini Næringspark 15, Østerås, Tel. 67 15 60 10, www.globalrefund.no

Essen und Trinken

Die norwegische Küche ist besser als ihr Ruf und es gibt immer mehr gute **Restaurants** in den Städten. Wer sich lieber schnell zwischendurch verköstigen möchte, findet in einer der zahlreichen **Kafeterien** u.a. auch in Kaufhäusern, Museen oder Bahnhöfen ordentliche Tellergerichte, Kuchen oder leckere *Smørebrød*, eine appetitlich belegte Brotschnitte. Pizzerien oder chinesische Restaurants sowie Fast-Food-Ketten findet man im ganzen Land, auch jenseits des Polarkreises. In besseren **Hotels** werden oft exquisite kalte Buffets, *Koldtbord*, angeboten mit geräuchertem und gekochtem Lachs, eingelegten Heringen, Wurst, geräuchertem Elch- oder Rentierfleisch, Salaten, warmen Gerichten und köstlichen Desserts.

Den Tag beginnt man in Norwegen mit einem sehr reichhaltigen **Frühstück** (*Frokost*). In Hotels findet man meist ein Buffet mit verschiedenen Brot-, Wurst- und

Unwiderstehlich: die Köstlichkeiten des Meeres auf dem Fischmarkt in Bergen

Lutefisk und Rømmegrøt

Einen wichtigen Platz in der norwegischen Küche nimmt – besonders an der Küste – frischer **Fisch** ein wie beispielsweise Köhler (Sei) oder Kabeljau (Torsk), Lachs (Laks), Lachsforelle (Ørret), Hering (Sild) oder Heilbutt (Kveite). Frische Garnelen (Reker) sind eine Köstlichkeit ebenso wie geräucherter Lachs in verschiedenen Zubereitungsarten. Als Spezialität gelten gebratene Dorschzungen und die Fischsuppe aus Bergen. Sehr beliebt in der Alltagsküche sind Fischklöße (Fiskeboller) und Fischfrikadellen. Als Nationalgericht muss man die Weihnachtsspeise Lutefisk bezeichnen: Getrockneter Kabeljau wird in Marinade eingelegt. Lecker und würzig schmeckt in Kohl gekochtes **Hammelfleisch** (Får i kål). Als typisch norwegisches Gericht gelten die runden Fleischklößchen Kjøttboller, die auch bei Kindern sehr beliebt sind. Im Landesinneren stehen mitunter **Schneehuhn** in Sahnesauce (Rype i fløtesaus) oder **Rentier**- und **Elchgerichte** auf der Karte.

Zum Essen trinkt man Wasser, Bier, Wein oder Saft. Zum Abschluss der Mahlzeit gehört immer ein Kaffee.

Als **Nachtisch** werden oft frisch gepflückte Beeren wie die leckeren orange-gelben Multer (arktische Brombeeren) oder eine Reiscreme mit rotem Saft serviert. Ausgezeichnet und sehr nahrhaft ist Rømmegrøt, ein Rahmbrei mit Zimt und geschmolzener Butter.

Käsesorten (wie den braunen karamelisierten *Brunost*), Cornflakes, Müsli, Eiern, Marmelade, Kaffee, Tee, Saft und Milch.

Mittags ist *Lunsj*-Zeit, eine kleine Mahlzeit, oft sind es nur ein paar belegte Brote. Warm wird in der Regel erst **abends** gegessen, das sog. *Middag*, das in Hotels 17–21 Uhr serviert wird, in internationalen Häusern auch länger.

In Norwegen gibt es verschiedene Kategorien von Restaurants. Viele kleine haben gar keine oder nur eingeschränkte Schankbewilligung, d.h. sie dürfen keine **alkoholischen Getränke** servieren oder nur Wein und Bier zu bestimmten Zeiten. Die meisten größeren Restaurants bieten alle Arten von alkoholischen Getränken, auch den norwegischen *Linje-Akevitt*, den man in einem Zug leert.

Feiertage

1. Januar (Neujahr), Gründonnerstag, Karfreitag, Ostermontag, 1. Mai (Tag der Arbeit), 17. Mai (Nationalfeiertag), Christi Himmelfahrt, Pfingstmontag, 25./26. Dezember (Weihnachten).

Festivals und Events

Die Tourismusbüros (www.visitnorway.com, www.visitoslo.com) geben aktuelle Informationen zu kulturellen Events und Festivals. Über Veranstaltungen in Oslo informiert die monatlich erscheinende Broschüre ›What's on in Oslo‹, die bei der Tourismusinformation erhältlich ist.

Januar

Tromsø: *Nordlichtfestival* mit klassischer und zeitgenössischer Musik (www.nordlysfestivalen.no)

Februar

Kristiansund: *Opernfestival* (www.oik.no)

März/April

Das **Osterfest** feiern die Samen in Kautokeino und Karasjok mit Gottesdiensten, samischen Hochzeiten und Konfirmationen, Konzerten und Joik-Wettbewerben, Rentierschlittenrennen u.v.m.

Trondheim: *Kosmorama*, Internationales Filmfestival (www.kosmorama.no)

Voss: *Vossajazz*, Festival am Wochenende vor Ostern (www.vossajazz.no)

Mai/Juni

Bergen: *Nordiske Festspillene i Bergen* mit Konzerten, Theater, Ballett und Street Performances (www.fib.no)

Norwegen: Den *Nationalfeiertag* zum Gedenken an die Verabschiedung des norwegischen Grundgesetzes am 17. Mai 1814 feiert das ganze Land mit Festumzügen und zahlreichen Events.

Oslo: *Norwegian Wood*, Rockfestival mit internationalen und einheimischen Musikern (www.norwegianwood.no)

Stavanger: *Mai-Jazzfestival* (www.maijazz.no)

Trondheim: *Trondheim Jazzfestival* (www.jazzfest.no)

Juni/Juli

Kongsberg: *Kongsberg Jazzfestival* (www.kongsbergjazzfestival.no)

Melbu: *Sommer-Melbu*, Kulturwoche (www.nordland-akademi.no)

Molde: *Moldejazz* Festival (www.moldejazz.no)

Norwegen: Das *Mittsommernachtsfest* wird am 23. Juni, dem Vorabend des Johannis-Tages (St. Hans Abend), zelebriert.

Risør: Risør Kammermusikfestival (www.kammermusikkfest.no)

Juli/August

Bø: *Telemark Festivalen*, Volksmusikfestival in der Provinz Telemark (www.telemarkfestivalen.no)

Bodø: *Nordland Musikkfestuke*, Festival mit Klassischer Musik, Oper, Kirchenmusik, Jazz und Folk (www.nmfu.no)

Stiklestad/Verdal: *Spelet om Heilag Olav*, ein Historienspiel über die Christianisierung Norwegens und den Tod des hl. Olav in der Schlacht bei Stiklestad (www.stiklestad.no)

Trondheim: *Olavs Festdagene* mit kulturellen und religiösen Veranstaltungen, Konzerten und Theater sowie einem historischen Markt und Kinderprogramm (www.olavsfestdagene.no)

August

Haugesund: *Sildajazz*, Dixieland-Festival (www.sildajazz.no) und *Den Norske Filmfestivalen* (www.filmfestivalen.no)

Mandal: *Skalldyr Festivalen*, Schalentierfestival (www.skalldyrfestivalen.no)

Molde: *Bjørnson Festivalen*, Literaturfestival (www.bjornsonfestivalen.no)

Oslo: *Kammermusikk Festival* (www.oslokammermusikkfestival.no)

Oslo: *Øyafestivalen* mit Rockmusik, www.oyafestivalen.com

Risør: *Risør Trebåtfestival*, Holzbootfestival (www.trebatfestivalen.no)

Stavanger: *Internationales Kammermusikfestival* (www.icmf.no)

Vadsø: *Varanger Festivalen*, kulturelles Festival für ganz Nordskandinavien (www.varangerfestivalen.no)

Vinstra/Golå: *Peer Gynt-Stemnet* mit Theater, Kunstausstellungen, Konzerten und Lesungen (www.peergynt.no)

September/Oktober

Oslo: *Ultima Oslo Contemporary Music Festival* (www.ultima.no)

Oslo: *Oslo-Marathon* (www.oslomaraton.no)

Oktober

Bergen: *Bergen Internasjonale Filmfestival* (www.biff.no)

November

Oslo: *Oslo Internasjonale Filmfestival* (www.oslofilmfestival.com)

Oslo: *Oslo World Music Festival* (www.osloworldmusicfestival.no)

Dezember

Oslo: Verleihung des Friedensnobelpreises am 10. Dezember (www.nobelpeaceprize.org)

Klima und Reisezeit

Das Wetter ist in Norwegen immer ein spannendes Thema. Dank des Golfstroms unterliegen die Temperaturen im Küstenbereich nur geringfügigen Schwankungen und sinken im Winter nur wenige Grad unter den Gefrierpunkt, wobei man bedenken muss, dass Norwegen auf gleicher Höhe wie Grönland oder Alaska liegt. Wärmere *Kleidung* und ein guter Regenschutz sind in Norwegen stets zu empfehlen. Der legendäre norwegische *Regen* fällt besonders in den Küstenregionen, während das Landesinnere trockenere Sommer hat. In der Finnmark und in Südnorwegen sind dann 25°C keine Seltenheit. Beste Reisezeiten sind Mai und Juni wegen der herrlichen Obstbaumblüte in Süd- und Westnorwegen und wegen der längsten Tage im Jahr (Mitternachtssonne). Auch Juli und August zählen in Norwegen zur Hauptreisezeit.

Die **Mitternachtssonne** macht den besonderen Reiz einer Reise in den Norden aus. Nördlich des Polarkreises geht die Sonne im Sommer tage- oder wochenlang nicht unter. Die ununterbrochene Helligkeit verändert den Schlaf-Wach-Rhythmus, in der Regel ist man länger munter. Dafür wird es dann im Winter tagelang nicht hell.

Klimadaten Lillehammer

Monat	Luft (°C) min./max.	Sonnen-std./Tag	Regen-tage
Januar	-12/-6	1	9
Februar	-11/-4	2	7
März	-8/2	4	5
April	-2/8	6	7
Mai	3/15	7	6
Juni	8/20	8	11
Juli	11/22	8	13
August	9/20	7	11
September	5/14	5	10
Oktober	0/7	3	9
November	-4/0	1	9
Dezember	-8/-3	0	11

Sport

Angeln

Norwegen ist ein Anglerparadies. Zahlreiche Flüsse, Seen, Fjorde und das offene Meer bieten einen reichen Fischbestand. Süßwasserangler benötigen eine lokale **Angelgenehmigung**, die man in Sportgeschäften, bei Tourismusbüros, Hotels, Campingplätzen etc. erhält. Wenn man in Flüssen und Seen Saibling, Lachs oder Meerforelle angeln möchte, muss man zusätzlich eine staatliche **Angelgebühr** entrichten (fiskeravgift, in Postämtern oder unter www.inatur.no). Im Meer und an den Küsten darf man mit einer Angelrute kostenlos angeln. Einer der besten Angelplätze ist der *Saltstraumen* nahe Bodø in Nordland. Hier haben auch unerfahrene Angler gute Chancen, einen Dorsch, Schellfisch oder eine Makrele zu erwischen. Aber Achtung: für manche Fischarten gelten Mindestgrößen und pro Person dürfen max. 15 kg Fisch oder Fischprodukte ausgeführt werden.

Baden

Südnorwegen ist das Badeparadies des Landes. Entlang der Küste gibt es herrliche **Sandstrände**, etwa Sjøsanden bei Mandal, Orrestranden südlich von Stavanger, Åkrehamn südlich von Haugesund oder auf den vorgelagerten Schären. Ferner verfügen viele der im Landesinneren oft idyllisch gelegenen Seen über schöne Badestrände.

Fahrradfahren

Norwegen wird bei Fahrradfahrern immer beliebter, sei es bei den ganz Ambitionierten, die sich das Nordkap als Ziel vornehmen, oder bei Genuss-Radlern, die mit dem Flugzeug auf die Lofoten reisen, um die Inseln per Fahrrad zu erkunden. Die örtlichen Tourismusbüros informieren über Tourenmöglichkeiten und geben oft eigene Fahrradkarten heraus. Radfahrer können ihre Fahrräder auf den Fähren und Küstenschiffen der Hurtigruten mitnehmen. Weitere Informationen: www.bike-norway.com.

Gletscherwanderungen

An einigen Stellen besteht in Norwegen die Möglichkeit, an einer geführten Gletscherwanderung teilzunehmen. Die Angebote reichen von der zweistündigen Nachmittags-Familientour bis zu anstrengenden Tagestouren. Ausrüstung wird gestellt. Touren werden u.a. im Jotunheimen (ab Spiterstulen, Leirvassbu und Juvasshütte) veranstaltet, an den verschiedenen Gletscherzungen des Jostedalsbreen, am Folgefonn im Hardangerfjordbereich und am Svartisen bei Mo i Rana. Von Touren in eigener Regie wird ausdrücklich abgeraten!

Auf Langläufer warten im Winterwunderland unzählige Loipenkilometer

Golf

In Norwegen gibt es ungefähr 250 Golfplätze – die meisten im Süden des Landes. Die Saison dauert von Mai bis September. Übersicht über die Plätze und Infos:

Norges Golfforbund, Sognsveien 75 J, Ullevål Stadion, Oslo, Tel. 21 02 91 50, www.golfforbundet.no

Hundeschlitten

Ein besonderes Erlebnis sind Hundeschlittentouren im Winter, die man z.B. bei dem Husky-Züchter Sven Engholm in Lappland buchen kann. Infos:

Engholm Husky Lodge, Karasjok, Tel. 78 46 71 66, www.engholm.no

Andere Anbieter: www.hundeschlitten-norwegen.de, www.mountainking.no

Kanu und Kajak

Die vielen Seen und Flüsse bieten unendliche Möglichkeiten zum Kanu- oder Kajakfahren. Sehr beliebt als Kanureviere sind die Gewässer in Ostnorwegen im Bereich des Femunden. An vielen Orten kann man Boote mieten. Infos:

Norges Padleforbund, Ullevål Stadion, Oslo, Tel. 21 02 98 35, www.padling.no

Klettern

Auch Sportkletterer finden in Norwegen ideale Gebiete. Sehr beliebt sind die Berge auf den Lofoten und im Romsdal. Hier befindet sich die 1000 m hohe, senkrechte Trollwand, die zu den schwierigsten Kletterwänden der Welt zählt.

Rafting

Populär ist Rafting. In stabilen und sicheren Gummibooten geht es über Flüsse mit kleineren oder größeren Stromschnellen. Es werden sowohl kürzere und ungefährliche Familien-Touren angeboten als auch anspruchsvollere Tagestouren. Die beliebtesten Rafting-Flüsse sind die Sjoa im Gudbrandsdal, die Otra im Setesdal, der Lågen im Numedal und der Hallingdalselva im Hallingdal. Eine Liste der Raftingveranstalter kann man beim Norwegischen Kanuverband erhalten (s. o.).

Segeln und Motorboot fahren

Die Gewässer um Norwegen sind bei Seglern und Motorbootfans sehr beliebt, wenn auch durch den zerklüfteten Küstengürtel nicht ungefährlich. Es ist unabdingbar, sich sehr gutes Kartenmaterial zuzulegen.

Skilaufen

Norwegen ist ein Paradies für Skiläufer, ob Langlauf, Abfahrt oder Telemark-Technik, die Möglichkeiten sind nahezu unbegrenzt. Eine wunderschöne Variante des Skilanglaufs sind Mehrtagestouren von Hütte zu Hütte über die Hardangervidda oder andere Bergregionen. Norwegen besitzt zudem gute und schneesichere Sommerskigebiete wie das Strynfjell, das Folgefonna und im Jotunheimen das Areal von Galdhøpiggen. Infos bei *Innovation Norway* [s.S.125].

Wandern

Norwegen bietet ein gut ausgebautes Netz von markierten Wanderwegen und Hütten, die Touren in den unterschiedlichsten Bergregionen ermöglichen. Beliebte Wandergebiete sind das Rondane, die Hardangervidda, das Jotunheimen und das Dovrefjell. Das Angebot an Hütten reicht von der einfachen unbewirtschafteten Berghütte bis zu komfortablen Pensionen. Während letztere für jeden zugänglich sind, stehen andere Hütten nur DNT-Mitgliedern offen. Die Mitgliedschaft ist auch für Ausländer möglich. Beim DNT erhält man Wanderkarten, Routenvorschläge und -beschreibungen und kann auch geführte Bergwanderungen, Gletschertouren und Kletterkurse buchen:

DNT, Norwegischer Gebirgswanderverein, Storgata 3, Oslo, Tel. 22 82 28 22, www.turistforeningen.no,

DNT in Deutschland, Drostestr. 3, Münster, Tel. 02 51/32 46 08, www.huettenwandern.de

Statistik

Lage: Das norwegische Festland erstreckt sich vom 58. bis 71. Grad nördlicher Breite. Im Osten grenzt Norwegen an Schweden (1619 km), Finnland (721 km) und Russland (196 km).

Bevölkerung: In Norwegen leben etwa 4,9 Mio Menschen auf einer Fläche von 323 802 km^2. Das entspricht einer Bevölkerungsdichte von 16 Einw./km^2. Etwa drei Viertel der Bevölkerung wohnen in Städten oder größeren Gemeinden.

Hauptstadt: Oslo (876 000 Einw.)

Verwaltung: Norwegen ist eine parlamentarische Monarchie. Die vollziehende Gewalt liegt formell beim König, wird aber von der Regierung ausgeübt.

Wirtschaft: Der Dienstleistungssektor, die mit der Erdölproduktion in Verbindung stehenden Bereiche und moderne High-Tech-Branchen haben in den letzten Jahrzehnten stark zugenommen. Der Außenhandel macht etwa die Hälfte des norwegischen Bruttosozialprodukts aus. Über die Hälfte davon geht in Länder der EU. Gleichwohl entschieden sich die Norweger gegen einen Beitritt zur EU. Trotz der nördlichen Lage versorgt sich Norwegen weitgehend selbst mit landwirtschaftlichen Erzeugnissen, was nur durch hohe Subventionen möglich ist. Für Norwegen wichtige Industriezweige sind neben der Wasserkraft Forstwirtschaft, Fischindustrie, Fischzucht und Schiffbau.

Unterkunft

Die Vielfalt an Unterkunftsmöglichkeiten in Norwegen ist groß, der Hotelstandard durchweg hoch. Sehr reizvoll übernachtet man in Hütten unterschiedlichsten Komforts. In der Hauptreisezeit von Juni bis August ist es ratsam, Hotelzimmer vorab zu reservieren. Wer eine Hütte mieten möchte, sollte dies ebenfalls rechtzeitig tun.

Camping

Norwegen hat sehr viele schöne Campingplätze in meist reizvoller Lage. Zunehmend werden hier auch Hütten errichtet mit Dusche, WC und allem Komfort. Für Wohnmobile wurden in verschiedenen Städten eigens zentrumsnahe Wohnmobil-Übernachtungsplätze eingerichtet (Bobilparkering). Der jährlich erscheinende *ADAC Camping-Caravaning-Führer* (www.adac.de/campingfuehrer) bietet eine Auswahl geprüfter Plätze.

Hotels

Sehr schön sind die traditionsreichen, modernisierten Hotels (www.dehistoriske.no) aus dem 19. Jh., teils in kunstvoller Holzbauweise und sehr gemütlich ausgestattet. Viele Hotels haben sich zu Ketten zusammengeschlossen. Sie haben ein Pass- oder Scheck-System entwickelt, das in der Sommersaison erhebliche Rabatte bringt.

Hütten und Rorbuer

Unzählige Ferienhütten stehen in den norwegischen Bergen, am See, am Meer und auf den vielen Inseln. Ausstattung und Komfort sind sehr unterschiedlich, nicht immer findet man Einkaufsmöglichkeiten in der Nähe. Die meisten Rorbuer (Fischerhütten) liegen direkt am Wasser, sind modern, aber eher einfach ausgestattet. Oft wird ein Ruder- oder Motorboot mitvermietet. Insgesamt eine preiswerte Unterkunft, die an Atmosphäre und Charme kaum zu übertreffen ist. Infos bei *Innovation Norway* [s. S. 125].

Jugendherbergen

Norwegen hat 75 Jugendherbergen in oft sehr schöner Lage an Meer oder See. Der Standard ist überwiegend hoch, in der Regel findet man Doppel- und Familienzimmer für 4–6 Personen. Eine Altersgrenze gibt es nicht, jedoch haben Fahrradfahrer und Wanderer Vorrang vor motorisierten Gästen, falls der Platz knapp werden sollte. Es ist ratsam, sich vor der Reise einen Mitgliedsausweis bei der Jugendherbergsorganisation des Heimatlandes zu besorgen, sonst ist pro Übernachtung ein geringer Aufpreis zu zahlen. Im Sommer ist eine Reservierung zu empfehlen. Infos:

Norske Vandrerhjem, Hostelling International Norway, Postboks 53 Grefsen, Oslo, Tel. 23 12 45 10, www.hihostels.no

Privatzimmer

Die Tourismusbüros vermitteln mitunter Privatzimmer, die entlang der Straße als *Rom* ausgeschildert werden. Infos auch bei www.bbnorway.com.

Verkehrsmittel im Land

Bahn

Das norwegische Eisenbahnnetz ist eher weitmaschig und endet in Bodø. Gut sind die Verbindungen von Oslo zu größeren Städten wie Bergen, Kristiansand oder Trondheim. Die bekanntesten Eisenbahnstrecken sind die landschaftlich einmalig schöne **Bergensbanen**, die Oslo mit Bergen über die Hardangervidda verbindet, die **Dovrebanen**, die übers Dovrefjell nach Trondheim fährt, die **Nordlandsbanen** von Trondheim übers Saltfjell nach Bodø und die **Sørlandsbanen** von Oslo über Kristiansand nach Stavanger. Sehr komfortabel sind die Nachtzüge mit Schlafwagen. Infos zu Zügen und Zug-Pässen: www.scandinavianrail.com.

Vorsicht Querverkehr: ein wichtiger Hinweis auf Norwegens Straßen

Bus

Das norwegische Busnetz ist sowohl mit Überlandbussen als auch lokal sehr gut organisiert. Selbst einige der spektakulärsten Straßen wie der Trollstigvegen oder die Strecke von Otta nach Geiranger werden von öffentlichen Bussen befahren. Ferner gibt es *Expressrouten* von Oslo an den Nordfjord, den Sognefjord oder zu den wichtigsten Städten der Süd- und Westküste. In Nordnorwegen verkehren Expressbusse von Bodø ans Nordkap oder der Nord-Norgeekspressen von Narvik nach Tromsø, ferner gibt es schnelle Zubringerlinien über Schweden. Infos:

NOR-WAY Bussekspress, Schweiggaards gate 8–10, Oslo, Tel. 81 54 44 44, www.nor-way.no

Fähre

Mit den kleinen Fjordfähren kann man gemütliche Schiffstouren durch die Meeresarme machen. Bei kleinen Anbietern kann man keinen Platz reservieren. An besonders beliebten Orten wie dem Geiranger-Hellesylt kann es zur Hochsaison zu längeren Wartezeiten kommen.

Flugzeug

Die weiten Entfernungen machen Inlandsflüge in Norwegen zu einem wichtigen Transportmittel, das gilt besonders für den Norden des Landes. Die Langstrecken in Norwegen bedient SAS (www.flysas.com), die Kurzstrecken z.B. Norwegian Air Shuttle (www.norwegian.no) oder Widerøe (www.wideroe.no). Mit dem 14 Tage gültigen **Explore Norway Ticket** von Widerøe kann man innerhalb Norwegens unbegrenzt fliegen:

Widerøes Flyveselskap ASA, Tel. 81 00 12 00, www.wideroe.no.

Mietwagen

In allen größeren Städten und an den Flughäfen Norwegens werden Autos vermietet. Mitglieder des ADAC können über ihre Geschäftsstellen oder die *ADAC Autovermietung GmbH* reservieren, Tel. 018 05/31 81 81 (0,14 €/Min.). Kraftstoff wird in Norwegen als *Blyfri 95* (Bleifrei Super 95 Oktan), *Blyfri 98* (Bleifrei Super plus 98 Oktan) und *Diesel* angeboten. Die Preise liegen erheblich über den heimischen Kraftstoffpreisen. An manchen Tankstellen wird preiswertes steuerfreies Diesel (*Avgiftfri*) angeboten, das jedoch für Pkw, Wohnmobile etc. nicht geeignet ist.

Sprachführer
Norwegisch für die Reise

Das Wichtigste in Kürze

Ja/Nein	*Ja/Nei*
Bitte/Danke	*Vær så snild/Takk*
Bitte schön!	*Vær så god!*
In Ordnung	*I orden.*
Entschuldigung!	*Unnskyld!*
Wie bitte?	*Hva sier du?*
Ich verstehe Sie nicht.	*Jeg forstår ikke.*
Ich spreche nur wenig Norwegisch.	*Jeg snakker bare litt norsk.*
Können Sie mir bitte helfen?	*Kan du være så snild hjelpe meg?*
Das gefällt mir (nicht).	*Det liker jeg (ikke).*
Ich möchte …	*Jeg vil gjerne …*
Haben Sie …?	*Har du …?*
Gibt es …?	*Finnes det …?*
Wie viel kostet das?	*Hva koster det?*
Wie teuer ist …?	*Hvor dyrt er …?*
Wie viel Uhr ist es?	*Hva er klokken?*
Guten Morgen!	*God morgen!*
Guten Tag!	*God dag!*
Guten Abend!	*God kveld!*
Gute Nacht!	*God natt!*
Hallo!/Grüß Dich!	*Hallo! Hei!*
Mein Name ist …	*Mitt navn e …*
Wie ist Ihr Name?	*Hva heter du?*
Wie geht es Ihnen?	*Hvordan går det?*
Auf Wiedersehen!	*På gjensyn!*
Tschüs!	*Ha det bra!*
Bis bald!	*Vi sees snart!*
Bis morgen!	*Vi sees i morgen!*
gestern/heute/morgen	*i går/i dag/i morgen*
am Vormittag / am Nachmittag	*om formiddagen/ om ettermiddagen*
am Abend/ in der Nacht	*om kvelden/ om natten*
um 1 Uhr / 2 Uhr …	*klokken 1/ klokken 2 …*
um Viertel vor (nach) …	*kvart på (kvart over)…*
um … Uhr 30	*klokken halv …*
Minute(n)/Stunde(n)	*minutt(er)/time(r)*
Tag(e)/Woche(n)	*dag(er)/uke(r)*
Monat(e)/Jahr(e)	*måned(er)/år*

Zahlen

0	*null*	19	*nitten*
1	*ett*	20	*tjue*
2	*to*	21	*tjueen*
3	*tre*	22	*tjueto*
4	*fire*	30	*tretti*
5	*fem*	40	*førti*
6	*seks*	50	*femti*
7	*sju*	60	*seksti*
8	*åtte*	70	*sytti*
9	*ni*	80	*åtti*
10	*ti*	90	*nitti*
11	*elleve*	100	*ett hundre*
12	*tolv*	200	*to hundre*
13	*tretten*	1000	*ett tusen*
14	*fjorten*	2000	*to tusen*
15	*femten*	10 000	*ti tusen*
16	*seksten*	100 000	*hundre tusen*
17	*sytten*	1/4	*en fjerdedel*
18	*atten*	1/2	*en halv*

Wochentage

Montag	*mandag*
Dienstag	*tirsdag*
Mittwoch	*onsdag*
Donnerstag	*torsdag*
Freitag	*fredag*
Samstag	*lørdag*
Sonntag	*søndag*

Monate

Januar	*januar*
Februar	*februar*
März	*mars*
April	*april*
Mai	*mai*
Juni	*juni*
Juli	*juli*
August	*august*
September	*september*
Oktober	*oktober*
November	*november*
Dezember	*desember*

Maße

Kilometer	*kilometer*
Meter	*meter*
Zentimeter	*centimeter*
Kilogramm	*kilogram*
Pfund	*pund*
Gramm	*gram*
Liter	*liter*

Unterwegs

Nord/Süd/ West/Ost	*nord/syd/ vest/øst*
oben/unten	*oppe/nede*
geöffnet/geschlossen	*åpen/lukket*

geradeaus/links/ rechts/zurück	*rett fram/til venstre/ til høyre/tilbake*
nah/weit	*nært/lang borte*
Wie weit ist das?	*Hvor langt er det?*
Wo sind die Toiletten?	*Hvor er toalettene?*
Wo ist die (der) nächste Telefonzelle/ Bank/ Polizeistation/ Geldautomat?	*Hvor er den neste telefonkiosken/ banken/ politistasjonen/ minibanken?*
Wo ist … der Hauptbahnhof/ die U-Bahn/ der Flughafen?	*Hvor er … jernbanestasjonen/ t-banestasjonen/ flyplassen?*
Wo finde ich … eine Apotheke/ eine Bäckerei/ Fotoartikel/ ein Kaufhaus/ ein Lebensmittel-geschäft/ den Markt?	*Hvor kan jeg finne … et apotek/ et bakeri/ en fotoforretning/ et varemagasin/ en matvarebutikk/ et torg?*
Ist das der Weg/ die Straße nach …?	*Er dette veien/ gaten til …?*
Ich möchte mit … dem Zug/ dem Schiff/ der Fähre/ dem Flugzeug nach … fahren.	*Jeg vil reise med … tog/ båt/ ferge/ fly til …*
Gilt dieser Preis für Hin- und Rückfahrt?	*Gjelder denne prisen for fram og tilbake?*
Wie lange gilt das Ticket?	*Hvor lenge er billetten gyldig?*
Wo ist das Fremden-verkehrsamt/ ein Reisebüro?	*Hvor er turistkontoret/ et reisebyrå?*
Ich benötige eine Hotelunterkunft.	*Jeg trenger et hotellrom.*
Wo kann ich mein Gepäck lassen?	*Hvor kan jeg sette baggasjen min?*
Ich habe meinen Koffer verloren.	*Jeg har mistet kofferten min.*

Zoll, Polizei

Ich habe etwas (nichts) zu verzollen.	*Jeg har (ikke) noe å fortolle.*
Ich habe nur persön-liche Dinge.	*Jeg har bare person-lige ting.*
Hier ist die Kauf-bescheinigung	*Her er kjøpekvit-teringen.*
Hier ist mein(e) … Geld/Pass/ Personalausweis/ Kfz-Schein/ Versicherungskarte.	*Her er mine mitt … penger/pass/ identitetskort/ vognkort/ forsikringskort.*
Ich fahre nach … und bleibe … Tage/ Wochen.	*Jeg kjører til … og blir i … dager/ uker.*
Ich möchte eine Anzeige erstatten.	*Jeg vil foreta en anmeldelse.*
Man hat mir … Geld/ die Tasche/ die Papiere/ die Schlüssel/ den Fotoapparat/ den Koffer/ das Fahrrad gestohlen.	*Jeg er blitt frastjålet … penger/ vesken/ papirer/ nøkler/ fotoapparat/ koffert/ sykkel.*
Verständigen Sie bitte das Deutsche Konsulat.	*Vær vennlig å melde fra til det tyske konsulatet.*

Freizeit

Ich möchte ein … Fahrrad/ Motorrad/ Surfbrett/ Mountainbike Pferd mieten.	*Jeg vil gjerne leie en … sykkel/ motorsykkel/ surfbrett/ mountainbike/ hest.*
Gibt es ein(en) … Freizeitpark/ Freibad/ Golfplatz in der Nähe?	*Finnes det en … fritidspart/ svømmebasseng/ golfplass i nærheten?*
Wo kann man baden?	*Hvor kan man bade?*
Wo ist ein Strand?	*Hvor er det er strand?*
Wann hat … geöffnet?	*Når har … åpent?*

Bank, Post, Telefon

Ich möchte Geld wechseln.	*Jeg vil gjerne veksle penger.*

Hinweise zur Aussprache

In Norwegen spricht man die Sprachen **Bokmål, Nynorsk** und überwiegend in Lappland **Samisch**. In Städten und in der Region um den Oslofjord wird Bokmål gesprochen, während Nynorsk im Fjordgebiet Westnorwegens und in den Bergregionen des Inlands verwendet wird. Dieser Sprachführer ist in **Bokmål** gehalten.

o	wie ›u‹, Bsp.: bl**o**d (Blut)
u	zwischen ›u‹ und ›ü‹, Bsp.: h**u**s (Haus)
y	wie ›ü‹, Bsp.: b**y** (Stadt)
æ	wie ›ä‹, Bsp.: h**æ**r (Heer)
ø	wie ›ö‹, Bsp.: d**ø**d (tot)
å	wie ›o‹, Bsp.: g**å** (gehen)
au	zwischen ›ä‹ und ›ö‹, Bsp.: s**au** (Schaf)
ei	wie ›äj‹, Bsp.: v**ei** (Weg)
øy	wie ›öj‹, Bsp.: h**øy**(hoch)
hv, hj	wie ›f‹, ›j‹, ›h‹ bleibt stumm, Bsp.: **hv**a (was)
k, kj	vor ›i, y, ei, øy‹ wie ›ch‹, Bsp.: s**ky**ld (Schuld)

Brauchen Sie meinen Ausweis?	*Trenger du mitt identitetskort?*
Wo soll ich unterschreiben?	*Hvor skal jeg underskrive?*
Ich möchte eine Telefonverbindung.	*Jeg vil gjerne ha en telefonforbindelse.*
Wie lautet die Vorwahl für …?	*Hva er retningsnummeret for …?*
Wo gibt es Telefonkarten/ Briefmarken?	*Hvor får jeg telefonkort / frimerker?*

Tankstelle

Wo ist die nächste Tankstelle?	*Hvor er den neste bensinstasjonen?*
Ich möchte …	*Jeg vil gjerne ha …*
Liter …	*liter …*
Super/	*super /*
Diesel/	*diesel/*
bleifrei.	*blyfri.*
Volltanken, bitte.	*Full tank, takk!*
Bitte prüfen Sie …	*Vennligst kontroller …*
den Reifendruck/	*luften i dekkene/*
den Ölstand/	*oljetrykket/*
den Wasserstand/	*vannstanden/*
das Wasser für die Scheibenwischanlage/	*vannet for vindusspyleanlegget/*
die Batterie.	*batteriet.*
Würden Sie bitte …	*Kan du foreta …*
den Ölwechsel vornehmen/	*oljeskift/*
den Radwechsel vornehmen/	*hjulskifte/*
die Sicherung austauschen/	*skifte ut sikringen/*
die Zündkerzen erneuern/	*skifte ut tennpluggene/*
den Wagen waschen?	*vaske bilen?*

Panne

Ich habe eine Panne.	*Jeg har hatt et uhell.*
Der Motor startet nicht.	*Motoren starter ikke.*
Ich habe die Schlüssel im Wagen gelassen.	*Jeg har glemt nøklene i bilen.*
Ich habe kein Benzin/ Diesel.	*Jeg har ingen bensin/ diesel mer.*
Gibt es hier in der Nähe eine Werkstatt?	*Finnes det et verksted i nærheten?*
Können Sie mich abschleppen?	*Kan du slepe meg?*
Können Sie den Wagen reparieren?	*Kan du reparere bilen?*
Bis wann?	*Når er den ferdig?*

Mietwagen

Ich möchte ein Auto mieten.	*Jeg vil gjerne leie en bil.*
Was kostet die Miete …	*Hva koster leien …*
pro Tag/	*per dag/*
pro Woche/	*per uke/*
mit unbegrenzter km-Zahl/	*med ubegrenset kilometer/*
mit Kasko-Kaution?	*med kaskoforsikring?*
Wo kann ich den Wagen zurückgeben?	*Hvor kan jeg levere tilbake bilen?*

Unfall

Hilfe!	*Hjelp!*
Achtung!/Vorsicht!	*Pass på! / Vær forsiktig!*
Rufen Sie bitte schnell …	*Ring strakt til …*
einen Krankenwagen/	*sykebil/*
die Polizei/	*politi/*
die Feuerwehr.	*brannvesen.*
Es war (nicht) meine Schuld.	*Det var (ikke) min skyld.*
Geben Sie mir bitte Ihren Namen und Ihre Adresse.	*Gi meg navnet og adressen din.*
Ich brauche die Angaben zu Ihrer Autoversicherung.	*Jeg trenger informasjon om din bilforsikring.*

Krankheit

Können Sie mir einen guten Deutsch sprechenden Arzt/ Zahnarzt empfehlen?	*Kan du anbefale en god lege/ tannlege som snakker tysk?*
Wann hat er Sprechstunde?	*Når har han kontortid?*
Wo ist die nächste Apotheke?	*Hvor er det nærmeste apoteket?*
Ich brauche ein Mittel gegen …	*Jeg trenger et middel mot …*
Durchfall/	*diaré/*
Halsschmerzen/	*halsbetennelse/*
Fieber/	*feber/*
Insektenstiche/	*insektbit/*
Verstopfung/	*forstoppelse/*
Zahnschmerzen.	*tannsmerter.*

Hotel

Können Sie mir ein Hotel/ eine Pension empfehlen?	*Kan du anbefale et hotell/ en pensjon?*
Ich habe bei Ihnen ein Zimmer reserviert.	*Jeg har bestilt et rom hos dere.*
Haben Sie ein Einzel-/ Doppelzimmer …	*Har du et enkelt-/ dobbeltrom …*
mit Bad/Dusche	*med bad/dusj*
für eine Nacht/	*for en natt/*
für eine Woche/	*for en uke/*
mit Blick aufs Meer?	*med utsikt mot sjøen?*

Was kostet das Zimmer mit Frühstück/ mit Halbpension/ mit Vollpension?	*Hva koster rommet med frokost/ med halv pensjon/ med full pensjon?*
Wie lange gibt es Frühstück?	*Hvor lenge har dere frokost?*
Ich möchte um … geweckt werden.	*Jeg vil gjerne bli vekket klokken …*
Ich reise heute abend/ morgen früh ab.	*Jeg reiser i kveld/ i morgen tidlig.*
Haben Sie ein Faxgerät/ Hotelsafe?	*Har dere en faxmaskin/ en hotellsafe?*
Kann ich mit Kreditkarte bezahlen?	*Kan jeg betale med kredittkort?*
Kann ich Geld wechseln?	*Kan jeg få veksle penger?*

Restaurant

Wo gibt es ein gutes Restaurant/ ein günstiges Restaurant?	*Hvor finnes det en god restaurant/ en rimelig restaurant?*
Die Speisekarte/ Getränkekarte, bitte.	*Kan jeg få menyen/ vinkartet?*
Welches Gericht können Sie besonders empfehlen?	*Hvilken rett vil du anbefale?*
Ich möchte das Tagesgericht/ Menü (zu …).	*Jeg vil gjerne ha dagens rett/ menyen (til …).*
Ich möchte nur eine Kleinigkeit essen.	*Jeg vil bare spise en småretn.*
Haben Sie vegetarische Gerichte?	*Har dere vegetariske retter?*
Welche alkoholfreien Getränke haben Sie?	*Hvilke alkoholfrie drikkevarer har dere?*
Haben Sie Mineralwasser mit/ ohne Kohlensäure?	*Har dere mineralvann med/ uten kullsyre?*
Das Steak bitte …	*Biffen vil jeg gjerne ha …*
englisch/ medium/ durchgebraten.	*lite stekt/ medium stekt/ gjennom stekt.*
Können Sie mir … ein Messer/ eine Gabel/ einen Löffel geben?	*Kan du gi meg en … kniv/ gaffel/ skje?*
Die Rechnung, bitte!	*Jeg vil gjerne ha regningen!*
Bezahlen, bitte!	*Jeg vil gjerne betale!*

Essen und Trinken

Abendessen	*middag*
Ananas	*ananas*
Apfel	*eple*
Apfelsine	*appelsin*
Aubergine	*aubergine*
Banane	*bananer*
Bier	*øl*
Birne	*pære*
Braten	*stek*
Brot/Brötchen	*brød/rundstykker*
Butter	*smør*
Ei	*egg*
Eintopf	*lapskaus*
Eiscreme	*iskrem*
Erdbeere	*jordbær*
Espresso	*espresso*
Espresso mit einem Schuss Milch	*espresso med litt melk*
Essig	*eddik*
Fisch	*fisk*
Flasche	*flaske*
Fleisch	*kjøtt*
Fruchtsaft	*fruktsaft*
Frühstück	*frokost*
Geflügel	*fjærkre*
Gemüse	*grønnsaker*
Glas	*glass*
Gurke	*agurk*
Hörnchen	*horn*
Huhn	*kylling*
Hummer	*hummer*
Kabeljau	*torsk*
Kalb	*kalv*
Kartoffeln	*poteter*
Käse	*ost*
Kirschen	*kirsebær*
Krug/Karaffe	*mugge / karaffel*
Lachs	*laks*
Meeresfrüchte	*havets frukter*
Milch	*melk*
Milchkaffee	*melkekaffe*
Mineralwasser	*mineralvann*
Mittagessen	*lunsj*
Nachspeise	*dessert*
Öl	*olje*
Orangensaft	*appelsinsaft*
Pampelmuse	*grapefrukt*
Pfeffer	*pepper*
Pflaumen	*plommer*
Pilze	*sopp*
Reis	*ris*
Rindfleisch	*oksekjøtt*
Salat	*salat*
Salz	*salt*
Schinken	*skinke*
Schweinefleisch	*svinekjøtt*
Suppe	*suppe*
Süßigkeiten	*søtsaker*
Tee	*te*
Thunfisch	*tunfisk*
Vorspeisen	*forrett*
Wassermelone	*vannmelon*
Wein	*vin*
Weißwein	*hvitvin*
Rotwein	*rødvin*
Roséwein	*rosévin*
Weintrauben	*druer*
Zucker	*sukker*

Mehr erleben, besser reisen!

	ADAC Reiseführer	ADAC Reiseführer plus	ADAC Reiseführer Audio
Ägypten	■	■	
Algarve	■	■	
Allgäu	■	■	
Alpen – Freizeitparadies	■		
Amsterdam	■	■	■
Andalusien	■	■	
Australien	■	■	
Bali & Lombok	■		
Baltikum	■	■	
Barcelona	■	■	■
Bayerischer Wald	■	■	
Berlin	■	■	■
Bodensee	■	■	
Brandenburg	■	■	
Brasilien	■		
Bretagne	■	■	
Budapest	■	■	■
Bulg. Schwarzmeerküste	■		
Burgund	■		
City Guide Germany	■		
Costa Brava und Costa Dorada	■		
Côte d'Azur	■	■	
Dänemark	■	■	
Deutschland – Die schönsten Autotouren		■	
Deutschland – Die schönsten Orte und Regionen	■		
Deutschland – Die schönsten Städtetouren	■		
Dominikanische Republik	■		
Dresden	■	■	■
Dubai, Vereinigte Arab. Emirate, Oman	■	■	
Elsass	■	■	
Emilia Romagna	■		
Florenz	■	■	■
Florida	■	■	
Franz. Atlantikküste	■	■	
Fuerteventura	■	■	
Gardasee	■	■	
Golf von Neapel	■	■	
Gran Canaria	■	■	
Hamburg	■	■	■
Harz	■	■	
Hongkong & Macau	■		

	ADAC Reiseführer	ADAC Reiseführer plus	ADAC Reiseführer Audio
Ibiza & Formentera	■		
Irland	■	■	
Israel	■		
Istanbul	■	■	
Italien – Die schönsten Orte und Regionen	■		
Italienische Adria	■	■	
Italienische Riviera	■	■	
Jamaika	■		
Kalifornien	■	■	
Kanada – Der Osten	■	■	
Kanada – Der Westen	■	■	
Karibik	■	■	
Kenia	■	■	
Korfu & Ionische Inseln	■	■	
Kreta	■	■	
Kroatische Küste – Dalmatien	■	■	
Kroatische Küste – Istrien	■	■	
Kuba	■	■	
Kykladen	■		
Lanzarote	■	■	
Leipzig	■	■	■
Lissabon	■	■	■
London	■	■	■
Madeira	■	■	
Mallorca	■	■	
Malta	■	■	
Marokko	■	■	
Mauritius & Rodrigues	■		
Mecklenburg-Vorpommern	■	■	
Mexiko	■		
München	■	■	■
Neuengland	■	■	
Neuseeland	■	■	
New York	■	■	■
Niederlande	■	■	
Norwegen	■	■	
Oberbayern	■	■	
Österreich	■	■	
Paris	■	■	■
Peloponnes	■		
Piemont, Lombardei, Valle d'Aosta	■	■	
Polen	■	■	
Portugal	■	■	
Prag	■	■	■

	ADAC Reiseführer	ADAC Reiseführer plus	ADAC Reiseführer Audio
Provence	■	■	
Rhodos	■	■	
Rom	■	■	■
Rügen, Hiddensee, Stralsund	■	■	
Salzburg	■	■	■
St. Petersburg	■	■	
Sardinien	■	■	
Schleswig-Holstein	■	■	
Schottland	■	■	
Schwarzwald	■	■	
Schweden	■	■	
Schweiz	■	■	
Sizilien	■	■	
Spanien	■	■	
Südafrika	■	■	
Südengland	■	■	
Südtirol	■	■	
Sylt	■	■	
Teneriffa	■	■	
Tessin	■	■	
Thailand	■	■	
Thüringen	■	■	
Toskana	■	■	
Trentino		■	
Türkei – Südküste	■	■	
Türkei – Westküste	■	■	
Tunesien	■	■	
Umbrien	■		
Ungarn	■	■	
USA – Südstaaten	■		
USA – Südwest	■	■	
Usedom	■	■	
Venedig	■	■	■
Venetien & Friaul	■	■	
Wien	■	■	■
Zypern	■	■	

■ **ADAC Reiseführer**
je Band 144 bzw. 192 Seiten

■ **ADAC Reiseführer plus**
(mit Extraplan)
je Band 144 bzw. 192 Seiten

■ **ADAC Reiseführer Audio**
(mit Extraplan und Audio-CD)
je Band 144 oder 192 Seiten

Mehr erleben, besser reisen ... mit ADAC Reiseführern!

Stand: 2/2011

Register

Impressum

Redaktionsleitung: Dr. Dagmar Walden
Lektorat und Bildredaktion: Astrid Rohmfeld
Aktualisierung: Renate Nöldeke
Karten: Mohrbach Kreative Kartographie
Layout: Martina Baur
Herstellung: Ralph Melzer
Druck, Bindung: Rasch Druckerei und Verlag, Bramsche

Printed in Germany

Ansprechpartner für den Anzeigenverkauf: Kommunalverlag GmbH & Co KG, MediaCenterMünchen, Tel. 089/92 80 96-44

ISBN 978-3-89905-547-4

Neu bearbeitete Auflage 2011

Bildnachweis

Umschlag-Vorderseite: Reine/Lofoten. Foto: Bildagentur Huber (Gräfenhain)

Umschlag-Rückseite: links/1 (Wh. v. S. 65), links/2 Look (Dressler), links/3 (Wh. v. S. 52/53), links/4 (Wh. v. S. 109 oben), rechts/1 (Wh. v. S. 33), rechts/2 (Wh. v. S. 25), rechts/3 (Wh. v. S. 66 unten), rechts/4 (Wh. v. S. 132)

Titelseite
Oben: Lofotenromantik in Reine (Wh. von S. 106/107)
Mitte: Bryggenzauber in Bergen (Wh. von S. 55)
Unten: Faszination Nordland zwischen Fauske und Narvik (Wh. von S. 102/103)

arturimages: 22 (Roland Halbe) – Claude Bousquet, Savigny les Beaune: 4/2 (Wh. v. S. 90), 4/4 (Wh. v. S. 94 oben), 5/1 (Wh. v. S. 93), 5/4 (Wh. v. S. 95), 23, 25 unten, 28/29, 32, 41, 43, 50/51, 55 oben, 58/59, 60 oben, 63 oben, 65, 69, 77, 78/79, 83 (2), 90, 93, 94 oben, 95, 96/97, 101 oben, 108, 113 unten, 115, 124 oben – dpa Picture-Alliance,: 15 unten (RoyalPress van der Werf) – F1 Online: 52/53 (Prisma) – Flåm Utvikling as: 61 (R. M. Sørensen) – Bildagentur Huber: 4/1 (Wh. v. S. 47), 19, 47 (Gräfenhain), 117 oben (N.N.) – Ifa Bilderteam: 129 – Innovation Norway: 28 (Susan Fraser) – laif: 3/1 (Wh. v. S. 87), 80 (Hemis), 87 (Modrow), 99 (Toma Babovic), 105 (hemis/Pawel Wysocki) – Knut Liese: 2/1 (Wh. v. S. 30), 3/2 (Wh. v. S. 66 oben), 3/4 (Wh. v. S. 38), 4/3 (Wh. v. S. 92), 11 oben, 15 oben, 30, 31, 36/37, 38, 42, 55 unten, 60 unten, 66 oben, 70, 73, 82 oben, 85, 92, 97, 98, 101 unten, 102/103, 103 – Look: 2/2 (Wh. v. S. 124 Mitte links), 3/3 (Wh. v. S. 76), 5/2 (Wh. v. S. 124 Mitte rechts), 6 oben (Konrad Wothe), 6 unten, 7 oben (Hauke Dressler), 8 oben (Max Galli), 8 unten, 10/11, 34 (Dressler), 49, 50 (Jan Greune), 76 (Aldo Acquardo), 110 (Wothe), 111, 113 oben (Dressler), 116 (Galli), 117 unten (Dressler), 119, 121, 124 Mitte links (Dressler), 124 Mitte rechts (Jan Greune), 124 unten (Galli), 132 (Dressler) – mauritius images: 94 unten (imagebroker) – Peter Mertz: 7 unten, 24, 25 oben, 53 oben, 54, 57, 81, 82 unten, 89, 104, 109 unten, 114, 127 – Bildagentur-online: 75, 106/107 – Schapowalow: 44/45 (Kliem), 70/71, 106 (Robert Harding) – Dirk Schröder: 122 – Süddeutscher Verlag, Bilderdienst: 12, 13, 14 – Verlagsarchiv: 2/4 (Wh. v. S. 91), 5/3 (Wh. v. S. 109 oben), 58, 91, 109 oben – Hanna Wagner: 26, 33, 46 – Ernst Wrba: 2/3 (Wh. v. S. 88), 9 (2), 16/17, 39, 48, 63 unten, 64, 66 unten, 67, 88, 126, 128